돌봄과 공정

김희강 · 임현 편

박영사

이 저서는 2015년 대한민국 교육부와 한국연구재단의 지원을 받아 수행된 연구임
(NRF-2015S1A3A2046562)

돌봄과 공정

프롤로그

    좋은 정부는 어떤 정부인가? 굿 거버넌스를 평가하는 원리와 기준은 무엇인가? 기존의 많은 연구들은 정부 및 거버넌스를 평가하는 원리와 기준으로 정부성과, 공적 효율성, 경제발전, 시민의 만족도(행복도) 등을 지목한다. 하지만 시장주의와 신자유주의의 치명적 한계가 목도되면서, 최근 일련의 연구들은 정부 및 거버넌스를 평가하는 원리와 기준으로 새로운 규범적 가치에 주목한다. 이러한 새로운 규범적 가치로 '돌봄(care)'과 '공정(fairness)'을 들 수 있다. 이 책은 교육학, 여성학, 철학, 사회복지학, 행정학, 법학 등의 분야에서 규범적 가치와 원리로 소개되는 돌봄과 공정에 관한 8편의 글을 묶었다.

    먼저, 돌봄과 공정은 상호 관련되는 가치이자 원리이다. 무엇보다도 돌봄과 공정은 기존의 효율성이나 성과중심, 시민 만족도를 넘어선 새로운 규범적 원리로 공통적으로 소개된다. 예를 들어, 스텐소타(Helena Stensöta)는 '돌봄'을 공적 부분에 적용되는 공공윤리로서 소개하고, 돌봄의 공공윤리(public ethics of care)가 좋은 정부와 굿 거버넌스를 평가하는 원리와 지표가 되어야 한다고 주장한다. '공정'은 정의로운 정치사회제도를 디자인하는 것을 목적으로 하는 롤즈(John Rawls) 정의론의 주축이 되는 개념이며, 롤즈의 정의론에 영향을 받아 프레드릭슨(George Frederickson)이 행정연구의 규범적 가치로 제시한 '사회적 형평성(social equity)' 개념이나 로스타인(Bo Rothstein)이 정부의 질을 규범적으로 평가하는 지표로 소개하는 '불편부당성(impartiality)' 개념과 혼용되어 자주 언급된다.

반면, 돌봄과 공정은 서로 배치되는 개념으로 이해되기도 한다. 돌봄은 주로 사적 영역에 적용되는 윤리(ethics)로, 공정은 주로 공적 영역에 적용되는 정의(justice)로 소개되기도 한다. 이에 따르면, 돌봄은 여성적 윤리로서 관계와 책임을 중요시하는 반면, 공정은 남성적 윤리로서 원칙과 권리, 불편부당성을 중요시하는 특징을 갖는 것으로 언급되기도 한다.

이 책에서 다루는 8편의 글은 이러한 돌봄과 공정의 공통된 관심사 및 상호 배치되는 특징을 모두 포괄한다. 동시에 돌봄과 공정이라는 이분법적 틀을 뛰어넘기도 한다. 다시 말해, 8편의 글은 일부에서는 서로 배치될 수 있으나 또한 상호 연결되며 보완될 수 있는 규범적 가치이자 원리로서 돌봄과 공정에 접근한다.

돌봄에 해당하는 4편의 글은 공통적으로 관계성, 응답성, 책임성이라는 돌봄의 특징에 주목한다. 개별 글은 유·불·도의 동양사상으로부터 아렌트와 보봐르의 서양 사상에 이르기까지, 또한 사적 윤리를 넘어 정치사회의 제도디자인에 관한 정치이론으로부터 보다 구체적인 정의론의 주제로까지 돌봄의 논의를 확장시킨다. 공정에 해당하는 4편의 글은 주로 법학적 관점에서 공정성의 결정주체 및 결정과정, 공사구분을 넘어서는 공정의 개념 및 적용에 대해서 다룬다. 법의 공정성에 대해 근본적으로 문제제기를 하는 비판적 고찰로부터 공정성을 수행하는 주체의 공정성과 절차적 공정성에 대한 논의, 계약이라는 구체적인 사안에 적용되는 공정을 다룬다.

이 책은 한국연구재단의 사회과학연구지원(SSK) 사업의 성과이다. 편저자는 2017년 2월 '돌봄과 공정'이라는 주제를 선정하고 집필진을 섭외하였으며, 필자들께 주제에 부합하는 원고를 부탁하였다. 2018년 2월 1일 'SSK 정부의 질과 거버넌스의 다양성 연구단' 주최 학술회의를 통해서 개별 원고들이 발표되었고, 그 결과 이 책은 학술대회에서 발표된 원고들이 수정을 거쳐 최종적으로 출판된 산물이다.

무엇보다도 이 책의 장점은 '돌봄과 공정'이라는 새로운 대안적 주제로 다양한 학문 분야의 글들을 모은 것이다. 이는 학제 간 연구의 측면에서 뿐만 아니라 '돌봄과 공정'이라는 주제의 측면에서도 의미가 있다. 한국 학계에서는 아마도 최초의 시도가 아닌가 생각한다. 이 책을 계기로 돌봄과 공정에 대한 논의의 장이 보다 넓고 다양해지며 보다 깊어지기를 기대한다.

마지막으로, 이 책의 기획의도에 흔쾌히 응해주시고 주제에 맞춰 원고를 작성해 주신 필진 선생님들께 진심으로 감사한 마음을

전하고 싶다. 편집 및 교정에 애를 많이 써준 김소희, 김영은, 정민
경 고려대학교 행정학과 박사과정생에게도 고마움을 전한다.

김희강 · 임 현

돌봄

    1장부터 4장까지 네 편의 글은 거버넌스의 새로운 규범적 가치이자 원리로 '돌봄'에 주목한다. 먼저 '돌봄'이라는 용어의 용례에 대해서 언급하자면, 1장 신창호와 2장 허라금은 이를 각각 '배려'와 '보살핌'으로 표현하는 반면, 3장 김희강과 4장 석재은은 '돌봄'이라는 용어를 사용한다. 이는 care(caring)에 대한 개별 학계에서 통용되는 번역의 차이에서 비롯된 것이라고 사료된다. care(caring)가 교육학계에서는 '배려'로, 여성학계와 철학계는 '보살핌'으로, 공공정책 및 사회복지 분야에서는 '돌봄'으로 주로 번역·소개되었다. 이 책에서는 개별 학계가 공유하는 의미를 그대로 살리고자 용어를 하나로 통일하지 않았다. 그럼에도 '돌봄'이건, '배려'이건 혹은 '보살핌'이라 표현되건, 이들 용어를 선택한 저자들이 모두 공통적으로 강조하고자 하는 바는 care(caring)에 내재된 인간의 관계적 특성과 그것의 윤리성(규범성)이라고 할 수 있다. 이하 네 개의 장은 "우주 자연과 인생의 모든 요소에 스며들어 있는 근원적 관계성"으로서(신창호), "어머니와 아이의 관계처럼 직접적이고 대면적인 접촉"으로부터 확장된 윤리적 가치로서(허라금), "취약한 인간의 필요에 응답하는, 모든 인간의 삶에서 선결적이며 필수불가결한 실천이자 가치"로서(김희강), "사회계약론에 입각한 정상 성인 남성중심적 정의론"에 도전하는 대안의 정의(justice) 개념으로서(석재은) 돌봄에 접근한다.

1장 신창호의 "배려의 동아시아 사상적 배경과 교육적 지향"은 인간관계의 존재양식을 이해하는데 핵심 개념으로 '배려(配慮)'에 주목한다. 신창호는 '배려'를 우주 자연과 인간 삶 전반 모든 곳곳에 스며들어 있는 근원적 관계성이자, 동시에 우리와 관계 맺고 있는 세계와 소통하고 인간 삶 전 과정에서 풀어야 하는 삶의 본질적인 과제로 보았다. 그리고 유교의 인(仁), 충서(忠恕) 및 혈구(絜矩), 도가의 조화(調和), 불교의 연기(緣起) 같은 동아시아의 사유 속에서, 또한 배움과 가르침의 과정을 통해서 이러한 배려의 정신을 확인하고 있다.

2장 허라금의 "관계적 돌봄의 철학: '필요의 노동'을 넘어 '정치적 행위'로"는 재생산 영역을 전 정치적인(pre-political) 활동(아렌트의 표현으로는 노동)이 일어나는 사적 세계로 규정하는 아렌트(Hannah Arendt) 논의에 대한 비판을 통해, 인간관계를 잇는 윤리적 가치이자 정치적 가치로서 보살핌에 접근한다. 허라금은 관계성이 빠진 보살핌은 '서비스'나 '관리'로 간주될 뿐 "진정한 의미의 '돌봄'"이 아니라고 주장한다. 대신, 보살핌이란 그 관계에 주목해야 하며, 이를 통해 관심, 염려, 책임, 상호신뢰를 기대할 수 있을 뿐만 아니라 시민 삶의 취약성 문제에 주목하는 정치적인 활동이 될 수 있다고 보았다.

3장 김희강의 "케어리즘: 정치이론으로서 돌봄"은 정치사회의 부정의를 진단하고 이에 도전하며, 정의로운 정치사회의 제도 디자인을 가늠하는 규범적 정치이론으로서 돌봄윤리(care ethics)에 주목한다. 김희강은 기존 정치이론의 틀로는 제대로 설명하지 못하지만 돌봄윤리의 관점으로 설명할 수 있는 케어리즘(돌봄정치이론)의 특징으로, 돌봄 가치에 대한 인정, 돌봄부정의(care injustice)에 대한 지적과 교정, 돌봄의 연대책임을 규정한다.

4장 석재은의 "돌봄정의(caring justice) 개념구성과 한국 장기요양정책의 평가"는 돌봄의 문제를 정의의 관점에서 접근한다. 석재은은 기존 사회계약론에 입각한 정상 성인 남성중심적 정의론에 도전하고, 프레이저(Nancy Fraser)의 3차원 정의 기준(재분배, 인정, 대표)에 입각하여 돌봄 정의를 개념화한다. 이를 통해 돌봄수혜자의 돌봄 사회권과 돌봄제공자의 돌봄 노동권을 포함하는 통합적 정의 개념을 구축하고, 구축된 돌봄정의의 분석틀을 기준으로 한국 돌봄정책의 핵심인 노인 장기요양정책을 평가한다.

1 장

배려의 동아시아 사상적 배경과 교육적 지향

신창호

배려, 인간 관계의 근원

배려(配慮, caring)는 존재들 사이의 관계성(關係性)을 대변한 다는 점에서 근원적 언어이다. 인간을 둘러싸고 전개되는 다양한 양태의 유기체적 연관은 관계 자체가 배려의 특징을 지닌다. 이 글 은 '배려'를 화두로 인간 삶의 모습을 성찰하려는 하나의 시도이다. 특히, 동아시아 사상에 녹아 있는 배려 정신을 검토하고, 그것의 교 육적 지향을 고민해 보려고 한다. 배려는 학계에서 몇몇 용어로 번 역되어 통용되고 있다. '보살핌'이나 '돌봄'과 동의어로 인식되는 경우가 많고,[1] 관심이나 이해, 공감, 감정이입, 소통, 화합, 조화와 유사하게 사용되기도 하며, 이 모두를 포괄하는 폭넓은 의미로는 '사랑'으로 귀결되기도 한다.

배려를 자아와 타인에 관한 사랑으로 이해하는 경우, 프롬(E.

---

[1] 배려(配慮)의 다른 표현으로 가장 많이 쓰이는 용어는 '보살핌'과 '돌봄'이다. 사 전적 정의에 의하면, '보살핌'은 '보고 살피다'라는 의미로, '어떤 대상을 보고 그 것을 살피는' 뜻을 내포한다. 이것이 '사람에 대해 정성을 기울여 보호하며 돕다. 사물과 사람을 이리저리 보아서 살피다. 어떤 사안에 관심을 갖고 관리하거나 맡아서 실천하다'는 등 의미의 확장을 가져왔다. '돌봄'은 '돌아보다'라는 의미 로, '어떤 대상에 관해 돌아서 보는' 뜻을 담고 있다. 이는 앞에서 언급한 '보살피 다' 보다 더욱 강력한 의미가 되어 '관심을 가지고 보살피다'는 뜻이 된다(고려대 학교 민족문화연구원 2009). 어떤 경우건, 배려는 인간과 연관된 모든 존재와 관 련되어 있고, 특히, 인간 사회에서 사람 사이의 관계성 문제를 다루는 핵심 개념 임에 분명하다. 여기에서는 '배려'를 '보살핌'과 '돌봄'과 동일한 용어로 상정하 고, 교육학의 영역에서 자주 쓰는 '배려'를 중심 개념으로 활용한다. 서구 사회에 서도 배려는 몇 십 년 전부터 돌봄의 윤리를 중심으로 발전되어 왔는데, 가족과 우애라는 사적 영역뿐만 아니라 의료행위, 법, 정치적 삶, 사회조직, 전쟁, 국제 관계를 망라해 적용되는 적합한 도덕 이론으로 발전되어 왔다(Held 2017).

Fromm)이 「어느 휴머니스트의 신조」라는 글에서 언급한 '사랑'의 의미는 배려를 이해하는 단서를 제공할 수 있다. "사랑은 성숙한 인간으로 통하는 문을 여는 핵심 열쇠이다. 사랑은 나 자신을 제외한 그 무엇과의 일치를 의미한다. 일치란 자신의 고결성과 자주성을 제한시킬 필요 없이 다른 이들과 관계하고, 다른 이들과 하나라고 느끼는 것이다. 사랑이란 생산적 지향성으로서 하나가 되길 원하는 것에 관심을 갖고, 그에 대한 책임감을 느끼며, 그것을 존중하고 이해해야 한다. 그리하여 사랑의 실천은 인간을 완전한 인간으로 만들고, 삶을 즐길 수 있도록 인간에게 주어진 가장 인간적 행위이다"(Fromm 1994, 130). 프롬이 언급한 사랑은 적어도 배려하는 사람들 사이에서 살아 꿈틀대는 인생의 희열이다.

이런 사랑은 인간 사회에서 삶으로 구현되는데, 그것은 사람과 사람 사이의 관계를 통해 사회가 지속되기 때문이다. 기능론적 사회관에 의하면, 사회는 조화롭게 통합되어 있는 유기체이기에, 사회의 구성 요소들은 사회 전체의 존속에 공헌한다. 구성 요소들끼리 서로 영향력을 미치며 상호 의존 관계에 있다. 이와 다른 관점의 갈등론적 사회관의 경우, 사회의 재화는 일정한데, 인간의 욕망은 무한하다. 그러므로 모든 사회는 이를 둘러싼 갈등과 긴장관계에 놓여 있다. 그렇다! 어떤 사람은 사회를 협력과 조화의 광장으로 보고, 어떤 사람은 갈등과 경쟁의 밀실로 인식한다. 조화의 시각에서 사회를 보건 갈등의 시선으로 사회를 이해하건, 그 사회를 구성하고 있는 사람과 사람 사이의 관계에서는 그만큼의 배려를 요청하기 마련이다.

인간과 사회를 인식하는 방법 가운데, 동아시아인의 사유는 전통적으로 갈등론적 시각보다는 기능론적 시각에 가깝게 조화로운 삶을 모색한 것으로 보인다. 유교(儒敎) 최고의 경전으로 존숭되는 『논어(論語)』에는 그런 염원이 곳곳에 보인다. 예를 들면, "자기가 서려고 하는 곳에 타인도 세워 주고, 자기가 도달하려는 곳에 타인도 도달하게 하라!" "내가 하고 싶지 않은 것을 다른 사람에게 베풀지 말라!"와 같은 언급이다.2) 이런 언표는 자기 마음을 타자와 더불어 나누려는 착한 사람의 심경을 읊고 있다. 인간은 특별한 경우를 제외하고, 내가 하고 싶은 것은 다른 사람도 하고 싶어 한다. 내가 행하기 싫은 것은 다른 사람도 행하기 싫어한다. 그것이 인간의 일반적 정서이다. 그러니까 내가 싫은 것은 남도 싫어한다! 가능한 한 남이 싫어하는 일을 다른 사람에게 시키지 말라!3) 이처럼 동아시아의 전통적 사유에는 자기의 마음과 타인의 마음을 동시에 헤아려 보려는 특징이 개입되어 있다. 사람을 이해하고 관계를 중시하려고 한다. 그것이 '사람과 사람 사이'를 의미하는 '인(人)−간(間)'이자, 사람이 얽히면서 관계의 망을 형성하는 공존과 공감의

---

2) 『論語』「雍也」: 己欲立而立人, 己欲達而達人.; 「顔淵」: 己所不欲, 勿施於人.
3) 이와 유사한 격언이 서구의 사유에도 녹아 있다. 바로 '남이 해주기를 바라는 대로 남에게 하라!(Do as you would be done by)'라는 언표이다. 이는 『구약성서』에 "남이 너희에게 하기를 원하지 않는 것은 남에게도 하지 말라!"로 되어 있고, 『신약성서』에서는 산상수훈(山上垂訓)의 교훈에 드러나는데, 「마태복음」에는 "사람들이 너희들에게 해주기를 원하는 것이 무엇이든 간에 너희들 또한 그들에게 그대로 하라!"고 했고, 「누가복음」에는 "사람들이 너희들에게 해주기를 원하는 대로 너희 또한 똑같이 그들에게 하라!"고 했다. 이 말은 기독교의 최고 덕목인 '사랑'의 정신이자, 타자에 대한 배려를 진지하게 고민하는 상징적 언표로 볼 수 있다.

공간인 사회이다. 이런 사회에서 배려는 필연적 상황으로 대두하면서 삶의 본질적 현상이 될 수밖에 없다.

큰 틀에서 이해하면, 인류는 하나의 거대한 인간 가족으로 관계망을 형성하고 있다. 일반적으로 말하는 행복을 위해 서로가 의존하고 있는 부모 형제자매처럼 근원적으로 '나와 너, 우리'의 관계 구조를 만든다. '나－너－우리'라는 한울타리는 사람이 세상을 살아가는 모습이다. 한울타리에 소속된 인간과 모든 존재들은 나는 다른 사람에게, 다른 사람은 나에게, 모든 존재들 상호간에, 의도적이든 무의도적이건, 의식적이건 무의식적이건 어떤 행동을 기대하기 마련이다. 나는 다른 사람의 행동에 대해 반응하며 무언가를 고려한다. 동시에 다른 사람도 나의 행동에 대해 반응하며 무언가를 고려한다. 그 고려하는 '사이 세계'에 사람이 지켜야 할 규범이 존재한다. 그 규범 가치를 배려로 볼 수 있다. 때문에 우리는 '사람[人]－사이[間]'에서 관계망을 형성할 배려하는 마음을 준비하고 기획해야 한다. 이를 사고나 언어로 표현하는 것은 아주 쉬울 수 있다. 그러나 행동과 실천으로 옮기기엔 지극히 어렵다. 왜냐하면 자기와 타자의 사이 세계에, 희생을 전제로 하는 '배려'가 삶의 중심으로 설정되기 때문이다.

그렇다면 동아시아인들은 전통적으로 어떤 사유를 통해 사람 사이의 배려를 고민했을까? 배려의 문제는 고립(孤立)을 욕망하는 존재에게 쉽게 발생하는 사태는 아니다. 그것은 생태계의 법칙처럼, 상호 의존 관계를 전제로 한다. 동아시아 전통에서도, 이른바 '상관적(相關的)' 혹은 '유기체적(有機體的)' 사유를 특징으로 하는, 그들 나름의 배려를 심사숙고했다.

동아시아의 사유에 담긴 배려 정신

배려의 문자적 의미

'배려(配慮)'는 글자 그대로, '배(配)'와 '려(慮)'라는 한자를 바탕으로 형성된 동아시아의 개념이다. 그러나 한자를 언어의 바탕으로 하는 중국에서 일상적으로 흔하게 쓰는 말은 아니다. 한국과 일본에서 '마음을 쓰다'는 뜻으로 자주 쓰인다. 아래 [그림 1]에서 제시하고 있듯이, 배려의 글자 모습을 확인하면서, 그 의미를 검토해 보자.

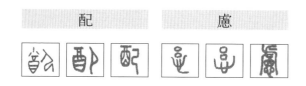

[그림 1] 配와 慮의 글자 모습

문자적으로 분석하면, '배(配)'는 글자의 모양이 '술을 담그는 항아리'[酉] 옆에 사람이 '꿇어 앉아 있는 모습'[己]이다. 원래는 항아리에 담가 놓은 술이 익어가면서 변하는 '술의 색깔'을 가리키는 말이었으나 나중에 배필(配匹)이라는 뜻으로 바뀌었다. '려(慮)'는 호(虍)와 사(思)가 합쳐진 글자이다. 호(虍)는 소리를 나타내고 사(思)는 뜻을 담고 있는 부분이기 때문에 려(慮)는 필연적으로 '생각'이라는 의미를 함축하고 있다. 생각[思]은 머리를 나타내는 부분[田]과 가슴을 상징하는 부분[心]으로 이루어져 있다. 따라서 두뇌로 인식하고 가슴으로 정서를 느끼는 우리 몸의 작용과 연관되어, 사람이 온몸으로 관심을 갖고 신경을 쓰는 '마음 씀씀이'로 이어진다. 소리를 나타내는 호(虍)는 '아직 완전하게 드러나지 않은 호랑이의 표피 무늬,' 즉 호랑이 가죽의 얼룩무늬를 의미한다. 이런 의미를 바탕으로 '호(虍)+사(思)'로 구성된 려(慮)는 '무슨 일을 꾸미려고 생각한다,' '머리와 마음을 깊이 쓴다,' '세상과 사물을 헤아린다'는 개념으로 뜻이 확산되었다. 그것은 내면[머리/가슴]에 잠재되어 있는 사고로 언젠가 외면[행위/정서]으로 드러나 행동을 유발한다.

이렇게 한자에 내포된 의미를 토대로, 배려는 한국어 사전에서도 '사람이 이리저리 마음을 쓴다,' '다른 사람에게 관심을 가지고 생각해주다,' '염려해주다,' '마음을 써 주다,' '남을 위해 여러모로 마음을 쓰다' 등으로 정의하고 있다. 기본적으로 나의 마음 씀씀이를 통해, 타인과의 관계를 전제해야 함을 보여준다. 다시 말하면, 사람과 사람 사이라는, '인(人) - 간(間)'의 사회성에 기초하는 관계의 문제를 포착한다.

이 관계의 문제를 적절하게 지시하는 개념은 동아시아 사유에서 최고의 고전인 『주역(周易)』에 담겨 있다. 『주역』은 동아시아 사유의 양대 축을 형성하고 있는 유교(儒敎)와 도가(道家)에서 공통으로 숭상하는 경전이고, 나중에 유입된 불교적 사유와도 상통하는 지점을 만들어내기도 한다. 그러기에 『주역』은 유(儒)·불(佛)·도(道)

의 동아시아 사유를 대변하는 사상으로 이해할 수 있다.

『주역』을 이해하는 데 핵심이 되는 「계사전(繫辭傳)」은 다음과 같이 시작한다. "하늘은 높고 땅은 낮으니 건(乾)과 곤(坤)이 정해진다. 낮은 것과 높은 것이 진열되니 부귀와 빈천이 자리잡는다. 움직임과 고요함이 늘 바뀌지 않고 그러하니 굳셈[剛]과 부드러움[柔]이 결단된다. 방향은 부류로써 모아지고 사물은 무리로써 나누어지니 길(吉)과 흉(凶)이 생긴다. 하늘에서는 모습[象]이 이루어지고 땅에서는 형체[形]가 이루어지니 변(變)과 화(化)가 나타난다."[4] 자연과 인간에 관한 이런 인식에 대해 주자는 '짝'으로 표현한다. 즉 존재와 존재, 대상과 대상이 관계하는 사이 세계를 배려(配慮)에서의 배(配)를 상징하는 '짝'으로 이해한 것이다. "넓고 큰 것은 '하늘－땅'과 짝하고, 바뀌고 두루 미침은 사계절과 짝하며, 밤과 낮의 순환은 해와 달과 짝하고, 쉽고 간단한 것은 최고의 덕과 짝한다.[5] 여기에서 배려의 의미를 드러내는 동아시아의 사유 방식을 엿볼 수 있다.

이런 역(易)의 논리를 철학적 개념으로는 '대대(待對)'라고 한다 (김승동 1998, 255). 대대는 '상의상대(相依相對)'와 동일한 언표로 '대립하면서도 상호 끌어당기는 관계'이다. 이는 상대가 존재하는 양상에 기초하여 자기 존재의 실상을 보여준다. 이 대대 관계의 논리적 특성은 다양하게 설명된다.

---

4) 『周易』「繫辭」上: 天尊地卑, 乾坤定矣. 卑高以陳, 貴賤位矣. 動靜有常, 剛柔斷矣. 方以類聚, 物以群分, 吉凶生矣. 在天成象, 在地成形, 變化見矣.
5) 『周易』「繫辭」上: 廣大配天地, 變通配四時, 陰陽之義配日月, 易簡之善配至德.

첫째, 나의 상대편에 있는 타자를 적대적 관계로 이해하는 것이 아니라, 자신의 정체성을 확보하기 위한 필수적 존재로 요구한다. 적대(敵對)가 아니라 나의 결핍 부분을 보완해주는 나 자신의 일부로 스스로 요청하는 것이다.

둘째, 나의 상대편에 있는 타자를 반대 입장이나 상호 모순적으로 보고 배척하는 존재로 인식하는 것이 아니라, 상호 성취해 주는 관계에서 나의 활동을 추동해 가는 근거로 본다. 즉 타자는 나를 일으켜 세우는 힘의 원천이다.

셋째, 나와 상대편에 있는 타자는 관계 그 자체만으로도 균형과 조화를 이루는 존재로 규정하려는 경향이 강하다. 불균형이나 부조화, 불평등이나 치우침의 차원이 아니라 중용의 절도를 유지하고 지속하려는 속성을 지닌다.

이러한 대대의 관계는 존재와 존재, 대상과 대상 사이에서, 공간적 관계에만 머무르지 않고 시간적 관계성을 포섭한다. 대상의 특징과 속성 등 다양한 측면에서 유기체적 연관성을 보여준다. 앞에서 언급한 것처럼, '천(天) − 지(地),' '건(乾) − 곤(坤),' '빈(貧) − 천(賤),' '동(動) − 정(靜),' '강(剛) − 유(柔),' '길(吉) − 흉(凶)' 등은 모두 하나의 '짝[配]'인 동시에 '서로를 요청하며 상호 성취해 주는 존재[應]'이고, 균형과 조화를 이루려는 특징을 지니고 있다. 그런 점에서 자연과 인간, 나와 너, 외형과 내면, 이성과 감성, 지성과 덕성등 이 세상의 모든 영역이 양면의 통합이라는 차원에서 통일성을 보인다.

짝을 나타내는 훌륭한 비유가, 일반적으로 잘 알려져 있는 『맹자

(孟子)』의 '호연지기(浩然之氣)'에서도 찾아볼 수 있다. '호연지기는 그 기(氣)됨이 의(義)와 도(道)에 짝하니, 의와 도가 없으면 호연지기는 굶주리게 된다.' 이 때 짝은 다름 아닌 대대의 논리에 의거하여 '합쳐져서 도움이 있다'는 의미에서 배려를 지향한다.[6]

동아시아의 상관적 사유에서 볼 때, 세상의 모든 존재는 이것과 저것, 즉 짝이 서로 도움을 주어야 어우러져 온전하게 된다. 사람과 사람 사이, 인간 사회의 경우에도, 협력을 통해 서로 사귀어야 정상적 관계를 회복할 수 있다. 따라서 배려를 상징하는 배(配)는 배우자가 함께 살아가듯이, 문자 자체도 그러하고, 『주역』을 비롯한 동아시아의 여러 문헌에서도 확인되듯이, 나와 관계맺고 있는 사람과 사람의 유기체적 연관을 나타낸다.

엄밀하게 말하면, 인간은 나 홀로 개체로서만 존재할 수 없다. 우주 자연의 일원으로, 한 사회에서 자신의 자리를 차지하고, 타자와 관계하며, 모든 개체가 공존(共存)·공생(共生)하는 그 '안'에서만 살아갈 수 있다. 왜냐하면 인간은 철저히 사회적이자 관계의 동물이기 때문이다. 이는 인간의 역사가 증명하고 있다. '배려'는 그런 인간의 삶 속에서 가장 의미 있는 '관계의 윤리학,' '상호 기댐의 인간학'을 요청한다. 그 실천의 근간은 인간에 대한 관심과 교육을 통해 보다 효율적으로 확보할 수 있다.

---

6) 『孟子集註』「公孫丑」上: 其爲氣也, 配義與道, 無是, 餒也.; 配者, 合而有助之意.

유교적 배려

인(仁)에 배어 있는 짝 의식

유교에서 배려는 그 핵심 사상인 인(仁)에 원초적으로 스며있다. 인(仁)은 문자의 모습에서도 확인되듯이, 사람을 나타내는 인(人)과 둘을 의미하는 이(二)의 합성어[人+二]이다. 이는 두 사람이상, 즉 복수의 사람 사이에 이루어지는 긍정적 사귐[交]의 관계를 상징한다. 사귐은 주고받는 상호 교환 행위이자 서로 묶이며 하나가 되는 과정이다. 사람 사이에 친밀하게 지내며 상호 작용하는인간관계를 의미한다. 『설문해자(說文解字)』에서도 인(仁)은 친(親)으로 드러나고, 사람이 둘 이상 모여 복수의 사람들이 친하게지낼 수 있는 것으로 표현된다.[7]

그런데 초기의 유교를 집대성한 공자는 『논어』에서 인(仁)을 한마디로 정의하지 않았다. 대부분의 경우, 자신의 언표나 제자와의문답 가운데 비유와 은유로 표현한다. 추측컨대, 그만큼 인간관계가 다양하고, 사람 사이에 이루어지는 반응과 대응의 방식이 사람마다 다르기 때문으로 이해된다. 달리 말하면 인(仁)은 인간 사회의 관계가 복잡한 것만큼 하나의 패턴으로 구조화하기 힘든 역설과 신비로 둘러싸여 있다(Fingarette 1993).

어떤 개념이나 의미의 다의성은 자기의 모습을 은폐하는 동시에 드러내는 오묘한 상태로 우리 인식의 폭을 넓게 만든다. 때문에상황에 따라 언제나 열린 해석이 가능하다. 인(仁)도 마찬가지이

---

7) 『說文解字』: 仁, 親也. 从人从二; 从人二.

다. 유교는 현실사회에서 인간관계를 주요하게 다룬다는 점에서 하나의 인간학(人間學)이다. 구체적 현실에서 인간의 행위를 올바르게 추구하기 위한 적극적 장치이다. 그 올바른 행위의 표준이자 바탕이 다름 아닌 '인(仁)'이다. 인(仁)은 공자 이래로 동아시아 전통 철학의 근본 범주로 자리하고 있으며, 동아시아 도덕 윤리 가운데 핵심으로 자리매김된다.

교양 있는 일반인들이 쉽게 이해할 수 있고 가장 널리 알려져 있는 인(仁)에 관한 상징적 언표가 '애인(愛人)'이다.[8] 이는 제자 번지(樊遲)의 물음에 공자(孔子)가 대답한 대목인데, 번지는 다른 제자에 비해 상대적으로 사물에 대한 인지 능력이나 이해 수준이 좀 떨어지는 제자였던 모양이다. 제자의 단순한 물음에 공자는 가장 알아듣기 쉬운 말로 깨우쳐 준다. '사람을 사랑하는 일, 그것이 인(仁)이다!'

인간에 대한 사랑은 인간에 대한 '이해'에서 시작된다. 인간에 대한 이해는 인간 사이의 관계를 맺는 출발점이다. 이는 사람과 사람 사이의 만남을 전제로 한다.[9] 인간의 만남에서 이루어지는 사랑은 외부로부터 주입되는 사안이 아니라 인간의 선천적 본성의 표현이며, 조건과 목적 없이 우러나오는 자연적 노정이다. 공자의 사유를 이어받은 맹자도 인에 대해 '사람을 사랑하는 일'을 넘어 '사람다움 그 자체'라고 했다. 그런 설명에는 그가 강조한 것처럼 '측은지심(惻隱之心),' 즉 '가슴 쓰라리게 아파하는 마음'이 인의

---

8) 『論語』 「顔淵」: 樊遲問. 仁. 子曰, 愛人.
9) 『禮記注疏』: 釋仁, 相人偶也.

실마리라는 인간 심성을 고귀하게 이해하고 존중하려는 측면이 자리하고 있다.[10]

이후에도 중국을 중심으로 하는 동아시아 사상에서 인(仁)에 대한 이해와 정의는 끊임없이 이어졌다. 당나라 때의 대사상가인 한유(韓愈)는 인을 '널리 사람을 사랑하는 일'이라고 했고, 성리학의 집대성자인 주희(朱熹)는 인을 '사랑의 원리이자 마음의 덕'이라고 설명했다. 또 마음(心)의 문제를 집중적으로 다룬 육상산(陸象山)은 인을 '본심(本心)'으로 표현했다. 이 마음은 바로 맹자가 측은지심을 비롯한 사단(四端)에서 밝힌 인간의 본성이 착하다는 의미이다. 이 사상을 이어 받은 왕양명(王陽明)도 인을 인간의 삶에서 가장 착한 행위이고 마음의 본체와 상통하는 뜻으로 규정하고 있다.

이러한 인(仁)의 해석에서 공통적으로 드러나는 점은, 인이 '인간-마음-사랑-덕'과 상통하는 개념이라는 것이다. 인간의 마음이 본래 착할 것이라는 전제, 사랑하는 마음, 그리고 덕성이 인의 핵심이다. 이런 인식은 진실한 '사랑의 원리'에 터하여 공동체적 이상을 꿈꾸는 인간의 존재 방식인 배려를 지시하고 있다. 그것은 자사(子思)가 『중용』에서 "인이란 사람이다"라고 언급하면서, 인간 혹은 인간 사회 자체를 인의 발현 양태로 이해하는 것과 동일하다.[11] '인이란 무엇인가?'라는 물음은 '사람이란 무엇인가?'라는 물음에 해당한다. 이는 대체로 자기를 온전하게 완성하는 방향과 사

---

10) 『孟子』「離婁」下: 仁者, 愛人.; 「盡心」下: 仁也者, 人也.; 「公孫丑」上: 惻隱之心, 仁之端也.
11) 『中庸章句』20章: 仁者, 人也.

회를 함께 살아가며 건전하게 구제하는 방향에서 고찰할 수 있다.

인의 개념이 지시하는 것처럼, 인간은 언제나 이미 현실에 던져져 있고, 미래를 헤쳐 나가며 삶을 지향하는, 기투(企投)된 존재이다. 이미 들어와 살고 있는 사회에서 개인의 삶을 고민하고 연관된 수많은 존재의 의미 맥락을 찾아왔다. 그것을 한마디로 말하면, 인(仁)이고 배려(配慮)이다. 문제는 사회에 대한 이해이다. 동일한 지평 위에 존재하는 사회도 존재가 지향하는 성격에 따라 다른 양태의 배려를 드러낸다. 중국이나 한국을 비롯한 동아시아의 경우, 사회(社會, society)라는 성격을 지닌 기초 단위는 '마을'이다. 마을[里]은 논밭을 의미하는 전(田)과 흙[土]으로 상징된다. 농경이 정착되면서 형성된 취락과 경작지를 중심으로, 지연(地緣)·혈연(血緣)을 기반으로 인간의 활동이 형성되는 공동체이다. 공동체의 끈인 연(緣)이 다름 아닌 배려의 인연으로 통한다.

유교에서 인의 개념이 도출되는 것도 이 지점과 무관하지 않다. 동아시아 사회는 자연 풍토(風土)로 볼 때 농경 사회를 이루기에 적합하다. 그것은 사회 문화 풍토의 근간이 되는 환경을 조성하고 인간의 사유와 삶의 양식을 결정적으로 규정한다. 다시 말하면 사회의 양식은 그 체제 속에 살고 있는 인간의 구체적 삶의 방식에 의해 결정되며, 그런 인간은 자연 지리적 환경에 절대적 영향을 받는다. 따라서 '마을' 공동체라는 '사회'는 인간과 자연의 '서로 되기 과정'에서 연(緣)을 맺고 형성을 거듭한다. 이런 관계의 맥락을 통해 볼 때, 인(仁)은 마을이라는 사회적 맥락을 벗어날 수 없다.

공자는 당시 마을을 비롯하여 다양한 공동체 사회에서 인간이 서로 적대시하고, 사리를 추구하며, 예악(禮樂)을 파괴하는 귀족이나 지식인 계층을 향하여, 인(仁)의 실천을 강조하였다. 비인간화한 현실에서 모든 사람이 명분(名分)에 맞는 일을 실행하는 인간적 현실을 꿈꾸었다. 인은 바로 그런 사회에 대한 배려의 메시지이다. 따라서 인(仁)은 유교적 의미의 배려 이념과 목표, 내용과 방법을 포괄적으로 제시한다. 이런 인은 유교에서 어떠한 형식으로 드러나건, 사회적 관계 내에서만 유효하기에, 공동체라는 그림을 외면할 수 없다. 인은 사회에서 인간관계의 질서를 엮어가는 핵심 연결고리이다. 따라서 인은 유형화 과정을 거친 한 사회의 규범적 질서이고, 사회를 대내외적으로 통일시키는 작용의 본질이자 사회결합의 원리이다.

앞에서 언급한 것처럼, 인(仁)은 글자 형태 그대로, 두 사람 사이의 인간관계이다. 사회를 빚어나가는 인간의 관계망에서 짝을 찾는 작업이다. 한 사회에서 사람이 짝을 이룬다는 것은 나와 너, 우리의 관계가 친밀하다는 말과 같다. 혼자 있으면 짝을 이룰 수 없다. 사람은 짝을 짓고 사귈 때 서로 가까워진다.[12] 나와 너 사이에, 자기 마음을 미루어 보아 타인에게 따뜻하게 대한다는 배려의 정신이 그 핵심이 된다.

인간은 짝을 배제한 채 홀로 존재하기 힘든 영장류이다. 인은 사람의 '사이 세계'를 전제하고 있다. 인간은 자기 주위에 밀착된 다른 사람과의 관계 속에서 비로소 뚜렷한 의미를 갖게 된다. '인'이

---

12) 『說文解字注』: 人耦, 猶言爾我親密之詞. 獨則無耦, 耦則相親.

란 근본적으로 자기로부터 추론된 '당위적 행위'를 타인과의 관계 속에서 진행해 나가는 삶의 덕목이다. 소극적으로 말하면 타인의 '입지(立志)나 관심'을 해치지 않는 작업이고, 적극적으로 말하면 타인의 입지나 관심을 자기의 그것 위에 두거나 적극적으로 끌어 안으며 실현시켜 주는 작업이다.

오륜(五倫)의 관계성

유교에서 짝 의식을 통해 윤리의식의 기초를 이루는 것이 다름 아닌 '오륜(五倫)'의 덕목이다.[13] 오륜을 통한 인간의 관계성을 인식하는 가운데, 유교를 숭상하던 동아시아인들은 원초적 배려 의식을 함양했다. 잘 알려진 대로 오륜은 부자유친(父子有親), 군신유의(君臣有義), 부부유별(夫婦有別), 장유유서(長幼有序), 붕우유신(朋友有信)을 말한다. 그 초기 형태는 『중용』에 나타난다.[14]

---

13) 유교의 핵심 윤리를 말할 때, 일반적으로 오륜(五倫)은 '삼강(三綱)'과 더불어 '삼강오륜(三綱五倫)'으로 정돈된다. 삼강은 '군위신강(君爲臣綱), 부위부강(夫爲婦綱), 부위자강(父爲子綱)'을 말하는데, 그 의미에서 엿볼 수 있듯이, 한 나라 이후 중앙집권체제가 확립되면서 새롭게 구축되는 수직적 윤리 질서이다. 이는 대대(待對) 관계의 배려 의식이라기보다는 일방적이고 권위적 의식이 보다 짙게 배어 있다는 측면에서 배려의 정신이 상대적으로 희박하다. 삼강오륜 이외에도 유교의 윤리를 나타내는 개념으로 '육기(六紀)'가 있다. 육기는 친가 쪽의 부모, 외가 쪽의 부모, 친인척 사이의 질서, 형제자매 사이의 우애, 스승과 어른에 대한 존중, 친구 사이의 우정 등을 다루고 있다[『禮記』「樂記」<疏>: 六紀, 謂諸父有善, 諸舅有義, 族人有敍, 昆弟有親, 師長有尊, 朋友有舊, 是六紀也.] 이는 오륜과 유사하게 대대(待對) 차원의 배려 의식이 투영되어 있다고 느껴진다. 삼강과 육기에 대한 분석이나 설명은 다른 기회의 연구로 미루고, 여기에서는 오륜만을 다룬다.

14) 『中庸章句』20章: 天下之達道五, 所以行之者三. 曰, 君臣也, 父子也, 夫婦也, 昆弟也, 朋友之交也. 五者, 天下之達道也. 知仁勇三者, 天下之達德也, 所以行之

『중용』에서는 사람 사이에 이루어져야 할 화합(和合)의 문제를 논의하면서 다섯 가지 인간관계를 들추어내었다.

화합은 이 세상에 두루 미치는 인간의 길로, 인간관계를 실천하는 방법이다. 인간의 행위는 실천을 통해 펼쳐지고, 그 행위가 목적에 들어맞아 일그러짐이 없을 때 화합 상태가 된다. 이는 사람마다 타고난 성품을 기초로 이루어지며, 동아시아 사람들이 공통적으로 행하는 보편적 인간관계의 양식이다. 이런 점에서 오륜은 이 세상에 '두루 통하는 도리'로 인간이 스스로 요청하며 구성한 윤리이다. 짝으로 이루어져 인간의 화합을 모색하는 오륜은, 임금[지도자]과 신하[구성원], 부모와 자식, 남편과 아내, 형과 아우, 벗과 벗 사이의 사귐으로, 인간관계를 포괄적으로 제시한다. 때문에 맹자는 오륜을 인륜(人倫)을 가르치는 근본으로 삼았다.[15) 동아시아의 배려 정신은 바로 이런 인간관계의 기본을 이해하는 과정에서 부각된다.

첫째, 부자유친의 경우, 부모와 자식 사이의 관계성이다. 부자관계는 혈연으로서 가장 가까운 인간관계를 보여준다. 이는 혈연관계의 자연스런 도리를 통해, 사람의 행위가 규범을 벗어났을 때, 윗사람이 아랫사람에게 지상의 권위를 행사하는 작업이다. 부모가 자식들에게 행위의 준칙이 됨을 깨닫게 한다. 여기에 부모가 자식

者一也.

15) 『孟子』 「滕文公」 上: 聖人有憂之, 使契爲司徒, 敎以人倫. 父子有親, 君臣有義, 夫婦有別, 長幼有序, 朋友有信. 放勳曰, 勞之來之, 匡之直之, 輔之翼之, 使自得之, 又從而振德之. 聖人之憂民如此, 而暇耕乎.

을, 자식이 부모를 짝으로 요청하면서 배려하는 기본 정신이 자연스럽게 스며든다.

둘째, 군신유의는 임금과 신하 사이의 관계성이다. 이는 오늘날로 말하면 한 공동체 조직, 혹은 한 사회의 지도자와 구성원 사이의 관계이다. 지도자는 구성원을 올바른 길로 인도하며 다스림을 받는 구성원의 입장을 이해해야 한다. 그 과정에서 다스림의 기준을 설정하고 자신의 행위를 다스림의 잣대로 삼아야 한다. 구성원이 지도자를 대하는 자세도 마찬가지이다. 이는 지도자의 구성원에 대한 배려, 구성원의 지도자에 대한 배려를 요청하는 가운데, 관계성을 중심에 두는 사안으로 펼쳐진다.

셋째, 부부유별은 남편과 아내 사이의 관계성이다.16) 남편과 아

---

16) 부부유별은 오륜 가운데 중핵으로 자리매김 된다. 즉 부부유별이 단서가 되어 확장되어 나가는 배려의 차원이 오륜의 관계를 조직하는 유교의 논리이다. 그 이유와 구조는 다음과 같다. "하늘과 땅이 있고 난 다음에 만물이 있고, 만물이 있은 다음에 남성과 여성이 있다. 남성과 여성이 있은 다음에 남편과 아내가 있고, 남편과 아내가 있은 다음에 부모와 자식이 있다. 부모와 자식이 있은 다음에 임금과 신하가 있고, 임금과 신하가 있은 다음에 위와 아래가 있으며, 위와 아래가 있은 다음에 예의(禮義)가 시행될 곳이 있다. 이는 인간에게서 짝[배려] 윤리의 유래가 있음을 일러준다. 사람은 남성과 여성이 음(陰)과 양(陽)의 본성을 지니고 있기 때문에 자연스럽게 남편과 아내로 짝을 지어 결합하는 윤리적 이치를 부여한다. 음과 양이 바뀌면서 자식을 낳고 피와 몸이 서로 전해지게 되면 저절로 부모와 자식 사이의 친함이 있게 된다. 부모를 군주로 세우고 자식을 신하로 삼으니 반드시 임금과 신하의 지위가 있게 된다. 임금과 신하의 지위가 있기 때문에 위와 아래의 차례와 순서가 있게 된다. 위와 아래의 지위가 있으면 반드시 예(禮)로 그 체제를 확정하고 의(義)로 그 마땅함을 제정한다."(『周易切中』「序卦傳」: 有天地, 然後有萬物; 有萬物, 然後有男女. 有男女, 然後有夫婦. 有夫婦, 然後有父子. 有父子, 然後有君臣. 有君臣, 然後有上下. 有上下, 然後禮義有所錯. 此詳言人道三綱 · 六紀有自來也. 人有男女陰陽之性, 則自然有夫婦配合之道. 陰陽化生, 血體相傳, 則自然有父子之親. 以父立君, 以子資臣, 則必有君

내는 한 집안을 이루는 중심이자 근본으로 둘 사이는 수평적 관계이다. 혼인에 의한 인연 관계로 수평적으로 혼인이 연계되어 있는 부부간의 관계인 것이다. 이들 사이에는 역할과 기능의 차이가 있을 뿐, 차별이나 우열은 없다. 그들 사이의 관계는 역할과 기능에 따른 집안에서의 배려이다. 그 역할과 기능이 제대로 지켜지지 않고 무너질 때, 사회의 기초 단위인 집안에서의 배려 관계 또한 피폐해지고 허물어지기 쉽다.

넷째, 장유유서는 어른과 어린이 사이의 관계성이다. 어른과 어린이 사이에 질서가 있어야 한다는 말은 사회적으로 앞 세대와 뒤 세대, 혹은 현재 세대와 미래 세대 사이의 상호 관계를 보여준다. 어른은 어린이에게 관심을 갖고 어린이는 어른을 공경의 차원에서 짝으로 상호 요청하며 배려의 모습을 설계해야 한다. 나이 많은 어른의 어린이에 대한 일방적 보살핌이나 돌봄이 아니라, 동일한 공동체의 현재와 미래를 담보하는 세대 사이의 관계를 지속하기 위한 배려이다.

다섯째, 붕우유신은 친구와 친구 사이의 관계성이다. 친구와 친구 사이의 도리는 수평 관계에 있는 인간 사이의 믿음과 약속이다. 그것은 동료의식으로 표현할 수도 있고, 공동체를 활기차게 지속해 나가는 사람들 사이의 사귐에서 통용되는 사회적 신뢰를 담보로 하는 배려이다.

정돈하면, 유교의 오륜은 사회의 인간관계 유형을 크게 다섯으

臣之位. 有君臣之位, 故有上下之序. 有上下之位, 則必禮以定其體, 義以制其宜. 明先王制作, 蓋取之於情者也.)

로 나누어, 관계성에 기초한 배려의 정신을 구체적으로 설명하고, 실천을 요구하는 사상이다.

충서(忠恕)와 혈구(絜矩)의 헤아림

유교에서 배려 정신을 보여주는 또 다른 사유는 충서(忠恕)와 혈구지도(絜矩之道)이다. 충서는 공자가 평생을 일관했던 삶의 실천 강령이다.[17] 충(忠)은 자기의 최선을 다하는 마음이고, 서(恕)는 자기의 삶에 미루어 보아 남의 삶을 고려하며 영향을 미치는 작업이다.[18] 충과 서라는 글자에는 공통적으로 마음[心]이 밑천으로 담겨 있다. 마음은 인간의 전 존재를 드러내는 유교적 표현이다. 이 마음으로 말미암아 인간은 행위하고 마음은 행위의 방향을 지시한다. 이때 마음은 관심이자 이해이고, 자신을 반성하는 자기 배려이자 타인을 이해하는 타자 배려이다. 자기에의 관심, 자기 존재에 대한 용기, 그 다음 자기 존재의 각성과 수양을 통해 타인을 볼 줄 아는 시선, 세상 존재에 관한 다차원적 고려를 통해 인간관계를 성찰하는 일이 충서이다.

이런 충서는 앞에서도 언급했듯이, '자기에게 베풀어 보아 원하지 않는 것을 타인에게 베풀지 말라'거나 "내 몸에 베풀어 보아 원하지 않는 것을 다른 사람에게 베풀지 말라!"는 사유이다.[19] 인간

---

17) 『論語』「里仁」: 子曰, 參乎. 吾道一以貫之. 曾子曰, 唯. 子出. 門人問曰, 何謂也. 曾子曰, 夫子之道, 忠恕而已矣.
18) 『中庸章句』 13章: 盡己之心, 爲忠. 推己及人, 爲恕.
19) 『中庸章句』 13章: 施諸己而不願, 亦勿施於人.

의 보편적 심성으로 미루어 볼 때, 자기가 실천해 보았는데 좋지 않은 일이나 싫어한 것은 타인도 좋아하지 않거나 싫어하기 쉽다. 타인에 대한 배려가 없는 사람은, 타인이 싫어하는 일도 타인에게 강제하는 행동을 표출할 수 있다. 배려는 그와 달리, 타인을 짝으로 이해하면서 자기 각성(覺醒)을 통한 마음을 타자로 이입한다. 배려하는 사람이 자기의 의식 상태에 몰입하거나 동기 유발을 하는 감정전이(感情轉移)와도 같은 것이다.

이런 배려의 차원은 교육과 정치의 과정에서 극명하게 드러난다. 이른바 '수신제가치국평천하(修身齊家治國平天下)'라는 유교의 학문과 정치는 『대학(大學)』에서 인간에 대한 기본 배려로 '혈구의 길[絜矩之道]'을 지시한다. 혈구(絜矩)는 자나 콤파스와 같은 도구를 가지고 사물을 재는 행위이다. 사물의 길이나 넓이를 재어 보듯이, 인간이 마음을 다해 다른 사람의 삶을, 세상 모든 존재의 의미를 헤아리는 작업이다. 그것은 세상을 배려하는 차원에서 다음과 같은 의미로 드러난다.

"'온 세상을 평화롭게 하는 것이 지도자가 다스리는 나라의 인간관계와 삶을 평화롭게 하는데 있다'고 하는 것은 다음과 같은 의미이다. 지도자가 솔선수범하여 늙은이를 늙은이로 대접하면 사람들에게 효도하는 기풍이 일어난다. 지도자가 솔선수범하여 어른을 어른으로 대접하면 사람들에게 공손스런 기풍이 일어난다. 지도자가 솔선수범하여 고아와 같은 어려운 처지에 있는 사회적 약자를 구제하면 사람들이 그런 사회를 배반하지 않는다. 그러므로 지도자는 자나 컴퍼스와 같이 재어보는 마음가짐이나 삶의 자세를 가지고 인간의 길을 가야 한다."[20]

이처럼 유교에서 배려는 타인의 마음과 삶이 처하고 있는 형편을 '헤아려 보는 작업'이 이행될 때 가능하다. 구체적 인간에 대한 관심과 마음 써 줌은 인간을 인간답게 한 차원 끌어올릴 수 있는 기본 조건이다. 유교의 교육과 정치는 그것을 주요한 목표로 한다. 노인들에게는 노인이 원하는 바를, 청장년에게는 청장년이 요구하는 대로, 불우한 아이들, 사회적 약자에게는 그들이 원하는 바가 무엇인지 제대로 파악하여 배려하는 정신을 가져야만 한다. 그런 정신이 '혈구(絜矩)'이다. 그렇다고 이러한 배려 행위가 일방적인 차원은 아니다. 인간 사회는 반드시 대대(待對)와 짝의 관계가 전제된 상호 연관을 기초로 하기 때문이다.

배려의 상호 주체로서 배려를 하는 사람과 배려를 받는 사람은 다양한 차원에서 인간을 헤아려 보아야 한다. 그리고 타인과 자기 사이에 제각기 분수에 맞는 것을 올바르게 관계하는 차원에서 발견해야 한다. 자신을 둘러싼 상하전후좌우(上下前後左右), 즉 위와 아래, 앞과 뒤, 왼쪽과 오른쪽 등 사방팔방 모두 고르고 반듯하게 관계성을 추구해야 한다. 이런 정신을 구가할 때, 배려는 인간 세상에 더욱 확장되어 갈 것이다. 그것의 실천은 혈구의 길이라는 선언 아래 다음과 같은 현실적 배려의 정신으로 드러난다.

"윗사람이 미워하는 태도로 아랫사람을 부리지 말고 아랫사람이 미워하는 태도로 윗사람을 섬기지 말라. 앞 사람을 미워하는 태

---

20) 『大學』 10章: 所謂平天下, 在治其國者, 上老老而民, 興孝, 上長長而民, 興弟, 上恤孤而民, 不倍 · 是以君子, 有絜矩之道也.

도로 뒷사람에게 먼저 하지 말고 뒷사람을 미워하는 태도로 앞사람을 따르지 말라. 오른편 사람을 미워하는 태도로 왼편 사람을 사귀지 말고 왼편 사람을 미워하는 태도로 오른편 사람과 사귀지 말라. 이렇게 서로 헤아려 처신하는 것이 사람을 헤아리는 방법이다."[21]

유교의 배려는 인간으로서 관계를 통해 어떻게 헤아리느냐의 태도 여하에 의존한다. 인간관계에서 배려를 해야 하는가? 배려를 받아야 하는가? 그 상호 요청이 결여되었을 때, 배려는 성립하지 않는다. 인간관계를 철저하게 헤아리는 원칙이자 방법인 혈구의 길이 인간관계에 개입되지 않았기 때문이다. 유교에서 배려는 이처럼 헤아림을 기제로 인간관계에 상호 연루되어 있다.

도가적 배려

'서로 되기'의 논리적 조화

주지하다시피 도가는 노자(老子)와 장자(莊子)의 사상을 중심으로 형성된 사유 체계이다. 노장(老莊)의 사유는 대체로 '있는 그대로의 모습,' 자연(自然)을 핵심 개념으로 다룬다. 자연이라는 개념은 사실 유교적 목적에 비해 목적 초월적이고 무의식적으로 일체의 사물을 생성할 수 있는 도(道)의 기능을 형용한다. 따라서 자연이란 구체적으로 실재하는 어떤 사물을 지시하기보다는 '저절로 그러하다,' '스스로 그러하다[self-so]'라는 일종의 상태를 형용한

---

21) 『大學章句』10章: 所惡於上, 毋以使下, 所惡於下, 毋以事上, 所惡於前, 毋以先後, 所惡於後, 毋以從前, 所惡於右, 毋以交於左, 所惡於左, 毋以交於右, 此之謂絜矩之道.

개념이다. 그런 점에서 도가에서의 배려는 이러한 자연스러움의 추구, 도의 역동성에 따른 인간 활동 그 자체를 생명으로 하는 삶의 전개를 의미한다.

그 삶의 전개는 기본적으로 '서로[相]'를 고려하는 자세에서 시작한다. 서로가 생명력을 부여해 주는 관계성이다. 그러기에 노자는 "유와 무는 서로 낳고, 어려움과 쉬움은 서로 이루어지며, 길고 짧음은 서로 나타나고, 높고 낮음은 서로 기울며, 음과 소리는 서로 화합하고, 앞과 뒤는 서로 따른다"고 했다.[22] 유(有)와 무(無)를 비롯하여 난이(難易), 장단(長短), 고하(高下), 음성(音聲), 전후(前後)로 상징되는 모든 존재는 이미 서로를 전제하고 상호 보완하거나 이루어주는 관계성을 바탕으로 한다. 이것이 도가가 인식하는 우주자연과 세계의 원리이다.

이러한 상호 보완과 형성의 관계성은 다른 표현으로 하면 조화(調和)이다. 조화가 진전되면 자아와 타인은 일치로 나아간다. 그 극치를 보여주는 생각이 장자의 제물론(齊物論)이다. 제물론은 '다양한 주장을 가지런히 조화시킨다'는 의미이다. 온갖 입장들을 가지런히 하려면, 모름지기 크게 깨달은 진인(眞人)이 세상에 나와 세상 사람들에게 자신도 잊고 남도 잊게 하여 참으로 깨닫게 해야 한다. '나와 남이 다르지 않다!'는 것을 알게 하고, 대도(大道)라는 큰 바다에서 모든 것을 놓아버리도록 해야 한다. 이는 자아와 타인 사이의 관계 문제를 조화로 풀어내는 또 다른 차원의 배려 정신

---

22) 『道德經』 2章: 有無相生, 難易相成, 長短相形, 高下相傾, 音聲相和, 前後相隨.

이다. 내가 남이 되고 남이 내가 되는 경지란 배려가 필요 없는 배려의 완성 단계로 보아도 무방하다.

대부분의 사람은 자기의 입장에 따라 자기의 주장은 옳고 타인의 주장은 그르다는 태도를 취한다. 그러나 장자는 이를 꾸짖는다. 그에 대해 다시 생각해보게 함으로써 깨우친다. 즉, 자기주장을 넘어 타인에 대한 배려, 혹은 그것조차도 성찰하는 초월적 배려를, 논변을 통해 드러내 보인다. 장자는 고민한다.

"내가 당신과 논변한다고 하자! 당신이 나를 이기고 내가 당신을 이기지 못한다면 당신이 옳고 나는 그르다는 것인가! 내가 당신을 이기고 당신이 나를 이기지 못한다면 나는 옳고 당신은 그르다는 것인가? 아니면 당신과 나 가운데 한 쪽은 옳고 다른 쪽은 그르다는 것인가? 아니면 당신과 나 모두 옳거나 아니면 모두 그르다는 것인가? 나와 당신이 이 문제를 알 수는 없다. 그것은 사람이 태어날 때부터 이러한 일을 알만한 능력이 없기 때문일지도 모른다. 나는 누구에게 부탁하여 이 문제를 바로 잡게 할까? 당신과 같은 견해를 가진 사람에게 바로 잡으라고 할까? 당신과 의견이 같다면 어떻게 바로 잡을 수 있겠는가? 나와 같은 의견을 가진 사람에게 바로잡게 할까? 이미 나와 의견이 같다면 어떻게 바로잡을 수 있겠는가? 나나 당신과 의견이 다른 사람에게 바로잡게 할까? 이미 나나 당신과 의견이 다른 사람이라면 어떻게 바로잡을 수 있겠는가? 나나 당신과 의견이 같은 사람에게 바로잡게 할까? 이미 나나 당신과 의견이 같다면 어떻게 바로 잡을 수 있겠는가? 그렇다면 나와 당신, 그리고 다른 사람이 모두 바로잡을 수 없으니, 이제 어떤 것을 기다려야 할까?"[23]

앞에서 대대(待對)를 언급했듯이, 배려는 서로에 대한 관심과 이해를 바탕으로 기다리면서 요청할 때 이루어진다. 관계성의 핵심이 파악되어야 한다. 마찬가지로 장자는 타자에 대한 관심을 통해 각자의 주장을 과감히 버릴 때, 서로의 논변이 일치를 이루고 인간 이해의 지평이 열린다고 진단한다. 배려는 그런 가운데 자연스럽게 움틀 수 있다.

배려의 실제에서 보면, 단순하게 내가 배려한다고 해서 진정한 배려가 되는 것은 아니다. 남이 배려한다고 해서 그것이 진정한 배려가 아닌 것도 아니다. 진정한 배려는 열린 마음에서 사물을 가지런히 할 수 있어야 가능하다. 내가 배려하지 않았는데도 남에게는 배려가 될 수 있고, 남이 배려하지 않았는데도 나에게는 배려가 될 수 있다. 의도하지 않았던 일은 얼마든지 일어날 수 있다. 이는 어떤 객관적이고 고정적인 배려의 기준이 존재한다기보다는 상황에 따라 서로가 서로에게 조화와 일치가 일어날 때, 저절로 배려가 드러남을 암시한다. 다시 말하면, 배려는 시나브로, 서로가 느끼지 못하는 완전한 '만남', 관계성의 조화를 통해 완성을 지향한다.

이와 유사한 완전한 배려 상황의 단초를 유명한 장자의 '호접몽

---

23) 『莊子』「齊物論」: 既使我與若辯矣. 若勝我, 我不若勝, 若果是也. 我果非也邪. 我勝若, 若不吾勝, 我果是也. 而果非也邪. 其或是也, 其或非也邪. 其俱是也, 其俱非也邪. 我與若不能相知也, 則人固受其黮闇. 吾誰使正之. 使同乎若者正之, 既與若同矣, 惡能正之. 使同乎我者正之. 既同乎我矣, 惡能正之. 使異乎我與若者正之, 既異乎我與若矣, 惡能正之. 使同乎我與若者正之, 既同乎我與若矣, 惡能正之. 然則我與若與人俱不能相知也, 而待彼也邪.

(胡蝶夢)'에서 유추해 볼 수 있다.

"그림자끼리 통탕거리며 논박하고 있다. 바깥의 그림자가 안쪽 그림자에게 물었다. '조금 전에 그대는 걷더니 이제는 멈추고, 조금 전에는 앉아 있다가 지금은 일어나는구먼. 왜 그리도 지조가 없어!' 안쪽 그림자가 대답했다. '의지하는 게 있어서 그런 것이 아닌가. 또한 내가 의지하는 것도 기대는 게 있어서 그러네. 혹시 나는 뱀의 비늘이나 매미의 날개에 기대고 있는 건 아닐까? 어째서 그런 줄 알며 왜 그렇지 않은 줄 알겠는가. 언젠가 장주(莊周)가 꿈에 나비가 되어 즐거이 날아 다녔다네. 스스로 흡족하게 날아다니다 보니 자신이 인간 장주인지도 몰랐지. 그러다가 문득 잠에서 깨어나 보니 분명히 누워 있는 게 바로 장주였다네. 그가 꿈에 나비가 된 것인지, 나비가 꿈에 그가 된 것인지 몰랐다네. 장주와 나비는 틀림없이 다른 존재일 것이므로, 이를 물화(物化)라고 일컫는다네.'"[24]

'물화'라는 양식으로 진행된 완전한 만남은, 내가 네가 되고 네가 내가 되는 조화의 상황에서 이루어진다. 서로에게 삼투(滲透)하며 조화(調和)하는 것이 생명이다. 이것이 인간 관계성의 이해요 배려의 실천이다. 장자의 호접몽은 그런 상황의 극치를 보여준다. 그런데 자아와 타인 사이의 조화를 위해서는 무엇보다 중요한 것이 아집(我執)의 타파이다. 아집은 배려가 아니라, 필연적으로

---

24)『莊子』「齊物論」: 罔兩問景曰, 曩子行, 今子止, 曩子坐, 今子起, 何其無特操與. 景曰, 吾有待而然者邪. 吾所待又有待而然者邪. 吾待蛇蚹, 蜩翼邪. 惡識所以然. 惡識所以不然. 昔者莊周夢爲胡蝶, 栩栩然胡蝶也, 自喩適志與. 不知周也. 俄然覺, 則蘧蘧然周也. 不知周之夢爲胡蝶與, 胡蝶之夢爲周與. 周與胡蝶, 則必有分矣. 此之謂物化.

40

배타(排他)와 배제(排除)를 가져온다. 배려는 아집의 소멸을 통해 드러나는 타자에의 관심이다.

자애 · 검소 · 겸손의 지혜

앞에서 본 '서로 되기'의 논리적 실천은 주요한 바탕을 전제로 한다. 그 바탕은 도가적 관계성을 빚어내는 일종의 용광로이다. 노자의 생각은 매우 소박하다. 그래서 그의 사상을 '박(樸)'이라는 말로 표현하기도 한다. 그것은 자연(自然)과 무위(無爲)라는 개념으로 생명 의식과 인간관계에서의 조화를 드러내기도 한다. 그런 의식의 지속과 실천을 통해 노자가 인간관계에서 배려 의식의 토대를 성립시키는 세 가지 보배가 있다. 그것은 다음과 같이 설명된다.

"나에게 세 가지 보배가 있는데 늘 그것을 지니고 보존한다. 첫째는 자애이고, 둘째는 검소함이며, 셋째는 세상 사람보다 앞서지 않는 겸손이다. 자애하기 때문에 용감할 수 있고, 검소하기 때문에 넓힐 수 있고, 겸손하기 때문에 다른 사람의 모범이 될 수 있다. 이제 그 자애를 버리면서 용감하려 하고, 검소함을 버리면서 널리 베풀려고 하고, 뒤로 물러나는 겸손을 버리고 앞서려 한다면 죽게 될 것이다."25)

노자가 제시하는 보배, 인간 삶의 지혜는 세 가지이다. 자애로움과 검소함, 그리고 겸손이다.

첫째, 자애는 일종의 사랑이다. 세상의 모든 존재를 사랑할 수

---

25) 『道德經』 67章: 我有三寶, 持而保之, 一曰慈, 二曰儉, 三曰不敢爲天下先. 慈故能勇, 儉故能廣, 不敢爲天下故能成器長. 今捨其慈且勇, 捨其儉且廣, 捨其後且先, 死矣.

있는 기반이다. 유교적으로 보면 가까이로는 부모가 자식에게 갖는 아주 소박하고 자연스러운 사랑이다. 이것이 인간관계로 확장되면 타인과의 관계에서도 자연스럽게 발휘된다. 그런 상황이 오면 배려한다는 의식 자체를 상정하지 않을 수도 있다. 왜냐하면 그것 자체가 자연스러운 상황이기 때문이다. 그런 경우 의식적인 배려의 차원을 넘어 '온전한 사랑'으로 가득 찬 초월적 배려, 무배려의 배려로 나아갈 수도 있다.

둘째, 검소함이다. 검(儉)은 아주 적은 욕심으로 모든 것을 아껴서 인간을 비롯한 만물에게 베풀어 줄 수 있다는 의미이다. 따라서 가능한 한 세상의 존재에게 지속적으로 베풂을 통해 생명 정신을 이어주자는 것이다. 이런 검소함의 정신은 바로 자기 생명의 보전을 넘어 타인의 생명까지도 연장시키며 확장해 가려는 지혜가 숨어 있다. 여기에서도 배려 정신은 현실에서 타인과의 관계성을 초월한, 미래지향적 배려의 의미를 담지하고 있다.

셋째, 타인에 앞서서 행하지 않는다는, 일종의 겸손이다. 겸손은 갈등과 다툼을 앞세우지 않고, 자신을 낮추고 상대를 추대하며 기다리고 요청하는 작업이다. 그것은 유순함과 양보 정신의 극치를 보여준다. 이처럼 배려는 양보와 겸허함, 희생정신 없이 이루어지지 않는다. 배려는 기본적으로 자신을 낮추고 뒤에서 자기 것을 덜어낼 때 성립한다.

『도덕경』에서 말한 것처럼, "강이나 바다가 모든 골짜기의 최고가 될 수 있는 것은 낮은 곳에 잘 처하기 때문이다. 그러므로 사람 위에 서려면 말을 겸허하게 낮추고, 사람 앞에 서려면 반드시 자신을 타인보다 뒤처지게 해야 한다."[26] 겸손한 태도로 남의 뒤에 설수 있는 자세는 현실적 용기를 필요로 한다. 욕망이 존재하는 인간의 속성 상, 누가 남에게 뒤지고 싶어 하겠는가? 감히 뭔가를 시도하거나 욕망을 부리지 않으려는데 용감할 수 있겠는가? 인간관계에서 겸손은 단순하게 말이나 논리적으로 따져서 해결되는 문제가아니다. 관계성의 핵심을 밑바닥으로부터 건져낼 때 반추할 수 있는 깊은 사유이자 실천의 자산(資産)이다.

노자가 보배로 여기는 자애와 검소함, 겸손함이 사물의 존재 자체나 인간의 본성에서 나온다면, 인간관계에서 우리는 다른 사람에게 소극적으로 행할 수 있으며, 다른 특별한 수단을 사용하지 않고도 목적을 달성할 수 있다. 타인들 스스로에게 그가 원하는 것을 원하게 할 수 있다.

이 세 가지 보배는 사람과 사람 사이에서, 서로 끌어당기는 자석의 힘처럼, 인력(引力)으로 작용한다. 상호 기다리고 요청하는 상황이다. 그것이 도가적 관계성의 배려이다. 자애로운 사람, 검소한 사람, 겸허한 사람은 모델링(modeling)의 힘을 행사하여 '세상의 모범'이 될 수 있다. 이러한 덕목을 지닌 존재야말로 배려를 제대로 실천하는 사람이자 배려 받을 수 있는 사람일 것이다.

---

26) 『道德經』 66章: 江海所以能爲百谷王者, 以其善下之. 故能爲百谷王. 是以欲上民, 必以身後之.

불교적 배려

연기(緣起)와 자비(慈悲)의 고리

이 세상 만물이 홀로 존재할 수 있는가? 세상의 모든 개체는 홀로 존재하는 듯하지만, 사실은 그물망처럼 얽혀있다. 우리 인간도 세상에 태어날 때부터 근원적으로 부모를 비롯한 수많은 존재와 연관되고, 살아가면서 타자와 관계한다. 동물들이나 식물들, 무생물조차도 마찬가지 상황에 직면한다. 동물의 경우, 저 대자연에 존재하는 이름 없는 풀 한 포기의 광합성 작용과 그것으로 배출되는 공기를 통해 호흡을 고르며 살아간다. 모든 존재가 이미 연루되어 있는 유기체의 세계이다. 그런 세계의 상황에 대해 이름 붙이지 않아도, 그것은 원초적 배려를 품고 있다.

그런 세계상을 깨달은 불타(佛陀)는 세상의 모든 사물은 인연(因緣)이 화합하여 이루어진 것이며 인과(因果) 관계를 일으키는 것이라 하였다. 인생의 고통(苦痛), 인간의 생명과 개체의 운명은 스스로 '인(因)'이라는 원인을 짓고 스스로 '과(果)'라는 결과를 받아 안는다. 불타가 깨달은 이 진리가 바로 연기(緣起)법이다. 그것은 '인간의 삶이 왜 어둠 속에서 헤매는가?' 그 원인을 밝혀냄과 동시에 그것을 벗어나기 위한 교설이다. 연기는 12가지의 연결 고리로 설명되기에 십이연기(十二緣起)라고도 한다. 연기는 모든 존재의 역동적인 '상의상관성(相依相關性)'을 열두 마디의 '고리'로 설명한다(Prebish 1989, 56). 열두 부분은 끊임없이 '과(果)'를 일으키기 때문에 '인(因)'이라 불리며, 서로 조건이 되기 때문에 '연(緣)'이라고도 일컬어진다. 이 상관상의성이 공자의 마을 공동체가 보여준 '연(緣)'이나 『주역』에서 말했던 '대대(待對),' 노장의 '상생(相生)'과 상통한다.

세상의 어떤 생명체도 해탈하기 이전에는 이러한 인과율에 의지하여 삶을 지속한다. '계속 태어나고 늙고 죽으니 윤회가 끝이 없다!' 12연기는 실로 시작도 없고 끝도 없으며 시공간적으로 아무런 구애를 받지 않는다. 때문에 12연기는 생명 현상의 총괄적 설명이며, 생명체가 고통 받는 원인이 된다. 불교에서 인간의 현실은 '괴로움(suffering)' 자체이다. 그 원인은 그릇된 행위에 있으며, 그릇된 행위는 자기 자신과 세계의 참모습을 올바로 알지 못하는 정신적 미혹(迷惑)에 기인한다.

불교는 바로 자기 자신과 세계의 참모습을 올바로 알기 위한 '깨달음'의 가르침이다. 인간은 깨달음을 통해 우리의 행위, 즉 삶이 바르고 밝아져 자연스럽게 행복을 실현하게 된다. 이처럼 불교가 인간을 바라보는 관점은, 존재 자체를 '고(苦)'로 인식하고, 당위적으로 '각(覺)'을 지향한다(박선영 1989). 따라서 불교 사상에 기초한 배려의 방향이나 목적은 지식의 축적이나 전문 기능의 습득이라기보다 '깨달음 자체'에 있다. 이는 정신적 자각이 배려의 본질에 가까움을 지시한다.

다시 강조하지만, 불교에서는 깨달음, 자아의 각성을 매우 중시한다. 고대 희랍의 명언인 '너 자신을 알라!' 혹은 실존 철학에서 각성의 문제를 명석하게 분석했던 것처럼, 불교에서도 '각성(覺醒)'이 일차적으로 요구된다. 불교적 관점에서 배려의 본질은 바로 인간의 깨달음, 내면적 자각을 전제로 한 문화 지식의 전수, 인간 행동의 변화, 사회의 유지와 혁신 등으로 볼 수 있다.

이러한 배려의 인간상을 다루는 정점에 불타가 있다. 그런데 불타는 깨달은 사람, 밝은 사람, 따뜻한 사람으로 지혜와 자비(慈悲)를 상징한다. 불교의 근본 목적은 현실 생활의 궤도에서 벗어나 '해탈(解脫)'을 얻는 데 있다. 그 중심이 깨달음과 자비(慈悲)의 윤리이다. 불교에서 보살핌이나 돌봄, 배려의 문제도 바로 자비심의 발로와 직결된다. 왜냐하면 자기 성찰과 타인을 지향하는 배려와 관심은 사랑과 연민이라는 자비심의 표출이기 때문이다.

자비는 다음과 같이 방편적으로 설명된다. "자(慈)는 중생(衆生)을 사랑하고 생각하여 항상 편안하고 즐거운 일로 풍요하고 이익이 있게 함을 말한다. 비(悲)는 중생을 연민스럽게 여기고 다섯 가지 도(道) 가운데 온갖 육체적 괴로움과 정신적 괴로움을 받는 것을 말한다. 그러기에 대자(大慈)는 모든 중생에게 즐거움을 주고, 대비(大悲)는 모든 중생의 괴로움을 없애주는 일이다. 대자는 중생에게 기쁨과 즐거움의 인연을 주며, 대비는 중생에게 이별과 괴로움의 인연을 주는 일이다. 대자는 중생들이 즐거움을 얻도록 생각하고 또한 즐거운 일을 주는 일이며, 대비는 중생의 괴로움을 연민하고 괴로움을 해탈케 하는 일이다. 자(慈)를 닦는다는 것은 탐욕을 끊는 일이며, 비심(悲心)을 닦는다는 것은 진에(瞋恚)를 끊는 일이다."[27]

---

27) 『大智度論』 「卷第二十七」: 大慈大悲者, 四無量心中已分別, 今當更略說. 大慈與一切衆生樂, 大悲拔一切衆生苦, 大慈以喜樂因緣與衆生, 大悲以離苦因緣與衆生. 譬如有人, 諸子繫在牢獄, 當受大辟. 其父慈惻. 以若干方便, 令得免苦, 是

46

자비의 특징을 지시하는 핵심어는 '사랑'과 '연민'이다. 사랑은 이기적 탐욕을 벗어날 때만 올바르게 실현될 수 있고, 연민은 불관용의 진에(瞋恚), 즉 성냄을 극복할 때에만 발휘될 수 있다. 그런 점에서 자비는 상대방에게 행복을 주고 괴로움을 없애주거나 함께하는 삶을 말한다. 특히, 대승불교에서는 나 자신의 해탈을 넘어 나아닌 다른 사람들이 나와 똑같이 해탈하여 나와 똑같이 열반의 행복을 누릴 수 있을 때까지 기다리며 그들을 도와주어야 한다는 정신이다. 이것이 바로 타인에 대한 관심이자 이해이고, 배려이다.

존재의 고통을 전제하는 한 불교적 배려는 오로지 타인들의 고통에 바탕을 둔다. 타인의 고통을 의식하고 함께 괴로워하는 마음자세, 타인들의 아픔과 기쁨에 대한 윤리적 실천이 불교의 자비요 배려이다. 그것이 관계성을 맺는 불교적 방식이다. 때문에 배려는 타인에 대한 사랑의 정신에서 실천된다. 타인에게 행복을 주고 타인과 괴로움을 공유하려는 나눔이 배려이다. 이런 점에서 대자대비(大慈大悲) 정신은 불교적 배려의 원리이자, 타인에 대한 배려이고, 이 타인에 대한 배려가 해탈로 가는 지름길이다.

줄탁동시(啐啄同時)의 소통

깨달음은 본질적으로 스스로 깨닫는, 자각(自覺)을 의미한다. 따라서 불타는 '자각적 인간형,' 혹은 '자주적 인간형'을 염원한다.

大悲, 得離苦已, 以五所欲給與諸子, 是大慈. 如是等種種差別.…大慈悲雖是佛法根本, 故是有漏, 如於泥中生蓮華, 不得言泥亦應妙, 大慈悲亦如是, 雖是佛法根本, 不應是無漏.

자주적 인간형은 극치로 나아가면서 불타까지도 벗어 던진다. 특히 선가(禪家)에서는 '본분을 바로 들어 보일 때는, 불타(佛陀)나 조사(祖師)도 아무런 공능(功能)이 없는 것'이라고 하여 스스로의 깨달음을 가장 중시했다.28)

이는 성불(成佛)과 해탈(解脫)을 위해, 궁극적으로 불타의 구속으로부터 자유로울 것을 요구한다. 그러나 배려는 인간의 관계성을 전제로 한다는 점에서 불교적 해탈을 관계망으로 끌어당길 필요가 있다. 불교 선종(禪宗)의 최고 기록으로 꼽히는 『벽암록(碧巖錄)』에 유명한 '줄탁(啐啄)'의 이야기가 있다.

"어느 날 한 스님이 경청 화상에게 찾아와서 말하였다. '저는 이미 대오개발(大悟開發)의 준비가 되어 껍질을 깨뜨리고 나가려는 병아리와 같습니다. 부디 화상께서 껍질을 쪼아 깨뜨려 주십시오. 이끌어 주시면 곧 깨달음의 경지로 나아갈 수 있습니다.' 그러자 경청 화상이 말하였다. '정말 그렇게 하여 깨달을 수 있을까?' 다시 스님이 말하였다. '제가 깨닫지 못하면 화상에게는 줄탁(啐啄)의 솜씨도 살활(殺活)의 칼도 없는 셈이 됩니다. 그렇게도 유명하신 분이 깨달음의 직전에 있는 일개 중도 제대로 이끌지 못했다고 하면 세상의 웃음거리가 되지 않겠습니까?' 경청 화상이 말하였다. '이런 멍청한 녀석!'"29)

그 스님은 경청 화상에게 함부로 대들었다가 혼이 났다. 새끼와

---

28) 『禪家龜鑑』 2章 <漢文註解>: 直擧本分, 佛祖無功能.
29) 『碧巖錄』 「第十六則」 <本則>: 擧僧問鏡淸, 學人啐, 請師啄. 淸云, 還得活也無. 僧云, 若不活, 遭人怪笑. 淸云, 也是草里漢.

어미가 서로 모르거늘, 누가 알아서 함부로 쫀단 말인가! 톡톡 쪼면 번쩍 깨어나련만, 그 스님은 아직 껍질 속에 있다. 거듭 얻어맞고 있는데도 세상의 스님들은 여전히 부질없이 겉만 더듬고 있다. '줄탁'의 비유는 엄정(嚴整)하다. 그것은 '서로 모른다'는 사실에 기인한다. 모르는데 어찌 함부로 쫄 수 있겠는가? 서로 누구인지 모르는 데 어찌 함부로 사람 사이에 형성되는 삶의 모델을 제시할 수 있는가? 세상을 살아가는 사람과 사람, 인간의 모습이 이처럼 어렵다.

줄탁의 예화에서 파생된 염원(念願)이 이른 바 '줄탁동시(啐啄同時)'이다. 병아리가 탄생할 때, 계란 속에 있는 병아리는 안에서 부리로 문지르고[啐], 어미 닭은 그 낌새를 알아채고 밖에서 쪼아주는 일[啄]이 동시에 일어난다[同時]. 이때 병아리와 어미 닭은 어떤 관계성을 통해 교감(交感)을 할까? 말로 형용하기 힘든 줄탁의 순간, 우리는 전율을 느낀다. 수많은 인간이 다양한 환경에 어울려 있는 이 사회에서, 그것은 어떤 의미를 담지하고 있을까?

어미닭과 병아리 사이에 이루어지는 배려는, 모르는 세계에서 앎의 세계로 들어올 때, 가능하다. 즉 무지(無知)에서 지(知)로의 전환이자, 병아리와 어미 닭의 유기체적 인식의 확인이다. 달걀이 부화할 때, 병아리가 계란의 안쪽에서 문지르고 어미 닭이 바깥에서 껍질을 쪼아 그 시기가 딱 들어맞을 때, 달걀껍질이 깨지고 새 생명이 탄생한다.[30] 그것을 줄탁동시(啐啄同時)라고 한다. 이것은

---

30) 『碧巖錄』(박선영 1989): 子啐母啄, 子覺無殼, 子母俱忘, 應緣不錯, 同道唱和; 이 구절은 흔히 교육에서 스승과 제자 사이의 배려를 일러주는 비유로 사용되는데, 이와 동일한 의미는 아니지만, 유교의 '교학상장(教學相長)'이나 '효학반

불교적 관점에서 볼 때, 최고의 배려 상황이다.

배움과 가르침의 배려 지향성

자기 배려[31]의 기초로서 배움

배움[學]은 가르침[敎]과 더불어 교육의 기본 뼈대이다. 특히
'배움'은 학생의 활동과 연관하여 이해하는 경우가 많으며, 교육의
주요 과정을 차지한다. 학생은 때때로 가르침의 대상이 되기도 하
고, 스스로 배움을 실천하는 자기 학습의 주체가 되기도 한다. 그런
데 우리는 '배움'을 얘기할 때, 대부분의 경우, '학생이 교사로부터
일정한 교육내용을 전달받는 일', 혹은 '아랫사람이 윗사람으로부
터 특정한 내용을 전수받는 행위' 등, 아래가 위로부터 수직적으로
전달받는 수업(受業)이나 전수(傳受) 행위로 인식한다. 서구의 페

(斆學半)'도 유사한 맥락이다. 교학상장과 효학반은 『예기(禮記)』「학기(學記)」
에 등장하는 유교 교육의 핵심 개념이다. 대략적 의미는 다음과 같다. '교육자
가 가르치는 일에 종사하면서 학문의 어려움을 느껴 스스로 힘써 공부하고 배
우며 부족함을 깨닫고 반성한다. 이 과정에서 가르치는 일과 배우는 일은 자신
을 일깨우도록 스스로를 북돋아 주어, 교육자의 삶을 건강하게 한다.' 이는 기
본적으로 교육자 자신에게 해당하는 수련(修鍊)의 양식이지만, '교수자-학습
자' 사이의 대대(待對) 관계에서 작용할 수도 있다. 교수자와 학습자는 교학(敎
學) 행위를 통해 서로 영향을 미치면서 상대를 격려하거나 상호작용하며 배려
하고, 인간이 스스로 가르침을 통해 자신의 내면을 발견하고 다시 배움의 길에
서 정진하는 자기배려를 요청한다.

31) '자기 배려'는 미국의 교육철학자 나딩스(N. Noddings)가 말한 '자아에 대한 배
려'와 상통한다. 자아는 삶을 영위하는 주체이며, 자아의 삶은 '육체, 영혼, 직
업, 여가' 등 네 가지 측면에서 성찰할 수 있다. 배움[學]은 삶을 뒷받침하는 핵
심 기제이기에 그 자체가 자기 배려의 자산(資産)이 된다.

다고지(pedagogy)에서 아동이 어른에게 지도·감독·관리 받는 것과 유사하게 이해한다. 이럴 경우, 배움의 차원에서, 동아시아 전통의 논리적 구조인 대대(待對)의 본질을 오도할 수 있다.

중국 고대의 문자서와 경전에서 '학(學)'은 '가르침을 받다[受敎],' '깨닫다·깨우치다[覺悟],' '모범을 본받다[效法],' '가르쳐 이끌다[敎導],' '배우고 묻다[學問],' '배우고 풀이하다[學說]' 등 다양하게 논의된다.[32] 그러나 일반적으로 학(學)은 '배우다'라는 말로 표현된다. 그렇다면 '배우다'는 어떤 차원에서 보살핌이자 돌봄이며, 근원적으로 배려를 지향하는가?

	甲文
	20·5 前

	甲文
	8·龜藏

학(學)은 문자의 모습이 '爻+臼+宀+子' 등 네 부분으로 구성되어 있다. 학(學)의 윗부분인 '臼' 글자 안에 '爻'가 들어 있는 형상이다. '臼'는 원래 손이 마주보고 있는 모습[又+又]이다. 양손으로 무언가를 움켜잡는 모습을 하고 있다. '爻'는 글자의 모습에서도 알 수 있듯이, '사귀다·얽히다·엮기다'라는 의미이다. '사귀다'라는 말은 사람이 서로 가까이하여 얼굴을 익히고 사이좋게 지내는 뜻으로 인간의 교제(交際)를 나타낸다. '얽히다·엮기다'라는 말은 사물 사이의 교차, 섞임, 관계 형성과 같은 어울림을 보여준다. 이는 그물

	金文
	敦靜

	小篆
	部子文說

	小篆
	部子文說

[그림 2] 학(學)자의 변형 모양

---

32) 중문대사전편찬위원회(中文大辭典編纂委員會 1973) 및 대한한사전편찬실(1998) 참조.

이 X자처럼 얽혀 있듯이 하나의 망(網, net)과 같은 세계의 모습을 보여준다.

이러한 '爻'의 형상은 앞에서 언급한 『주역』에서 구체적으로 볼 수 있다. 『주역』에서 효(爻)는 괘(卦)의 기본 성분이다. 괘를 형성하는 육효(六爻)[33]에서 효(爻)의 윗부분[乂]은 '교(交)'에서 본 따온 것이다. 이때 '교(交)'는 '서로 주고받으며 섞이는' 교착(交錯)이라는 뜻이 담겨 있다. 따라서 교(交)는 사물이 역동적으로 관계하며 움직이는 모양을 상징한다. 더구나 『주역』에서 여섯 효는 중복되거나 중첩되어 있는 체계이다. 그러기에 거듭 '모(乂)'를 써서 본떴다고 한다. 여섯 효의 뜻이 이런 의미에서 취한 것이기에, '서로 얽혔다'고 하고 '서로 합했다'고 하며 '교(交)'라는 '사귐'의 의미를 도출해 냈다.

효(爻)의 의미를 담보하는 교(交)와 오(五: 乂)의 의미 전개는, 하늘과 땅이 모든 사물을 감싸고 끌어안으며 그 위에 싣고 있음을 보여준다. '하늘 아래 – 땅 위'의 사이 세계에는 인간을 비롯한 우주의 모든 사물이 존재한다. 이 사물의 관계성은 모든 존재가 상호 연

---

33) 육효(六爻)는 『주역』에서 각 괘(卦)를 이루는 6개의 효를 가리키는 말인데, 주역의 64괘는 음(陰: --)과 양(陽: ㅡ)을 표시하는 6개의 효로 구성되어 있다. 효는 음과 양이라는 두 기운이 서로 한 번씩 끌어안고 나서 새로운 세계로 나아가는데, 음과 양이 서로의 기운을 한 번씩 주고받으면 그 조합 수는 제곱(2^2)이 되어 사상을 더해 간다. 이 음양의 사귐이 '대대(待對)'의 논리를 통해 상호 보완되고 요청된다. 이러한 사귐이나 엇갈림의 의미를 지닌 효(爻)는 본래 '이(二)'와 '오(乂)'를 따라서 만들었다. 오(乂)는 오(五)의 옛 글자로, 서로 엇갈리는 모습이고, '교차하다'는 의미를 지닌다. 나중에 위의 일(一)은 하늘을 나타내고 아래의 일(一)은 땅을 나타내는 이(二)와 사물 사이의 교차를 의미하는 오(乂)가 합쳐져서 오(五)가 되었다.

관되어 있다. 이것이 사귐이요 얽힘이며 엮긴 상황이다. 다시 강조하면, 학(學)의 윗부분 안쪽에 자리하고 있는 '爻'는 서로 관계하고 있는 우주 사물의 상황, 세계상(世界像)을 상징한다. 교육학적으로 환원해 볼 때, 이는 배움의 전제 요건이자 바탕이며, 교육의 내용에 비유할 수 있다. 교육의 핵심 대상이자 세계상으로 자연의 이법에서 인문·사회 법칙을 포함하는, 우주와 인생의 모든 것을 포괄하는 존재이다.

다시 정돈하면, 학(學)의 윗부분을 형성하는 '臼+爻'는 두 손으로 세계상을 감싸고 있는 모습이다. 이는 세계상에 대해 인간의 행위가 필수적으로 개입한다는 사실을 일러준다. 교육내용에 대해 배우는 존재가 부지런히 다가가 경험하고 탐구하며 습득하는 자기단련의 과정을 떠올린다.

그런데 학(學)의 중간 부분에 '冖'이 자리하고 있고, 그것은 아랫부분의 '子'와 구분 짓고 있다. '冖'은 '물건을 덮는 모양'을 표현한 글자이다. 천으로 물건을 덮었는데 위쪽은 편편하고 두 가장자리가 아래로 내려진 모양을 본떴다. '천으로 물건을 덮다'는 의미는 물건을 가리고 있는 모습을 상징한다. 가려진 물건은 보이지 않으므로 파악하기 어렵다. 이를 인간에게 적용하면, 천에 물건이 가려진 것처럼, 사람이 무언가에 가려져 어두운 형상으로 존재한다는 의미이다. 아직 깨우치지 못한 상태로 무지몽매함과 같다.[34] 학

---

34) 『說文解字』: 冖, 尙蒙也. 여기에서 '무지몽매(無知蒙昧)'는 『주역』의 <몽(蒙)> 괘에서 분명하게 드러나는데, 다음과 같이 이해된다. 어린 아이가 태어난 세계는 끊임없이 음양의 조화가 계속되고 있는 우주이다. 다만, 어린 아이가 처하고 있는

(學)의 글자 모습으로만 본다면, 'ᄀ'은 위로는 '爻+臼'를 이고 있으나 아래로는 '子'를 덮고 있다.

이제 '子'가 문제이다. '子'는 흔히 '아들 자'로 이해된다. 그러나 '子'를 '아들 자(子)'만으로 한정하여 인식할 때, 오류를 낳을 수 있다.[35] 적어도 학(學)의 근원을 배려의 차원에서 분석할 때, '아들자'로 이해하는 의식을 철저하게 넘어서야 한다. 자(子)는 사전에서 확인해도 20여 가지가 넘는 뜻이 있다. '아들, 딸, 자식, 아이, 알[卵], 씨앗, 사랑하다, 양자삼다, 종속되다, 번식하다' 등 상황에 따라 다양하게 쓰인다. 학(學)의 아랫부분에 자리하고 있는 자(子)는 '아기' 혹은 '어린이'로 이해하는 것이 합당하다. 왜냐하면 의미가 분화되기 이전의 자(子: 界)는, 글자의 모습 자체가, 아기가 강보(襁褓)에 싸여 있는 형상이기 때문이다. 윗부분[ᄀ]은 사람의 머리를 본떴고 가운데 모양[一]은 두 팔을 본떴다. 아랫부분은 다리를 본떴는데, 다리가 하나로 보이는 것은 강보에 싸여 있기 때문이다. 이 때 아기는 남자―여자, 혹은 아들―딸로 구별하여 이해하지 않는다. 어린 아이 일뿐이다. 동물에 비유하면 알이나 어린 새끼이고, 식물의 경우 씨앗이나 새싹에 비유할 수 있다. 이어린 아이가 생물학적으로 어린이에 비유할 수도 있고, 나아가 무

상황은 맑은 물이 산 속에 숨겨져 있는 것처럼 앞뒤로 막혀 있다. 이 상황에서 아이가 뒤로 물러간다면 더욱 험한 상황에 직면하게 되고, 앞으로 나아간다면 산이 가로 막고 있어 험난하다. 이 상황을 헤치고 나오는 방법은 어린 아이가 현재처해 있는 현실 세계를 바르게 파악하고, 자신이 누구인지를 힘써 아는 수밖에 없다. 이런 점에서 학(學)에는 원초적으로 몽(蒙)의 의미가 담겨 있다.

35) '子'를 '아들 자'로만 이해하는 것은 자녀교육의 차원에서는 의미가 있으나 일반적인 교육의 상황으로 볼 때 의미를 확장할 필요가 있다.

지몽매한 어리석은 사람으로 의미가 확대된다. 다시 정돈하면, '冖'은 학(學)의 윗부분과 아래 부분을 가르는 가운데 지점에서 아랫부분에 자리한 어린 아이를 덮고 있다. 무지몽매한 어린 아이, 혹은 어리석은 사람이 어리석음을 벗어나지 못하고 눌려 있는 상황이다.

전체적으로 학(學)의 문자적 의미를 정리해 보자. 먼저 윗부분에서 아랫부분으로 분석하면, 윗부분은 두 손으로 세계를 감싸고 있는 모습이다. 그리고 가운데와 아랫부분은 아직 깨우치지 못한 아이가 앉아 있는데 그것조차도 막아 버리고 있다. 윗부분은 어떤 형상으로 이해하건 세계를 두 손으로 감싸 쥐고 인간이 부지런하게 움직이려는 세상의 양태와 연관된다. 그 아랫부분에서는 아직 깨우치지 못한 어린 아이, 무지몽매한 어리석은 인간이 부지런히 노력하여 깨우친다는 의미로 해석이 가능하다.

이러한 학의 글자를 탄생시킨 인간은 어떻게 자신을 배려해 나갔을까? 두 손의 부지런한 노력으로 세계상을 밝혀야 하는가? 아니면 무지몽매의 나락으로 떨어져 어리석은 그대로 가려져 있어야 하는가? 학(學)의 모습 자체가 그 사태를 분명하게 일러주지는 않지만, 여러 경전과 인간의 속성으로 볼 때, 명철(明哲)을 추구함이 분명하다. 그러기에 학(學)은 내 손에 잡은 세계, 이미 마주치고 있는 세계를, 아직 깨우치지 못한 상태에서, 그것을 분명히 밝혀보려는 자기노력이다. 이 자기노력이야말로 자신을 위한 다양한 배려를 지향하는 강력한 암시이다.

이런 의미가 고려되었는지, 학(學)은 의미 확장을 거듭한다. '깨달음'으로 표현되기도 하고, '본받음'이라고도 했다.36) 이는 배움[學]이 세계와 인간의 만남을 전제로 얽혀 나가되, 무지몽매에서 벗어나려는 자기노력의 과정으로 이해된다. 그것은 세계와 인간의 교제와 만남이라는 차원에서, 자연과 인간의 관계 맺음을 장식하는 거시적 차원의 배려이다. 다시 말하면, 이미 세계를 접촉하고 있는 인간이 아직 세계를 깨우치지 못했음을 인식하고, 부지런히 노력하는 모습이다. 그 노력의 본질이 자기 존재를 확인하고, 다른 모든 존재와의 관계성을 파악하려는 배려의 과정을 포괄한다.

타자 배려의 지향으로서 가르침

배움이 자기 노력을 통해 충실한 자기 배려를 추구하는 작업이라면, 가르침은 어떤 배려를 보여줄 수 있을까? 상당수의 사람들은 배움과 가르침을 상대적인 의미로 이해하는 경우가 많다. 가르침의 주체는 교사, 배움의 주체는 학생으로 인식하고, 그 성격을 상대적으로 판단하며 정반대로 자리매김한다. 그것은 동아시아 전통의 배려 논리인 대대(待對)와 다른 인식이다.

배움을 의미하는 학(學)과 가르침을 뜻하는 교(敎)의 글자 모양을 잘 살펴보면, 동일한 부분을 발견할 수 있다. 학(學)의 가운데 부분인 '爻'와 '子'가 교(敎)의 왼쪽 부분에 그대로 자리하고 있다. 이 지점에서 교(敎)와 학(學)이 동일한 맥락에 있음을 알 수 있다.37)

---

36) 『說文解字』: 覺悟也.; 『廣雅』: 效也.; 『論語集註』 「學而」: 學之爲言, 效也.
37) '敎'와 '學'의 원래 '敩'이라는 글자로 통합되어 있었는데, 나중에 學과 敎로 분화되었다. 敩는 가르칠 '효'로 읽지만, 의미상 '배울 학'도 되고 '가르칠 교'도 된다.

배움이 바로 가르침이다!

가르침[敎]은 동서고금을 막론하고 교사(敎師)의 활동과 결부되어, '교육은 교사의 질을 능가하지 못한다!'거나 '교육은 교사의 질에 의해 좌우된다!'라는 명구를 낳기도 했다. 그만큼 가르치는 작업은 그 목적과 내용, 방법에서 차원 높은 행위임에 분명하다. 앞에서 간략하게 언급했지만, '가르치다'라는 말을 할 때, 대부분의 경우, '교사가 학생에게 일정한 교육내용을 전달하는 일,' 혹은 '윗사람이 아랫사람에게 특정한 내용을 일러주는 행위' 등, 위에서 아래로 수직적으로 전달되는 교수(敎授)나 하교(下敎), 명령(命令) 행위로 인식하기 쉽다. 배움을 이해할 때 언급한 것처럼, 이런 이해는 동아시아의 전통적 가르침의 본질을 오해하게 만들수 있다.

'교(敎)'는 '가르치다[訓誨],' '익히다[練習],' '알리다[告],' '명령하다[命令],' '전해주다[傳授],' '정교(政敎),' '교화(敎化),' '교사(敎師),' '학교' 등 다양한 차원에서 논의된다.[38] 그러나 우리는 통상 '가르치다'라는 한 마디로 포괄적으로 이해한다. 교(敎)의 글자를 분석해 보면, '爻+子+攵'의 세 부분으로 구성되어 있다. 왼쪽 부

학의 'ㅎ'과 교의 'ㅛ'를 따서 '효'로 읽는 것에서도 그런 맥락을 확인할 수 있다.

甲文		金文		隸書		草書		行書
641・新		部攴文說		碑候晨史		之義王		宗太唐

[그림 3] 효(敎)자의 변형 모양

38) 중문대사전편찬위원회(中文大辭典編纂委員會 1973) 및 대한한사전편찬실(1998) 참조.

분은 학(學)에서 다루었듯이, '爻'와 '子'[39]로 되어 있고 오른쪽 부분은 '攵'이 붙어 있다.

학(學)에서 설명했듯이, 교(敎)의 왼쪽 윗부분인 '爻'는 얽혀 있는 그물망과 같은 우주의 모습, 세계상이다. 그것은 모든 대상 세계가 어리석은 존재인 나와 접촉하며 마주치고 있다는 의미이다. 달리 말하면 현실적 존재로서의 인간이 우주 자연의 세계를 머리에 이고 삶의 선 영역에서 교육의 대상을 맞이하고 있다는 말이다. 어리석은 존재로서 인간은 원초적으로 세계를 머리 위에 이고 있다! 교육 세계에 던져져 있는 것이다.

甲文 8・5前

金文 鄘侯敦

小篆 部攵文說

隸書 碑宙孔

그런데 교(敎)의 오른쪽 부분인 '攵'은 '두드리다,' '치다,' '가볍게 살짝 때리다,' '매, 회초리 치다' 등의 뜻을 지니고 있다. 글자 자체의 소리는 'ㅏ'을

草書 之義王

[그림 4] 교(敎)자의 변형 모양

따랐으나 의미는 '又'이다.[40] 이는 손[又] 작업과 직결된다. 본래 손으로 무언가를 움켜잡는 모양을 본뜬 글자이기 때문에 손으로 일을 하는 '수(手)작업'과 연관된다. 따라서 손으로 잡고 행해지는 활동과 연관시켜, '치다,' '살짝 때리다,' '건드리다,' '깨우쳐주다' 등 여러 의미로 해석할 수 있다. 교육적 의미를 부여하면, '회초리로

---

39) 敎의 어원으로 볼 때, 敎의 왼쪽 부분을 孝로 보고 '耂+子'로 이해하는 경우가 있는데, 이는 문자학으로 볼 때 완전한 오독이다. 學에서 설명했듯이, 왼쪽 부분은 '효도 효(孝)'가 아니라 '爻+子'이다.
40) 『說文解字』: 攴, 小擊也. 从又卜聲.

치다, 깨우치다, 때리다'라는 의미가 된다.

정돈해 보면, 가르침[敎]은 '爻+子+攵' 세 글자가 어우러진 글 자이다. '爻'는 우주 만물이 원초적으로 어울린 세계상을 상징하고, '子'는 무지몽매한 어린 아이, 혹은 어리석은 사람을 나타낸다. 그 리고 '攵'은 손으로 동기부여를 하며 깨우쳐 주는 작업을 의미한다. 그러므로 왼쪽 부분[爻+子]은 어린 아이가 우주의 상황, 세계상을 접촉하면서 느끼는 만남의 체계로 이해할 수 있다. 우주의 어우러 진 존재 근원을 어린 아이가 인식하고 영향을 받으며 모방하는 것 과 관련된다. 오른쪽 부분[攵]은 손으로 살짝 건드려서 깨우쳐주 면서 사람을 인도한다는 의미가 깃들어 있다. 동기를 부여할 수도 있고 충고하면서 각성할 수 있도록 타자를 지향하는 배려의 손길 이다.

이런 점에서 가르침은 교사가 학생을 관리감독하거나 일방적으 로 주입하는 모습이 결코 아니다. 가르침의 구조는 세상의 어우러 진 사물에 대해, 어린 아이가 느끼고 모방하며 이해하려는 작업이 선행된다. 그리고 윗사람인 스승, 어른, 교사, 지도자, 부모 등이 손 으로 살짝 때려 깨우쳐 조심하도록 주의를 준다. 그런 작업을 통해 아랫사람인 제자, 아이, 학생, 구성원, 자식 등이 이에 따르는, 자연 과 인간, 인간과 인간이 만나는 모습이다. 관계성이 철저히 개입한 양상이다.

이런 측면을 보고, '위에서 베푸는 것을 아래에서 본받는다'는 말로 압축하여 표현하거나 '본받음을 말하는데, 특히 아래 사람이 위 사람을 모범으로 본받는 작업이다'라고도 했으며, 나아가 '우주 자연이 베풀어 놓은 삼라만상(森羅萬象)에 대해 사람이 일을 행하는 것으로, 본받음 혹은 닮음을 뜻한다'고도 했다.[41] 또한『중용』에서도 '인간의 길을 잘 닦아 나가는 것'으로 보고, '다양한 관계를 통해 앎을 넓혀가고 사람이 본받는 일'이라고 했다.[42]

이런 문자적 의미 분석을 기초로, 교(敎) — 가르침 — 의 맥락을 다시 고민하면, 왼쪽 부분은 복잡하게 얽혀 있는 우주 사물의 상황, 이 세계를 어린 아이가 접촉하고 만나며 무언가를 느끼는 모양이라고 했다. 아이가 이 세상에 태어나 우주 사물의 관계와 질서 체계를 전면적으로 마주치면서 느끼는 상황이다. 이는 가르침[敎]이 세계와 인간의 만남을 전제로 유기체적 관계를 상정하고 있음을 보여준다. 아울러 오른쪽 부분의 손으로 회초리를 들고 있는 상황은 초달(楚撻)과 깨우침의 구조로 이해된다.

결론적으로 말하면, 가르침[敎]의 의미는 이미 세계를 접촉하고 있는 학생에게, 세상의 사물에 대해 공부하라고, 선생이 손짓하며 재촉하는 모습이다. 그것은 학(學)의 배려에 비해 자신의 내면을 파고들기보다는 타자 배려를 지향한다. '세상과 마주치는 제자[爻+子]'에게 스승이 회초리로 '깨우침을 주는[攴]' 관계성으로, 세계 — 학습자 — 교수자가 '세상과 사물에 관한 베풂과 본받음'을 동시에 안고 있다. 이 베풂과 본받음 가운데 타자배려가 확인된다.

---

41)『說文解字』: 上所施, 下所效也.;『釋名』: 敎, 效也. 下所法效也.;『廣韻』: 天垂文象, 人行其事, 謂之敎. 敎之爲言, 傚也.
42)『中庸章句』1章: 修道之謂敎; 朱子註: 治而廣之, 人放效之, 是曰敎.

배려, 만남과 교통, 그리고 포용하는 교육

배려, 혹은 돌봄이나 보살핌의 의미를 규정하거나 도출하는 작업은 시대와 사회 상황, 역사와 문화적 맥락에 따라 달라질 수 있다. 그렇다 하더라도 배려 문제의 핵심은 인간관계 혹은 사람 사이의 존재양식을 이해하는 데 있다. 앞에서 논의한 것처럼, 그것은 동아시아 사유에서 유교의 인이나 충서, 혈구를 통해, 또는 도가의 조화나 불교의 연기에서 엿볼 수 있었다. 대대(待對)의 논리를 통해, 상호 적대적 배척이 아니라 보완하고 요청하며 상호 성취의 힘이 될 수 있는 소통의 광장에서, 포용과 신뢰로 대화와 만남의 관계성을 확인할 때 가능하다. 또한 배움과 가르침을 문자적 구조로 확인한 결과에서도, 그 자체에 배려의 정신이 배어있음을 볼 수 있었다. 그것은 교사와 학생 사이에 벌어지는 상대적 관계가 아니라, 자연과 인간, 인간과 인간 세계의 자기 배려와 타자 배려를 지향하는 관계성으로 이해된다.

다시 말하면 유·불·도의 윤리의식과 교학의 의미를 통해 볼 때, 배려는 우주 자연과 인생의 모든 요소에 스며들어 있는 근원적 관계성이다. 이는 인간 삶의 전 과정에서 풀어나가야 하는 일종의 삶의 본질적 과제이다. 그만큼 교육학적으로 자연과 인간, 사람 사이의 상호관계, 의사소통, 만남, 대화, 자아존중, 공감, 헌신, 협력 등 다양한 삶의 덕목을 핵심 내용으로 드러내야 한다. 인간관계를 보다 바람직하게 지속하기 위한 윤리적 실천을 요청한다. 그 핵심 개념이 유교의 인에서 불교의 자비에 이르기까지 동아시아의 사유에서 확인된다. 그것은 한 마디로 말하면, 관계하고 있는 모든 존재들의 '사랑'이다.

이런 점에서 가르침과 배움, 즉 교육은 사랑을 중심으로 하는 삶의 현상이자 배려 행위이다. 교육에서 사랑은 불가결의 요건이며 전제이다. 특히, 유·불·도에서 강조했던 인과 자비, 겸손 등은 사람을 사랑하는 배려 그 자체이고, 사람 사이의 진정한 만남과 대화 상황에서 상호 요청되는 일이었다. 대화 속에서 개인의 온전함과 타인의 완성을 동시에 꾀한다. 이는 단순하게 개인의 도덕적 인격 완성이나 심리 발달에 그쳐서는 안 된다. 절대 개인 차원에 머물러 있어서는 곤란하다. 타인과의 얽힘을 전제로 바람직한 관계 정립을 염원한다. 어떤 경우에도 더불어 살아간다는 공동체적 생명의 지속을 갈구한다.

이런 상황에서 간절히 요구되는 것이 건전한 대화이다. 여기에서 대화의 방식은 다양할 수 있다. 인간 존중을 기초로 하는 모든 만남(encounter)이 그것에 포괄된다. 삶의 여러 방면에서 진행되는 멘토링, 카운셀링 등 대화는 관계적 삶을 가능하게 만들고 인간의 자아를 발견하게 돕는다. 인간은 참다운 대화를 통해 '너'에 대한 '나'를 발견한다. 그것이 우리가 된다. 그리고 참다운 대화를 통해 나를 풍부하게 하고 깊게 하고 빛나게 한다. 대화로 말미암아 나는 존재한다. 이런 점에서 교육에서 마주하는 대화는 배려의 기초를 형성한다.

우리와 관계 맺고 있는 세계는, 혹은 사회는, 개인의 내면을 파고들어 인격을 형성하고 확장한다. 유·불·도의 사유와 교학의 의미에서 보았듯이, 세계와 인간, 사회라고 하는 환경 전체가 인간을 가르치고 배우게 만든다. 자기 배려와 타자 배려를 이끈다. 현재 드러나 보이는 세계를 선택하고 관계 맺는 배려 작업을 내 삶으로 만든다. 그럴 때 세계는 비로소 교육적 배려를 통해 참 주체로서 나와 너, 그리고 우리를 일깨울 수 있다. 삶에서 타인을 저 멀리 상대적으로 놓고 강제할 때, 그것은 인간 사회의 분열이자 굴종과 반항을 낳는다.

배려는 교육을 통해 교통(交通, communion)을 강화해야 한다. 유·불·도의 사랑과 자비와 겸손을 통해 흉금을 열고, 타자와 상호 소통하며 교통의 가능성을 열어 놓아야 한다. 그리하여 타자를 포옹하는 힘(inclusive power)만이 온전한 배려를 양산할 수 있다. 포옹은 '인격' 간의 관계이며, 공통으로 체험하며 능동적으로 참여하는 손길이고, 나의 행위를 잃지 않은 채 동시에 타자 측에서 체험하는 몸짓이다. 이것이야말로 교육에서 인간관계를 구성하는 배려의 기본 요소이다. 그것이 개인적·사회적 신뢰로 이어지고, 인간관계에서 배려를 녹여 넣는 내면적 황홀경이 된다.

이제 교육에서 배려는, 동아시아의 전통적 사유를 시대정신에 맞게 응용하면서 그 참되고 본래적 힘을, 포옹 행위의 반복과 새로운 관계성의 결합에서 얻어야 한다. 본래 하나인 '교육하고(educating) − 교육받는(being educated)' 대대(待對)적 배려의 상황에서, 구체적이고 상호적 포옹 체험을 근거로, 인간은 온몸으로 서로를 상호 요청하며 진정으로 받아들여야 한다. 이 포옹은 신뢰와 겸허한 태도에서 가능하다. 인간이 순수해지고 완전해질수록 그만큼 충심으로 자신이 세계의 부분임을 알게 되며, 공동체를 보다 적극적으로 분산시키면서 통합한다. 이것이 겸손이 갖는 힘이자 경이로움이다. 아울러 포용은 다투지 않는 곳에서 가능하다. 가르침과 배움은 겸손하게 사람들을 대할 때 호응을 얻을 수 있고, 예의로 사람을 대우해야 사람을 얻어 쓸 수 있다. 이런 태도 속에 동아시아의 사유가 지향하는 배려의 기초가 잠재해 있다.

참고문헌

고려대학교 민족문화연구원. 2009.『한국어대사전』. 서울: 고려대학교 민족문화
　　연구원.

김길환. 1994.『東洋倫理思想』. 서울: 일지사.

김승동. 1998.『易思想辭典』. 부산: 부산대학교 출판부.

대한한사전편찬실. 1998.『大漢韓辭典』. 서울: 교학사.

박선영. 1989.『불교의 교육사상』. 서울: 동화출판공사.

신창호. 2005.『인간 왜 가르치고 배우는가』. 서울: 서현사.

_____. 2012.『유교의 교육학 체계』. 서울: 고려대학교출판부.

_____. 2016.『배려, 이론과 실천을 위한 가이드』. 서울: 고려대출판문화원.

안동림 역주. 1999.『벽암록』. 서울: 현암사.

이명기. 1987.『仁의 硏究－敎育學的 接近』. 서울: 양서원.

정종. 1980.『孔子의 敎育思想』. 서울: 집문당.

中文大辭典編纂委員會(중문대사전편찬위원회). 1973.『中文大辭典』. 臺北: 中國
　　文化大學出版部.

Fingarette, Hebart 저·송영배 역. 1993.『공자의 철학: 서양에서 바라본 禮에 대한
　　새로운 이해』. 서울: 서광사.

Fromm, Erich 저·박영구 역. 1994.『인간에 대한 믿음』. 서울: 자작나무.

Held, Virginia 저·김희강·나상원 역. 2017.『돌봄: 돌봄윤리』. 서울: 박영사.

Noddings, Nel. 1984. *Caring: A Feminine Approach To Ethics & Moral Education*.
　　L.A.: University of California.

_____. 1998. "Caring." In *Philosophy of Education*, edited by Paul H. Hirst and
　　Patricia White, 40-50. London & New York: Routledge.

Prebish, Charles S. 저·박용길 역. 1989.『불교: 그 현대적 조명』. 서울: 고려원.

『廣韻』

『老子道德經』

『論語集註』

『大智度論』

『大學章句』

『孟子集註』

『釋名』
『禪家龜鑑』
『說文解字(注)』
『碧巖錄』
『禮記注疏』
『莊子』
『周易』
『周易切中』
『中庸章句』
Bible(『신약성서』, 『구약성서』)

2 장

관계적 돌봄의 철학:
'필요의 노동'을 넘어 '정치적 행위'로

허라금

돌봄 정책의 확대와 '돌봄'의 의미

전통적으로 보살핌은 사적인 영역으로 구획된 가정에서 주로 여성들이 해온 것이었다. 이로 인해 '돌봄'은 여성들이 많은 관심을 두는 주제이기도 하다. 오랜 가부장적 역사에서 만들어진 돌봄 관념과 실천 등에 관해 여성주의 관점에서 역시 많은 비판적 토론이 이루어져 왔다. 그동안 일로조차 간주되지 않던 돌봄이 중요하고 힘든 노동임을 드러내려는 노력은 그중 하나이다. 동시에 여성주의 관점에서는 삶에 필수적인 돌봄의 일을 사회에서 어떤 그룹이 담당해 왔고, 어떤 그룹이 어떤 논리로 면제를 정당화해 왔는지, 또한 이 같은 돌봄의 사회적 분업이 돌봄 일을 수행하는 그룹에 속한 사람들을 어떻게 사회 경제적으로 주변화시켜 왔는지를 사회정의의 차원에서 분석하기도 한다. 이것은 여성에게 돌봄의 역할을 배정하고 남성에게 경제적 생산영역의 일을 배정해온 기존의 젠더 질서가 어떻게 현재까지 양태를 달리하며 유지되고 있고, 그것이 현재의 성 불평등한 질서를 재생산하고 있는지를 사회적으로 밝히는 작업이기도 하다. 기존 돌봄 체계에 대한 이상의 비판적 인식을 토대로, 여성학에서는 기존의 방식 대신 어떻게 돌봄의 필요를 해결하는 것이 돌봄의 필요를 효과적으로 충족하면서도 젠더 정의를 해치지 않는 것일지를 탐색하고, 그 논의를 사회적으로 공유하고자 노력해 왔다.

이 장은 같은 제목으로 『사회와 철학』 35집(2018)에 게재된 것을 다소 수정한 것입니다.

우리 사회 안에서 돌봄이 본격적으로 논의되기 시작한 것은 2006년 참여정부가 마련한 「비전 2030」에서였다고 할 수 있다. 양적 성장에서 국민의 삶의 질로 정책 초점을 전환했다고 평가받는 「비전 2030」은, 90년대 이전 고성장 시대에는 없던 저성장, 양극화, 저출산·고령화가 적어도 2030년까지 지속되어 사회적 위기를 구성할 것이라는 판단을 바탕으로 한 것이었다. 저출산이나 고령사회나 모두 돌봄의 문제와 직결되는 사안으로, 돌봄이 국가가 해결해야 할 당면과제가 될 것이라고 보았던 것이나. 고도성장시대 생산중심의 정책이 주가 되고 이런 성장에서 실패한 이들을 정부가 지원하는 잔여적·시혜적 복지 개념 대신, 국민의 기본적 필요를 보장하는 보편적 복지 개념으로 전환하면서, 돌봄을 국가와 사회, 가족이 함께 풀어가야 할 보편적 필요의 문제로 삼게 된 것이다. 유아기에는 보육, 청소년기에는 방과 후 학교지원, 대학생기에는 등록금지원, 구직기에는 취업교육, 취업 이후에는 평생교육, 실업 시에는 재취업 및 직업전환교육, 은퇴 후에는 노령연금, 노인수발보험 등과 같이 생애주기에 따라 다른 기본수요에 맞는 맞춤형 복지에서 돌봄이 주요한 자리를 차지하게 된 것이다.

이후 지난 10여 년 우리 사회에는 돌봄 관련 정책들이 상당수 수립되고 이에 따른 예산 역시 획기적으로 증가하였다. 아동 돌봄의 경우, '무상보육'의 도입과 확대, 양육수당 도입, 아이 돌봄 서비스 도입, 초등 돌봄 교실 확대 등, 노인 돌봄의 경우 장기요양보험제도의 확대, 돌봄 정책에 해당하는 각종 사회 서비스 바우처 제도의 도입과 확산 등이, 돌봄 정책의 '백가쟁명' 시대라고 일컬을 수준으로 전개되고 있다(김은지 외 2017). 이런 정책적 변화와 더불어, 돌봄에 대한 사회적 인식 역시 크게 달라졌음이 통계청 조사에서도 나타나고 있다. 2017년 통계청의 사회조사 결과에 따르면, 지난 20년간 노인부양이 가족책임이라는 의견은 크게 감소하고, 가족정부사회의 공동책임이라는 응답은 크게 증가했는데, 이를 보아 돌봄의 탈가족화, 돌봄의 사회화 요구가 높아지고 있음을 알 수 있다. 이에 따라 새로운 생명을 낳아 기르는 일이 단지 개별 가족의 일이 아니라는 사회적 인식의 변화와 함께, 거동이 힘든 노인, 환자 혹은 장애인 등과 같이 누군가의 돌봄 없이 생활할 수 없는 이들에 대한 돌봄 역시 사회가 함께 책임지는, 돌봄의 사회화를 위한 제도적 요구 역시 커지고 있다.

이 글은 비교적 짧은 기간 동안 돌봄에 대한 한국 사회의 인식이 상당히 달라지고, 정책 역시 다양하게 개발되어 시행되고 있지만, 돌봄을 어떤 의미를 갖는 것으로 보아야 할지에 대한 사회적 · 학술적 논의가 충분하지 못하다는 문제의식에서 출발한 것이다. 돌봄 정책의 필요성을 설득하는 논리가 여전히 잔여적 복지 개념의 논리를 넘어서지 못하고, 그리고 생산 노동 중심의 틀 속에서 필요노동의 문제로만 다뤄지고 있다는 염려가 있는 것이다. 돌봄의 주제에 천착해 온 여성학 안에서도 관련 사회현황조사 연구나 관련 정책 연구들은 활발하지만, 상대적으로 돌봄이 어떤 의미를 갖는 것인지에 대한 논의는, 여성이 해 왔고 현재도 하는 일이라는 것 이상, 깊이 있게 이루어지고 있는 것 같지 않다. 기존의 돌봄 체제가 성불평등하고 여성 억압적인 현실에서, 여성 대부분이 직면하고 있는 경제적·사회적 부당함에 우선적으로 초점을 맞추어야 했기 때문일 것이다. 그리하여 돌봄을 주제로 한 여성학적 담론은 사회 경제적 차원의 가치를 인정받지 못하는 무임금 노동이나 저임금 노동이 되고 있는 문제를 가시화하고 해결하기 위한 사회과학적 연구를 중심으로 주로 이루어져 왔다.

그러나 이제 돌봄의 사회화가 급속하게 확대되고 있는 현시점에서 돌봄의 인문주의적 가치에 대한 공론화가 활발해지고 그것이 사회적으로 공유될 필요가 있다고 생각한다. 득히, 사살률이 증가하고, 고독사가 늘어나고, 가정이든 기관이든 보살핌의 현장에서 자주 등장하는 학대가 사회적 이슈가 되고 있는 맥락 속에서, 보살핌의 의미를 재점검하고 재구성할 필요가 있어 보인다.

이 글의 전개 순서를 요약하자면 다음과 같다. 먼저, 돌봄의 사회화가 급속하게 확대되고 있는 현시점에서 보살핌의 의미를 재점검한다. 돌봄 활동은 전통적으로 여성이 주로 해왔던 만큼 여성주의는 돌봄 주제에 깊은 관심을 가져왔다. 여성에게 부당하게 지웠던 돌봄의 부담을 어떻게 나누는 것이 공정한 것인지, 재생산 노동에 대한 보상은 어떻게 이루어지는 것이 정당한 것인지가 여성주의 돌봄 논의의 주된 관심을 이어 왔음을 살펴볼 것이다. 그 다음, 하이테크 로봇이 돌봄 현장에 도입되는 등 급속히 변하고 있는 현실 앞에서, 돌봄을 주로 필요 노동의 문제로 접근하는 것이 어떤 한계를 가질지를 살펴 볼 것이다. 그리고 이 한계를 넘어서기 위해 여성주의 돌봄 윤리 논의에 주목할 것이다. 관계적 가치와 실천으로서 돌봄을 이해하는 돌봄 윤리에서는, 누군가에게 의존할 수밖에 없는 생명의 취약성에 대한 염려로부터 비로소 돌봄이 출발한다고 보고 있다. 기계가 돌봄에 필요한 일들을 서비스하고 관리할 수는 있을지 모르지만, 돌봄 관계에 있어야 할 관심과 염려, 책임, 상호 신뢰와 같은 것을 기대할 수 없을 것이라는 점을 다룰 것이다. 이로 부터 이것이 돌봄 정책에 대해 갖는 함의를 간략히 정리할 수 있을 것이다.

논의를 진행하기에 앞서, 용어에 대해 간단히 언급하고 넘어가 겠다. 'care,' 'caring'을 철학 분야에서는 '보살핌'이라는 용어로 사 용해왔다. 애초 많은 여성주의 윤리학자들은 취약한 생명체를 기 르는 어머니 실천 mothering에서 caring의 의미를 개념화했다. 어머 니와 아이의 관계처럼 직접적이고 대면적인 접촉으로 이루어지는 care에서 출발하여 그것이 갖는 윤리적 의미의 지평을 넓게 확장해 나가는 것이다. 이런 맥락에서 보자면, 경제적 지원을 한 것만으로 도 '돌봤다'고 말할 수 있는 '돌봄'의 용례에 비해, 볼 수 있는 가까 운 거리에서 '보고 살피다'의 의미를 담고 있는 '보살핌'이 여성주 의 윤리가 출발했던 'care'의 의미에 더 가깝다고 생각할 수 있다. 이 런 이유로 필자 역시도 지금까지 '보살핌'이란 용어를 선호했다. 그 러나 보살핌의 사회화가 정책적으로 확대되어오는 동안 이미 사회 과학분야에서는 '돌봄'이 주된 용어로 자리를 잡았다. 서구 여성주 의 윤리학자들의 일련의 주요 저작들이 최근 김희강·나상원에 의 해 국내에 속속 번역 출판되었는데, 그 제목 역시『돌봄 윤리』,『돌 봄 민주주의』등으로 번역되면서, '돌봄'이 정책적 용어뿐만이 아 니라 이제는 전반의 학술 용어로 자리 잡은 것으로 보여진다. 이에 따라 이 글에서도 '돌봄'이라는 용어를 사용한다. 물론 두 용어는 맥락에 따라 표현상 혼용될 수 있는 문제이기에 이 글에서 '돌봄'이란 용어 사용만을 딱히 고집하지는 않을 것이다.

불가피한 인간조건: 고된 재생산노동으로서의 돌봄

음식을 만들고, 세탁하고, 아이를 기르고 가족을 돌보는 일은, 특별한 기술과 상관없이 누구나 할 수 있는 것이자, 인간이 육체를 갖는 동물인 한 매일 매일 반복할 수밖에 없는 필수 노동이라는 것이 전통적인 사회 대부분의 생각이라 할 수 있다. 이를 대표하듯이, 아렌트(Hannah Arendt)는 『인간의 조건』에서 인간 활동을 노동(labor), 일(work), 행위(action)로 구분하고, 인간의 생존을 위해 행해지는 활동, 즉 생물적인 종으로서 인간이 그 생명을 유지하기 위해 충족시켜야만 하는 기본적인 것을 위한 활동을 노동으로 개념화하고 있다(아렌트 2015). 여기에는 인간이기 때문에 먹어야 하고, 먹기 위해 먹을 것을 만들어야 한다는 것과 같은 주로 여성들이 담당해 온 재생산 활동들이 속한다. 그녀는 노동을 생산노동과 재생산노동으로 구분하지는 않았다. 논란의 여지가 있지만 굳이 구분한다면, 아렌트의 노동(labor)은 먹을 것과 입어야 할 것과 같이 일시적이고 사라질 것들을 위한 활동인 재생산노동에 해당하고, 일시적이라기보다는 오래 지속하는 것, 건축물이나 물건 같은 상품을 생산하는 생산노동을 일(work)로 보았다고 할 수 있다. 이중에서 인간 생명체라면 누구도 거부할 수 없는 주어진 운명으로서 지워진 재생산노동은 아렌트에게 있어서 기본적으로 자연에 속하는 것으로서 '사적인' 것이다.

'저항할 수 없는' 사실에 속하는 필연의 관계를 중심으로 만들어진 가정은, 아렌트에게 있어서, 공적인 활동이 이루어지는 자유의 영역과 대비되는 영역이다. 필요를 위한 활동을 해야 하는 것이 육체를 가진 인간의 조건이긴 하나, 다른 생명체와 구별되는 '인간적인 것'은 그 필연을 넘어선 것에서 찾아져야 하기에 노동은 인간적 가치를 위한 활동은 되지 못하는 것으로 분류된다. 인간적 의미를 갖는 활동은 자유의 활동이고 그녀에게 그것은 정치적 행위이다. 필요의 구속으로부터 초월한 활동, 생산적 일, 혹은 자기 표현적 행위와 구별되게, 노동은 끝이 없는 생물적인 생명의 사이클 속으로 홀연히 증발한다. 기억할 만한 어떤 가치 있는 행위도 위대한 작품도 생산하지 못하고, 동물적인 삶으로부터 구분해 줄 인위적 세계를 건설하는데 직접적으로 기여하지 못한다.

여성주의에 부정적이었다고 알려진 아렌트와 달리 여성주의를 선도했던 보봐르(Simone de Beauvoir) 역시 재생산노동에 대한 관념은 아렌트와 별반 다르지 않다. '인간적인 것'의 핵심이 초월(transcendence)에 있다고 보는 실존적 입장에서 볼 때, 끊임없이 반복될 뿐인 생명 재생산의 활동들은 자유라기보다는 구속이며, 초월적인 것이라기보다는 내재적인 성격의 것이기 때문이다.

이 둘이 갈라지는 곳은 단지, 노동이라는 짐을 누가 책임져야 하는가에 관한 정치적 평가에서이다. 아렌트는 '노동'을 성역할로 언급하고 있지는 않지만 당연히 인간적 자유의 성취를 위해 누군가가 담당해야 할 일로 보았던 것 같다. 어떤 이들에게 '행위'의 삶을 이끌어가도록 하기 위해 다른 이들에게 비성취적인 노고를 배당하는 것은 불가피한 인간조건의 일부로 여긴 것이다. 때문에, 그녀는 역사 속에서 특정 그룹이 이들 재생산노동을 담당한 것을 문제시하지 않는다. 엄밀히 말하자면, 노동의 짐을 누가 책임져야 할 것인가의 문제를 정치적인 문제로 보지 않았다. 그저 그것은 자연에 속하는 사적인 문제일 뿐이라 생각했던 전통적인 다른 철학자들과 크게 다르지 않았다. 이것은 그녀의 관심사가 아니었다.

반면 보봐르에게 이것은 중요한 관심사이다. 재생산노동이 인간 생존을 위해 불가피한 것이라면, 그리고 인간적 자유를 위해 처리해야 할 일이라면, 그것을 누가 담당해야 하는가는 주요한 정치적 의제가 되어야 한다. 보봐르는 『제2의 성』에서 재생산 노동의 사회적 분업을 억압적인 것으로 간주한다. 소수 엘리트를 위해 누군가의 초월적 삶을 유보시켜서는 안 된다고 보기 때문이다(보봐르 1993).

그리하여 아렌트와 달리 보봐르는 이 일이 왜 여성에게 전적으로 맡겨졌는지를 질문한다. 대답은 여성을 남성에게 종속시키는 가부장제도를 유지하기 위한 것이라는 데에서 찾아진다. 요약하자면, 가부장제의 종속적인 사회그룹인 여성에게 이 노동의 책무가 지워졌는데, 왜냐하면 그것이 다른 종류의 활동들보다 가치 없고, 성취적이지 않은, 의미 없는 일이기 때문이라는 입장이다(Veltman 2010). 매일 매일 반복되는 노동, 식재료가 요리되고, 더러운 것이 깨끗해지고, 아이가 성인이 되는데 필요한 일상의 노동이 개인적

76

인 생존을 보장하고, 종의 생명을 안전하게 하는 것이긴 하지만, 그것은 흔적이 남지 않는 지루하고 따분한 일로서, 피할 수 있다면 누구나 피하고 싶은 결코 삶의 이유를 제공하지는 못하는 것들이라는 것이다. 보봐르는 재생산노동을 평등주의 원칙에 따라 재분배할 것을 주장한다.

돌봄에 대한 보봐르의 이 같은 생각은 여성주의 안에서 공유되고 있다. 이제 여성주의에서의 관심의 초점은 이제까지 사회가 여성에게 부당하게 지웠던 돌봄의 부담을 어떻게 나누는 것이 공정한 것인지, 누군가 할 수밖에 없는 재생산노동에 대한 보상은 어떻게 이루어지는 것이 정의로운 것인지에 모이게 된다.

저임금 여성노동의 현실 속에서의 돌봄 가치

보봐르가 제기했던 불공평은 오늘날 얼마나 해소되었는가? 여성들이 사회로 진출함으로써 가부장적 성역할이 상당히 불안정해진 오늘날의 현실은 돌봄 결핍을 그 시대적 특징으로 하고 있다. 이 같은 맥락에서 돌봄은 누가 담당하고 누가 필요로 하는가? 재생산노동을 인간적 의미가 없는 것으로 보는 관념 아래에서, 그 돌봄은 여전히 사회적 약자의 몫이 되는 것이 현실이다. 소위 '전 지구적 신자유주의 경제체제' 아래에서 돌봄 결핍, 공백의 문제가 일국에만 한정되지 않는, 전 지구적인 문제가 된 것은 주지의 사실이다. 이런 돌봄 결핍을 해결하기 위해 나타난 사회적 현상이 "이주의 여성화"라 할 수 있다. 최근 돌봄 일자리를 위해 여성들이 이주하면서 전체 이주 노동 인구의 반을 여성이 차지하게 된 것을 두고 등장한 학술적 용어이다. 이런 현상은 필요한 돌봄의 과제를 해결하기 위해 돌봄 노동의 자본주의 시장 상품화가 이루어지고 있음을 말해준다. 이에 따라 전개되는 돌봄 체계는 과거와 달리 인종 범주가 교차하는 새로운 형태의 저임금 성별 노동에 의존하고 있다.

이 같은 현상의 배경에는, 성별분업의 틀을 깨고 노동시장에 진입하는 교육받은 중산층 여성들이 증가하면서 이들이 했던 육아와 가사노동을 대신할 노동 수요가 늘어났을 뿐 아니라, 기업에서의 강도 높은 성과 요구와 경쟁이 심화됨으로써 많은 가족에서 일과 가족을 양립하는 것이 어렵다는 것, 많은 산업화된 국가가 고령 사회가 되고 있다는 점, 고령 인구가 많아지면서 노인들을 돌볼 간병인에 대한 수요 역시 증가하고 있고 전통적으로 간병은 여성 일자리 범주라는 점 등이 자리하고 있다. 이들 변화에도 불구하고 보살핌을 담당할 공적 시스템은 여전히 부족하고, 늘어난 돌봄 수요를 이제는 개발도상국 저임금 여성 인력들이 메우고 있다. 제도적 장치가 미흡한 상황에서 돌봄의 수요와 공급이 시장 논리에 의해 지배될 때, 필수적이긴 하지만 소위 '인간적 가치의 측면에서 중요 하지 않는 일'은 그나마의 일자리라도 갖는 것이 시급한 이들에게 돌아가는 것이다.[1]

---

1) 트론토(Joan Tronto)는 여러 돌봄유형이 권력관계를 반영하고 있음을 강조하고, 개인화된 사회에서 사회적으로 힘 있는 자들이 돌봄의 권리를 쉽게 향유하면서 그들이 져야 할 돌봄의 책임은 면할 수 있는 특권을 쥐고 있다고 비판하면서, "특권적 무책임"이란 용어를 사용한다. 그것은 다른 사람의 돌봄 노동을 받는 사람은 그런 돌봄을 받을 자격이 있는 것으로 가정하는 특별한 종류의 개인서비스

저임금 문제를 개선하기 위해 돌봄 노동의 가치를 정당하게 평가받으려는 시도가 이어져 왔다. 여성들이 하는 돌봄 노동이 다른 소위 생산노동에 견주어 결코 노동 강도가 약하지 않은 것임을 증명하려는 노력이다. 여성들이 돌봄 노동의 가치를 객관적 기준을 통해 증명함으로써 주부의 경제적 기여를 평가하고, 돌봄 노동을 하는 여성들의 임금을 높이고자 하는 데서 비롯된 동일가치 동일임금, 혹은 비교가치론 역시 그런 시도 중 하나라 할 수 있다. 그러나 이들 노력이 얼마나 문제 해결을 위해 효과적인지는 미지수이다. 성공적이지 못했다는 것이 대체적인 평가이다. 이 시도는 소위 '남성 직업'으로 분류되는 일과 소위 '여성 직업'으로 분류되는 일이 비슷한 정도의 기술, 난이도, 스트레스 등을 요구한다면 이 둘의 임금 역시 같아야 한다는 논리에서 출발했다. 그러나 실제로 이 둘 간의 비교가 기존 남성 직업의 일을 표준으로 해서 여성의 일에 대한 평가가 이루어지게 됨으로써, 여성의 일, 예컨대 돌봄과 같은 특수한 노동의 성격은 남성 직업군에서 일을 평가하는 기준에 의해서는 제대로 계산될 수 없는 문제를 갖고 있는 것이다.

문제는 이 뿐만이 아니다. 기계가 인간 노동을 대체해가는 최근의 상황은 돌봄의 노동 가치를 재평가하여 문제를 해결하려는 시도가 성공적일 수 있을 것이라 낙관하기 더욱 어렵게 만들고 있다. 생산노동인력을 기계가 대체해가고 있듯이, 돌봄 노동 시장에서

다. 기존의 특정한 방식의 노동분업과 기존의 사회적 가치가, 일부 그룹이 하는 일은 매우 중요해서 그들이 기본적 돌봄 책임에서 면제되는 것은 당연하도록 보이게 만든다(트론토 2014, 209).

역시 기계들이 등장하고 있기 때문이다. 이미 AI 로봇과 같은 비인간이 돌봄 노동에 부분적으로 참여하기 시작했다는 기사를 우리는 자주 접하고 있다.

돌봄 기계의 등장: 문제의 해결인가?

팍스(Jennifer A. Parks)는 "여성 돌봄 일의 짐을 가볍게 하기: 로봇이 '인간의 손길'을 대체해야 하는가?"에서 AI가 돌봄 노동에 투입되는 것이 갖는 정치적·윤리적 문제를 다루고 있다(Parks 2010). 이 논문에서 팍스는 앞으로 특히 노인 장기 돌봄 요양 현장에서 기계가 인간의 보살핌을 상당 부분 대체하게 될 것이라는 점을 분명히 하고 있다. 기계에 의한 보살핌의 대체는 보살핌 비용을 절감하는 효과를 가져올 것이고, 희망적으로 본다면 이는 기존에 보살핌 활동을 담당했던 이들을 힘든 노동에서 벗어나, 보다 인간적으로 교감하는 것에 신경쓰도록 해줄 것이라는 기대를 해 볼 수 있을 것이다.

대표적인 고령사회로서, 정부, 장기요양기관, 가족들이 고령자의 장기적이고 반복적인 돌봄 필요를 조력하는데 필요한 인력의 부족을 겪고 있는 일본은, 이 문제를 돌봄의 요구를 도울 기술을 발전시키는 것으로써 해결하고자 한다. 예컨대 재가 목욕기계, 바이탈 사인을 모니터할 기술을 사용하는 기계와 로봇, 고령 시민의 소외와 외로움에 대한 여러 가지 요구를 도울 "동반자"로서 행동할 수 있는 로봇 등 말이다. 독일 역시 2050년이면 도래할 것으로 예상하는 고령 사회에서 돌봄을 담당해 줄 로봇을 개발하고 있다. 팍스는 미국의 노인장기요양기관에서도 이미 간호인력을 돕기 위한 하이테크 로봇 케어가 도입되고 있음을 전한다. 한국도 예외는 아니다. 신문에서도 유사한 기사가 최근 자주 등장하고 있다. 2020년까지 혼자 사는 노인을 위한 '디지털 말벗'이 나온다는 소식도 그중 하나이다. 사회문제 해결형 기술개발사업으로 과학기술정보통신부(이하 과기정통부)가 고령층과 대화를 나누고, 응급상황이 발생했을 때 가족에게 연락해주는 디지털 기기의 개발 사업을 지원하기로 했다는 기사이다. 과기정통부는 이 밖에도 '고령자의 삶의 질 향상을 위한 디지털 컴패니언 개발'과제에 2020년까지 20억 원을 지원한다고 밝히고 있다(신선미 2017).

이 같은 돌봄 기계는 "새로운 것이 없이 반복적이고 지루할 뿐"인 고된 돌봄 노동을 대신하게 해 줄 수 있다는 점에서 환영할 만하다. 돌봄 노동의 고된 성격 때문에 상대적으로 권력이 있는 사람은 그렇지 않은 사람에게 돌봄을 전가하려 든다. 남성은 여성에게, 상위계층은 하위계층에게, 자유인은 노예에게, 인종적으로 우월하다고 여기는 사람은 인종적으로 열등하다고 여기는 집단에 전가한 것이라 할 수 있다(트론토 2014, 209). 분명히, 정기적으로 바이탈 사인을 체크하거나, 환자의 배변을 도와주거나, 자세를 수시로 바꾸도록 돕는 것과 같은 특정 과제를 해낼 기계와 로봇이 있다면, 우리는 돌보는 일을 감당하고 있는 이들을 도울 수 있을 것이다. 많은 부분이 힘들고 반복적인 것들이라 그 결과 많은 돌봄 담당자 여성을 완전히 지치게 만들고 병들게 하는, 돌봄의 짐을 가볍게 해줄 것이다. 돌봄이 필요한 이들 역시 이들 돌봄 로봇을 선호하기도 한다.

예컨대 일본의 경우, 이들 로봇 시장이 점차 고령 노인들에게 인기를 끌고 있다는 기사가 그것을 말해준다.

그러나 이들 기술 발전을 낙관적으로만 보는 것은 경계해야 할 것이다. 팍스는 "목욕을 시키고 음식을 먹이는 등의 기본적인 돌봄 일을 더는 하지 않게 된다면 보살핌을 받아야 하는 이들과 더 많은 사회적인 관계를 맺는 시간을 가질 수 있을 것을 기대할 수 있지만," 동시에 "하이테크 로봇 돌봄이 사회적 관계를 훼손하고, 타인과의 사회적 연결 가능성으로부터 개인들을 떼어놓을 수 있다는 점"을 우려한다. 현실적으로 보자면, 오히려 많은 기관이 비용 절감을 위해, 돌봄 직원들을 감축하는 방향으로 이들 기계를 사용할 가능성이 더 크다는 것이다. 돌봄 일자리는 줄어들고, 보살핌을 필요로 하는 고령자들은 점점 더 사람과 접촉할 기회가 적어지리라 예측한다. 때문에, 그녀는 이들 기술이 이 문제에 대한 해결을 제공해도 되는지 고민한다.

기계적인 재생산 돌봄 노동과 관계적 윤리

이 같은 현실은 이제 우리에게 돌봄이 무엇을 의미하는가를 진지하게 성찰할 것을 요청한다. '보살핌이 필요로 하는 것은 오로지 기계에 의해 대체될 수 있는 단순하고 기본적인 노동력인가? 누가, 어떤 이유로 기계에 의한 돌봄을 선호하게 만드는가?[2] 어떤 환경

---

2) 사생활을 침해받지 않고자 하는 개인주의적 욕구가 강한, 또는 인간관계에서 지켜야 할 규범 혹은 타인에게 도움을 받는 것을 극히 부정적으로 생각하는 문화

이 우리로 하여금 보살핌을 불가피한 비인간적인 인간조건으로 경험하게 하는가?' 등등의 질문에 초점을 맞추는 것이 중요해 보인다. 기계가 돌봄의 "고되고 힘든" 노동을 대체할 수 있는 현실을 인정한다면, 앞으로 돌봄의 가치를 양화 가능한 노동 가치의 의미 맥락 안에서 마련하고자 하는 시도는 별로 설득력이 없어질 것이다.

현재 우리 사회는 보살핌을 어떤 의미로 받아들이는가? 과연 보봐르가 주장한 것처럼, 누군가를 돌보는 활동이 다른 생산 활동 보다 덜 성취적이고 덜 인간적인 일이기 때문에 사회적 약자인 여성이 그 일을 맡아 했다고 보아야 할까? 이에 대해 다른 분석을 취하는 이들이 있다. 이들은 아이를 돌보고 환자나 노인 등 생존에 필요한 돌봄을 스스로 감당할 수 없는 이들을 보살피는 일이, 끝없이 반복되고 흔적도 남지 않는 고되고 지루한 노동이라는 점을 부정하지 않는다. 그러나 그것이 돌봄이 갖는 의미의 전부일 수 없다는 점에 주목한다. 그리고 우리 사회에서 돌봄이 정당한 평가를 받지 못하는 진짜 이유는 그것이 '하찮은 일'이라서가 아니라 종속적인 사회그룹, 대표적으로 여성과 결부되어 있기 때문이라는 것이다.

러딕(Sara Ruddick)은 그 단적인 증거를, 어머니들이 수행해 온 일들이 사회에서 실제로 어떻게 평가절하되어 취급되고 있는지를 보여주는, 당시의 한 정부보고서에서 찾고 있다. 그 보고서는 일의 복잡성의 정도와 일이 요구하는 기술능력의 정도에 따라 일에 점수를 매겨 표시했는데, 낮은 점수일수록 고도의 직업 일에 해당하

에서 돌봄 기계에 의존하는 경향이 높다.

고 높은 점수일수록 단순하고 낮은 기술인 것에 해당한다. 그런데 그 보고서는 가장 복잡한 기술능력이 요구되는 최고직업을 외과의사(101)로 분류하고, 아이를 양육하는 어머니 일(878)은 개집 만드는 직업(874), 닭고기를 용기에 담는 일(877), 진흙 섞는 일(877)과 같은 점수로 분류하고 있다. 보육교사(878), 간호사(878) 역시 같은 급의 평가를 하고 있으며, 산파(378)는 호텔점원(368) 같은 낮은 기술과 복잡성이 요구되는 일로 평가하고 있다(러딕 2002, 80). 이 같은 분류 평가는, 일의 중요성 혹은 요구되는 전문적 지식이나 기술의 정도와 상관없이, '여성이 하는 일'이기 때문에 그것이 하찮은 일로 취급된다는 것을 가감 없이 보여준다고 할 수 있겠다.

돌봄 관계의 전형을 아이와 어머니 관계로 보는 사라 러딕을 비롯해 버지니아 헬드(Virginia Held)는 부모노릇을 잘하기 위해서는 특별한 능력이 요구된다는 점에 주목한다. 러딕이 말하듯이, 취약한 생명을 돌보기 위해서는 돌보는 자신의 존재를 지키는 것과 동시에 끊임없는 위험 속에 있는 생명체에 대한 주의력(attentiveness)이 특별히 요구된다. 연약한 생명을 보호하기 위해 경계를 늦추지 않는 '예의주시(scrutinizing)'라는 정신적 습성이나 인지 양식을 개발해야 하는 것이다. 동시에 자신이 모든 것을 통제할 수 없다는 겸손함과, 자신에게 의존하고 있는 아이를 독립적이고, 통제될 수 없는 자신의 의지를 가진 존재로 존중하는 것 역시 필요하다. 또한 스피노자(Spinoza)가 말한바, "행위의 힘을 증가시키고 돕는" 쾌활함 역시 돌봄을 수행하는 데 발휘되고 함양되어야 할 덕이다(러딕 2002, 136-140). 헬드 역시 돌봄에 요구되는, 인내, 예민함, 이해력,

유머와 같은, 러딕이 말한 것과 유사한 덕목들이 요구된다는 점을 강조한다. 이들이 강조하는 덕목들이 한결같이 '인간관계를 위해 요구되는'이라는 점을 우리는 놓치지 말아야 한다. 그리고 그것은 하루아침에 기계적 설계나 설정에 의해 갖추어지는 기능이 아니라, 돌봄의 관계적 실천을 통해 터득되는 체현적인 탁월성이라는 점 역시 간과하지 않아야 한다.

여성주의 논의 안에서, 이들 이상적인 덕목을 모성 역할을 하는 데 필요한 능력으로 열거하는 것이 실제로 어머니 일을 하는 이들에게 규범적 억압이 된다는 점을 우려하고 그에 대한 강조를 비판하기도 한다. 그러나 이런 능력이 누군가를 돌보는 실천적 상황 속에서 터득되고 그런 능력이 좋은 돌봄을 만들고 그 자신 역시 성장시킨다는 사실을 부인할 필요는 없다. 문제는 좋은 돌봄에 대한 어떤 기준이나 이상도 억압적으로 작용할 수 있기에 그것을 말하지 않아야 하는 것이 아니라, 어떤 돌봄의 조건들이 그런 좋은 돌봄의 이상을 수행하지 못하도록 방해하고, 그럼으로써 돌봄 실천자를 억압하게 되는지를 밝히는 것이 보다 해야 할 중요한 일이다.

돌봄의 윤리를 전개하는 헬드는 여성들이 맡아 하는 재생산 활동 자체가 주어진 존재현실을 초월하지 못하고 매몰된 것으로 본 보봐르를 비판하면서, "인간문화를 전환시키는 데 기여할 수 있는 새로운 인간 존재에게 생명을 주는 것은 이전에 존재했던 것을 초월하는 것이다. 그리고 아이를 독특한 사회적 인격으로 만드는 것으로서의 어머니 활동은 그 어느 것보다 더 분명히 초월의 능력(capable of transcendence)이다"라고 말한다(헬드 2017, 126). 헬드는 "돌봄 윤리의 핵심은 우리가 책임지고 있는 구체적인 타인의 필요를 충족시키고 배려하는 외면할 수 없는 도덕적 특징"임을 강조하며(헬드 2017, 29), "돌봄은 이성뿐만 아니라 감성을 포괄할 뿐만 아니라 특정한 타인에게 관심을 보이는 것이며, 인간을 관계 속에서 이해하는 다른 차원의 존재론적 접근을 하게 한다"고 주장한다(트론토 2014, 69).

아렌트가 말하는 소위 '사적 영역이 새로운 행위의 장소' 임을 밝히고 있는 메리 오브라이언(Mary O'Brien)의 『재생산의 정치학(The Politics of Reproduction)』은 이런 입장의 고전이라 할 수 있다. 그녀는 아렌트가 출산을 동물의 차원에 속하는 것으로 여긴 것에 대해 다음과 같이 말한다. "출산(childbirth)은 힘들고 자주 고통스런 노동이긴 하지만, 그 사실 만큼이나 분명한 것은 그것이 사회적이고 문화적인 일이라는 것이다"(O'Brien 1981, 8). 예로부터 아이의 탄생은 여성들의 출산에 대한 오랜 그곳 관습과 전통으로 내려온 지혜가 실행되고 의례가 행해지는 마을 공동의 사건으로 여겨졌고, 출산 경험이 많은 나이든 여성들과 젊은 산모 사이에 관계가 이어지는 사회적이고 문화적인 차원의 활동이었다는 것이다. 출산을 단지 한 생명이 한 생명을 번식하는 자연적인 개별적 사건으로 여긴 것은 실제 출산이 이루어지는 공간에 참여하지도 속하지도 않는 위치에 있는 이들에게서 비롯된 일이다. 더 나아가서, 출산뿐 아니라 음식을 마련하고, 아이를 기르는 것 등 역시 마찬가지이다. 오브라이언은 이 같은 재생산 활동의 사회적 문화적 차원을 간과한 아렌트를 "몸만 여성인 남성지상주의자(female male supremacist)"

로 간주한다.

생명을 낳아 길러내는 어머니 일이 '자연'에 구속되어 있는 '필연'의 노동이라기보다 미래 사회를 위한 새로운 인간을 생산하는 실천이란 점을 설득력 있게 보여준 사라 러딕 역시, 돌봄 활동을 단지 생물을 키우는 일로 그 의미를 한정해서 보는 것은 그 활동이 인간세계에 갖는 사회문화적 의미를 부정하는 편파적인 것이라 평가한다. 더 나아가서, 러딕은 "돌봄의 실천"에 주목함으로써 평화주의의 "윤리적 실천 활동(ethical activism)"으로서의 가능성을 전개하기도 한다(러딕 2002). 이들 논점에서 주목할 것은, 이들이 돌봄 활동의 가치를 재평가할 것을 주장하지만, 그들 주장의 근거를 그것이 갖는 노동 가치의 측면보다는 그것이 갖는, 동시대를 사는 인간들 간의 윤리적 가치와 과거와 현재와 미래를 잇는 사회문화적 가치의 측면을 통해서 제시하고 있다는 점이다.

가부장적 질서 아래 여성이 해야 할 '규범적 성역할'과 '돌봄'을 동일시하는 여성주의 이론의 맥락 속에서 보자면, 돌봄은 '반복적이고, 결실 없고, 따분한' 가사노동을 가리키는 것이 된다. 이 때문에 돌봄의 의미는 보봐르의 이론의 맥락 속에서 필연적으로 부정적인 것이 된다.[3] 그러나 또 다른 여성주의 윤리이론의 맥락에서 돌봄의 의미는 사뭇 달라진다. 공사구분에 따른 성역할 규범 해체

[3) 보봐르가 성장하고 활동했던 1900년대 중반이 지금보다 훨씬 강한 성역할 규범이 지배하던 시기였다는 점을 고려한다면, 성역할 규범에 구속된 돌봄 역할로부터 여성이 해방되는 것이 당시 여성주의 핵심과제가 된 것은 충분히 타당하다고 평가할 수 있다.

를 선결과제로 요구하는 맥락 속에서, 돌봄의 관계적 측면에 주목하는 여성주의 윤리학자들은, 어머니가 아이를 기르는 '돌봄의 관계'가 인간관계의 기본이 된다면, 경쟁적이고 도구적인 관계가 만들어낸 많은 현 사회적 문제들이 해결될 수 있을 것이라고 보고 있다. 이런 점에서, 돌봄을 새로운 정치 문화적 전환을 견인할 실천적 자원으로 삼는 것이다.

주로 여성에게 지워졌던 돌봄의 가치를 여성이 강조하는 것이 사짓 기존의 질서를 유지하도록 하는 원치 않는 효과를 가져올 수 있다는 이유로, 여성주의 한편에서는 이들 논의를 비판하기도 한다. 이는 돌봄을 수행하는 것을 양화할 수 없는 희생과 사랑의 가치로 강조하면서 그것을 수행하는 이들의 도덕적, 윤리적 책임을 앞세워 그것에 대한 대가나 보상을 요구하는 것을 침묵하도록 했던 것을 쉽게 상기하게 만드는 과거의 관행이 오랫동안 성별분업화된 돌봄 체계를 유지해왔던 배경이 있기 때문이다. 그러나 돌봄을 사적인 문제로 간주했던 돌봄 실행이 부정의한 것이었음을 비판하면서 돌봄의 사회화를 주장하는 여성주의 이론의 맥락 속에서, 돌봄의 윤리를 강조하는 것이 여성의 전통적 성 역할 규범을 미화하는 것과 동일시하는 것은 부당해 보인다.

평생 장애로 인해 누군가의 돌봄이 없다면 생존할 수조차 없는 이를 보살피는 문제를 다룬 키테이(Eva F. Kittay) 역시 돌봄은 이익을 주고받는 상호적 관계가 아니라, 때로는 기꺼이 희생하는 '이타적인' 관계의 실천이며, 특별한 윤리적 태도가 요청되는 '사랑의 노동'이라는 점을 강조한다(키테이 2017). 동시에 그녀는 돌봄은 돌보는 자의 온전한 시간 투입을 요구하기도 하고, 때로는 장기적으로 함께 가야 할지도 모르는 일이기도 하기에, 돌봄에 참여하는 이들은 사회적·경제적으로 취약한 상태에 빠지게 된다는 점을 결코 간과하지 않는다. 돌봄이 필요한 누군가가 있는 상황에서 그에게 돌봄을 제공하는 자는 그 자신 역시 누군가에게 경제적 지원을 의존하는 상태에 놓이게 되는 것이다. 이 때문에 키테이는 사랑의 노동을 의존 일(dependency work)이라고 부르기도 한다. 이 점을 역사적으로 오랫동안 경험하고 지켜보아 온 여성들은, 돌봄의 윤리적 가치만을 강조하는 것은 그 일을 담당하는 이들(주로 여성)을 착취하는 결과가 된다는 점을 잘 인식하고 있다. 누군가를 돌봄으로써 그 자신이 취약해지지 않도록 하는 사회적·정책적으로 잘 갖춰진 돌봄 체계의 필요성을 강조하는 이유도 여기에 있다.[4]

돌봄이 필요한 이는 돌보는 자에게 돌봄을 의존하게 되고(1차 의존), 누군가를 돌보는 자는 다른 일을 할 수 없기 때문에 그 역시 누군가에게 경제적인 것을 의존해야(2차 의존) 한다. 이 같은 의존의 연결망을 핵심으로 하는 중층의 돌봄 관계에서, 2차 의존 연결망이 온전하지 않을 때, 돌봄 제공자는 원치 않는 관계의 덫에 갇히게 될 수밖에 없다.[5] 만일 돌봄을 함께 나눌 사회적인 연결을 보장

---

4) 키테이는 사회정의의 원칙에 돌봄의 분배원리를 포함할 것을 요구한다. 롤즈(John Rawls)가 의존 책임성을 시민의 공적인 생활 세계가 아니라 사적인 삶에 속하는 것이라고 전제하고 있음을 비판하면서, 의존성이야말로 정치적인 이슈이며, 돌봄은 번영하는 사회의 가장 기본적 요소 중 하나라고 주장한다(키테이 2017, 200).

5) 이것은 가족 관계에 있는 이들뿐만 아니라, 기관의 돌봄 종사자나 입주 돌보미와 같이 '직업적'인 보살핌 제공자의 경우에게도 마찬가지로 요구되는바 돌봄

하는 제도가 부재하다면 그것 역시 같은 결과를 막을 수 없다. 트론토가 '함께 돌봄(care with)'을 돌봄의 조건 속에 포함시키는 까닭이다. 마찬가지로 돌봄 제공자가 스스로 돌볼 수 없는 이에 대한 사랑이나 도덕적 책임감이 없다면, 돌봄 제공자는 절망스러운 고통에 빠지기 쉽고, 그 고통으로 인해 돌봄을 받는 자는 학대 받을 위험도 없지 않다. 이러한 점들을 두루 인식하고 무엇보다 제도적 장치 마련을 강조하고 있다는 점에서 그것은 단순 돌봄의 윤리가 아니라 여성주의 관점에서의 돌봄 윤리이다.

실천의 윤리이다. 이런 돌봄의 핵심적 의미는 임금을 받고 하는 직업적 활동으로서의 돌봄 활동이라 해서 예외가 되지 않는다. 허라금(2008)의 "여성 이주 노동의 맥락에서 본 보살핌의 상품화" 논문은 보살핌이 시장의 다른 소비 상품처럼 교환, 분배되거나 생산 공장의 고용노동의 형태로 이루어져서는 안 될 독특한 관계적 활동임을 다음과 같이 밝힌 바 있다. "일반 생산노동이나 재생산 노동과 달리 돌봄이 '취약한 이들의 필요를 돌보는' 관계적 실천이라는.... 그 특수성이 보살핌을 단순히 노동의 논리를 중심으로 의미화해서는 안 되게 만드는 부분이기도 하다. 예컨대, 일반 노동시장에서 노동권은 고용인과 피고용인이라는 단일관계를 통해 약자인 노동자의 권리 보호를 우선적으로 고려할 수 있다면, 보살핌은 훨씬 더 다중적인 관계이다. 누군가의 보살핌에 의존하지 않으면 안 되는 약자와 누군가를 돌볼 힘이 있는 강자라는 관계가, 예컨대 환자와 간병인처럼, 보살핌 맥락의 고용인과 피고용인의 관계 위에 중첩되는 것이다. 또한 일반적인 상품 생산 노동에서와 달리 보살핌을 중심으로 이루어지는 고용관계는 그 고용의 이익이 고용주에게 있지 않은 경우가 흔하다. 아이 보살핌의 경우와 같이, 보살핌의 수혜자는 고용인과 피고용인 관계 밖에 있는 취약한 아이인 것이다. 이 같은 복잡한 관계 때문에 피고용인의 노동권에만 우선할 수만은 없는 복잡한 상황들이 발생하는 것이다. 이것이 보살핌을 일반 노동과 같게 접근할 수 없게 만드는 핵심적 요소이다. 여성주의 윤리는 보살핌 활동을 통해 경제적 소득을 가져야 하는 보살핌 제공자뿐만이 아니라, 타인의 보살핌에 의존해야만 하는 보살핌 수혜자의 입장 역시 고려하는 보살핌의 제도화가 무엇일 것인지를 고려해야 하는 것이다"(허라금 2008).

돌봄의 의미 전환: 정치적 행위의 가능성

나는 마지막으로 돌봄의 의미를 살펴보고자 한다. 돌봄을 관계적 측면에서 접근하고, 그것의 윤리적 책임이라는 관점에서 돌봄에 접근하는 것이 돌봄의 의미에 함의하는 것은 무엇인가? 인간관계를 잇는 윤리적 가치라는 맥락 속에서 돌봄의 의미를 확인할 때, 관계성이 빠진 돌봄은 '서비스' 혹은 '관리'일 뿐, 진정한 의미의 '돌봄'이라 할 수 없을 것이다. 기계가 돌봄에 필요한 일들을 서비스하고 돌봄이 필요한 이의 상태를 모니터링하고 필요한 조치와 반응을 보일 수는 있겠지만, 돌봄 관계에 있어야 할 관심과 염려, 책임, 상호신뢰와 같은 것을 기대할 수 없기 때문이다.

관계적 가치와 실천으로서 돌봄을 이해하는 돌봄 윤리에서는, 누군가에게 의존할 수밖에 없는 생명의 취약성에 대한 염려로부터 비로소 돌봄이 출발한다고 보고 있다. 스스로 자신을 돌볼 수 있는 이에게 돌봄을 제공할 수 있지만, 그것은 취약한 생명을 돌볼 수밖에 없게 하는 측은지심을 필요로 하지 않는다. 그런 점에서 그것은 서비스이지 '돌봄'은 아니다.[6] 생명의 취약성에 대한 측은지심 없

---

6) 웨어니스(Waerness 1984)는 돌봄을 세 가지 형태로 구분한다. 자발적 돌봄(spontaneous care), 필수 돌봄(necessary care), 개인 서비스(personal service)이다. 자발적 돌봄은 사마리아인의 선행과 같이 타인이 필요로 하는 것을 돌보는 것이다. 필수 돌봄은 스스로를 돌볼 수 없는 이에게 제공하는 돌봄이다. 환자를 간호하고 치료한다든지, 아기의 기저귀를 갈아주는 것과 같은 것이 이에 해당한다. '개인 서비스'는 자신이 할 수도 있지만 누군가가 대신해서 제공해주는 돌봄이다. 일반적으로 서비스의 대가는 돈으로 치러진다. 그렇지만 반드시 그런 것은 아니다. 아내가 집안을 청소하기를 바라는 남편은 아내가 자신에게 개인 서비스

이 이루어지는 돌봄은 이미 말했듯이, 자칫 돌보는 이를 지치게 하고 고통스럽게 할 뿐 아니라, 돌봄을 받는 이에게 역시 상처를 주고 인간적 자존을 해칠 수 있다.

돌봄과 인간적 가치를 연결하려는 관점은 무엇보다 인간 존엄성과 자존감과의 관계 속에서 돌봄을 논의할 것을 요구하게 될 것이다. 예컨대, 생존에 필수적인 음식의 예를 들어보자. 음식은 분명 생명유지에 필요한 기본재이지만, 그것을 어떤 방식으로 확보하고 어떤 방식으로 먹는가는 음식을 확보하는 것보다 결코 부차적인 문제만은 아니다. 필요한 것을 던져주는 것과 정중하게 제공된 것을 먹는 것의 차이는 그것을 먹어야 하는 사람에게 먹는 것 그 자체보다 더 중요할 수 있다. 이때 음식은 자원이지만, 그것을 어떻게 자존을 위협하지 않을 뿐만 아니라 자존을 고양하는 방식으로 제공할 것인가는 돌봄 관계가 갖추어야 할 윤리 규범의 문제이다. 우리가 이 지점을 중요하고 심각하게 고려하지 않는다면, 보살핌은 인간적 손길 대신 인공지능 기술의 편리함과 효율성에 맡겨지는 길을 선택하게 될 것이다.

예전보다 수입이 늘어나고 소비수준 역시 높아졌지만, 자살, 우울, 불안 등 정서적으로 불행한 이들이 증가하고 있는 현실은 더욱 이 문제를 심각하게 고민할 것을 우리에게 요구하고 있다. 돌봄이 단지 육체적인 취약성을 돌보는 것만이 아니라 정서적 취약성 역시 대상으로 삼아야 할 필요가 점점 더 커지고 있다. 정서적 보살핌

를 해주기를 원하는 것이다(트론토 2014, 71-72; Waerness 1984, 67-87).

은 '감정노동'의 측면을 포함한다. 감정노동이 시장 상품이 되면서, 이것을 주로 상대의 마음을 다치지 않고 기쁘게 하려는 목표를 갖는 일종의 서비스 노동으로 간주되고 있지만, 정서적 취약성을 돌보는 데에는 상호적 거래를 전제하는 서비스 이상의 돌봄 관계의 윤리가 역시 요구된다.[7]

아렌트가 인간 활동을 세 가지로 개념적 구분을 했지만, 실제 현실에서 인간 활동 자체가 이렇듯 세 종류로 구분될 수 있는 것은 아니다. 아렌트는 재생산 영역을 사적 세계로 구분하고, 이것을 전 정치적인(pre-political) 활동이 일어나는 곳으로 이해한 반면, 돌봄 윤리론자를 비롯한 일부 여성주의자들은 오히려 소위 '사적인 활동'에서 새로운 관계 질서의 가능성을 본다. 연약한 생명을 키우고 성장시키며, 아픈 이를 돌보는 일은 아주 고되고 지치게 하는 노동이기도 하지만, 그것은 우리가 '살아야 하는 이유'가 되는 일이기도 하다. 돌봄을 받은 이가 보이는 편안한 미소는 우리에게 충분히 '기억할 만한' 것이다. 소위 공개된 영역에서 이루어지는 '영웅적' 행위만을 기억할 만한 것, 성취적인 것이라 생각하는 것은 삶을 개별

---

7) '50대 남성 고독사 많다'는 최근 한 신문기사의 제목이다. 외로운 것은 곁에 사람이 없기 때문이라고 말한 이 기사는 노인층에서 장년층으로 확대되고 있는 고독사를 다루고 있다. 기사는 이런 사회적 현상의 원인을 1인가구의 증가와 세대공동체, 사회적 관계망의 단절, 이에 따라 인간관계의 응집력이 사라진 것에서 찾고 있다. 특히 사회적 관계망은 나이가 들수록 좁아진다. 통계청 사회조사 보고서에 따르면, '낙심하거나 우울해서 이야기 상대가 필요한 경우에' 도움 받을 사람이 있다고 답한 20대는 89.1%로 전 연령대 가운데 가장 높았다. 하지만 40~50대를 기점으로 급격히 줄기 시작해 60세 이상의 경우 75.6%까지 떨어진다. 도움받을 수 있는 사람도 2.4명으로 감소한다(이상서·신아현 2017).

사건 중심으로 사고하는 것에서 비롯된 것이 아닐까? 사적인 것과 공적인 것의 영역을 이분법적으로 구분하고, 노동과 행위를 서로 다른 것으로 구분해 인간 활동을 이해하는 것은 삶의 과정적 성격을 간과한 것이 아닐까?

돌봄 윤리의 정책적 함의

보살핌이 공적인 주제가 될 수 있는가? 이 질문에 대한 한국 사회의 반응은 비교적 짧은 기간에 놀라울 정도로 달라졌다. 십여 년 전만 해도 보살핌의 문제는 가정에서 해결해야 할 개인적 문제로서 개별 가정에 속하는 것으로 간주 되었던 것이 사실이다. 그러나 이제는 국가의 중요 정책의 한 분야가 되었다. 그만큼 시민의 보살핌의 필요는 시민적 권리의 문제이며 사회가 함께 풀어가야 할 사회적 책임의 과제라는 인식이 높아진 것이다. 이런 현상 변화는 긍정적인 것임이 분명하다. 그러나 이들 변화를 이끈 보살핌 이해는 과연 '보살핌 문제'를 해결하기에 충분히 적절한 것인가를 되짚어 볼 필요가 있다. 여전히 보살핌의 사회적 가치를 인정하고 사회적 보살핌을 목표하는 것이라기보다는, 여전히 기존의 공적 가치라고 여겨온 것들을 위해 해결되어야 할 수단으로 여겨지고 있는 것은 아닌지, 돌봄은 인간 삶 속에서 피할 수 없는 짐으로 간주되고 있는 것은 아닌지를 되묻게 된다.

이 글은 그동안 여성주의 안에서 돌봄을 둘러싸고 다루어졌던 내용을 토대로 하여 돌봄의 의미를 되짚어보았다. 돌봄이 갖는 비인간적인 천한 노동의 측면을 강조함으로써 여성에게 지워진 성별 분업적인 돌봄 책임의 부당함을 주장했던 보봐르의 논의와, 돌봄의 노동적 가치를 가시화하고 양화함으로써 그동안 여성들이 무임 노동으로 담당해 온 일의 기여를 사회적으로 인정하도록 해 온 논의들을 살펴보았다. 이들 논의가 의미를 갖는 역사적·사회적 맥락이 존재함을 인정하면서도, 그것으로 충분하지 않은 또 다른 변화의 맥락 역시 있음에 주목해야 한다. 보살핌의 필요를 해결하기 위해 이런저런 정책들이 시행되고 제안되고 있는 현재 한국의 맥락 속에서, 그리고 인간과 인간과의 대면 관계를 최소화하는 방향으로 삶의 관계들이 급속히 변화하고 있는 현실 속에서, 돌봄 정책은 단순히 돌봄을 개개인에게 공급하는 차원이 아니라 돌봄의 관계망을 두텁게 하는데 보다 주의를 기울일 것이 요청된다.

동일한 행위도 그 행위를 해석할 사회적 의미의 맥락에 따라 전혀 다른 활동이 되고, 그 활동이 갖는 사회적 효과 역시 달라진다. 돌봄 역시 마찬가지이다. 어떤 사회적 의미의 맥락 속에 돌봄을 실천하느냐에 따라, 그 돌봄은 소위 "천한" 임금 노동이 될 수도 있고, 인간의 관계를 인간답게 이어주는 윤리적 활동일 수도 있으며, 시민들의 삶의 취약성 문제를 우선적인 해결 과제로 삼는 정치적 활동일 수도 있다. 돌봄의 사회화는 돌봄의 실천이 윤리적이고 정치적인 활동이 될 수 있도록 의존의 관계망을 조직하는 방향으로 전개되어야 할 것이다.

참고문헌

김은지·김소영·선보영·성경·양난주·김수정·김혜영. 2017. 『지속가능한 돌봄 정책 재정립방안연구(I): 여성 가족 관점의 진단과 정책과제』. 여성정책연구원.

보봐르, 시몬느 드. 1993. 『제2의 성』. 조홍식 역. 서울: 을유문화사.

러딕, 사라. 2002. 『모성적 사유: 전쟁과 평화의 정치학』. 이혜정 역. 서울: 철학과 현실사.

신선미. 2017. "2020년까지 혼자 사는 노인 위한 '디지털 말벗' 나온다." 『연합뉴스』 (12월 1일).

아렌트, 한나. 2015. 『인간의 조건』. 이진우 역. 파주: 한길사.

이상서·신아현. 2017. "[디지털 스토리] 50대 남성 고독사 많다…그 이유는." 『연합뉴스』 (12월 3일).

키테이, 에바 F. 2017. 『돌봄: 사랑의 노동』. 김희강·나상원 역. 서울: 박영사.

통계청. 2017. 『2017년 사회조사 결과』.

트론토, 조안. 2014. 『돌봄 민주주의』. 김희강·나상원 역. 서울: 아포리아.

허라금. 2008. "여성 이주 노동의 맥락에서 본 보살핌의 상품화." 『시대와 철학』 19권 4호, 231-264.

헬드, 버지니아. 2017. 『돌봄: 돌봄윤리』. 김희강·나상원 역. 서울: 박영사.

O'Brien, Mary. 1981. *The Politics of Reproduction*. London: Routledge.

Parks, Jennifer A. 2010. "Lifting the Burden of Women's Care Work: Should Robots Replace the 'Human Touch'?" *Hypatia* 25(1): 100-120.

Veltman, Andrea. 2010. "Simone de Beauvoir and Hannah Arendt on Labor." *Hypatia* 25(1): 55-78.

Virginia Held. 1993. *Feminist Morality: Transforming Culture, Society, and Politics*. Chicago: University of Chicago Press.

Waerness, Kari. 1984. "Caring as Women's Work in the Welfare State." In *Patriarchy in a Welfare Society,* edited by Harriet Holter, 67-87. Oslo: Universitetsforlaget.

3 장

케어리즘: 정치이론으로서 돌봄

김희강

돌봄윤리에서 케어리즘으로

1980년대 여성주의 도덕윤리로서 소개된 돌봄윤리는 최근 다양한 학문분야로 그 적용영역을 확장하고 있다.[1] 그중 돌봄윤리의 정치사회적 함의를 찾는 논의가 최근 학계의 주목을 끈다. 이들 논의는 기존 정치이론이 돌봄의 가치를 간과하고 있음을 비판하고(Tronto 1993), 자유, 평등, 시민권, 민주주의 같은 정치적 개념을 돌봄의 시각에서 재구성하며(Clement 1996; Sevenhuijsen 1998; Kittay 1999; Tronto 2013), 도덕이론을 넘어 정치이론으로서 돌봄윤리의 가능성과 적실성을 지적한다(Engster 2007; Engster and Hamington 2015; Okano 2016). 이러한 연구 배경에 기대어 이 글은 돌봄윤리와 정치이론의 접맥을 시도하고자 한다. '취약한 인간의 필요에 응답하는, 모든 인간의 삶에서 선결적이며 필수불가결한 실천이자 가치'인 돌봄을 중심에 둔 정치이론을 케어리즘이라 칭하고, 기존의 정치이론과 구별되는 케어리즘의 특징과 장점을 살펴보는 것이 이 장의 목적이다.

돌봄윤리는 1980년대 길리건(Carol Gilligan)의 『다른 목소리로』, 러딕(Sara Ruddick)의 『모성적 사유』, 나딩스(Nel Noddings)의 『돌봄』 등의 저작들을 통해 자유주의 정의윤리의 한계를 지적하고 이

---

1) 돌봄윤리를 소개하고 현재까지의 흐름을 정리하는 논의로는 Petterson(2008), Collines(2015), Sander-Staudt(2018) 참조. 돌봄윤리의 최근 경향과 이론적 적용 가능성을 점치는 논의는 학술지 *Ethics and Social Welfare* 기획 이슈 'Care Ethics: New Theories and Application' 참조(2010년 4(2)).

에 대한 대안윤리로 제시됨으로써 학계의 주목을 받기 시작하였다 (Gilligan 1982; Noddings 1984; Ruddick 1989). 초기 논의 이후 현재 의 돌봄윤리는 범위를 크게 확장하고 있다. 한편으로, 본래 도덕이 론으로서의 특징에 천착하여 돌봄윤리가 기존의 도덕이론, 예컨 대 칸티안 윤리, 공리주의윤리, 미덕윤리 혹은 유교윤리 등을 대체 할 수 있는 대안이론으로서 얼마나 유의미한지, 기존 논의와 연계 하여 확장될 수 있는 돌봄윤리의 지점은 어디인지, 혹은 역으로 기 존의 윤리가 돌봄윤리를 보완하여 확장시킬 수 있는 여지가 있는 지 등을 다룬다(Held 1995; Slote 2007; Howard 2007; Herr 2003; Paley 2002; Sander-Staudt 2006). 다른 한편으로, 돌봄윤리는 제한된 도덕이론의 범위를 넘어 경영, 과학기술, 국제관계, 정책 등의 영역 으로 이론적 · 실천적 적용을 확장시킨다(Robinson 1999; Miller and Hamington 2006; Hamington and Sander-Staudt 2011; Barnes 2012). 특히 후자의 맥락에서, 최근 일련의 논의는 정치사회의 부정의를 진단하고 이에 도전하며, 정의로운 정치사회의 제도 디자인을 가름하는 규범적 정치이론으로서 돌봄윤리의 잠재성에 주목한다 (Kittay 1999; Engster 2007; Tronto 2013; Engster and Hamington 2015). 다시 말해, 정치공동체의 정치사회제도에 적용되는 규범이 론으로서 돌봄윤리를 다룬다.

이렇듯 정치이론으로서 돌봄에 접근하는 논의들은 일반적으로 다음의 경향을 보인다.[2] 첫째, 기존 정치이론이 얼마나 돌봄의 가

---

2) 국내학계에서 정치이론으로서 돌봄윤리에 접근하는 연구는 현재 시작 단계이다. 이에 대해서 김희강(2018) 참조. 정의의 이슈로 돌봄에 접근한 논의로는 본서 4장

치를 간과하고 배제해 왔는지에 대해 비판이다. 예를 들면, 자유주의에서 전제하는 인간상이 돌봄이 필요한 존재로서의 인간 개념에 얼마나 무지하였는지(Held 2006), 아리스토텔레스, 밀, 롤즈 등의 평등 개념이 모든 인간이 경험하는 의존이라는 불가피한 인간의 조건과 이에 따른 돌봄의 필요를 반영하는데 실패하였는지, 그 결과 이들이 애초에 실현하고자 했던 평등의 비전이 결국은 성취될 수 없는 것이었는지(Kittay 1999), 주류 이론의 시민권 개념이 인간의 돌봄필요와 이를 충족시키기 위한 돌봄노동의 가치를 얼마나 경시하였는지(Sevenhuijen 1998), 자유주의에서 전제하고 이론화하는 정부와 가족의 개념이 인간의 의존성과 돌봄제공의 가치를 파악하지 못하고 얼마나 편협하게 논의되고 있는지(Eichner 2010) 등에 대해 비판적으로 접근한다.

둘째, 이러한 비판과 재조명을 통해 돌봄의 시각에서 기존의 정치이론이 수정·보완될 수 있는 여지를 찾는다. 예를 들면, 커테이 (Eva F. Kittay)는 롤즈의 정의론을 수정하여 돌봄이 반영된 정의의 원칙인 제3원칙을 제안한다. 이 원칙은 의존이라는 인간의 불가피한 취약성, 도움이 필요한 타인에 대해 응답하는 도덕적인 힘, 분배의 대상이 되는 기본적 가치로서 돌봄, 개인의 행복과 이익보다 우선하는 돌봄관계에 근거한다. 이러한 제3원칙은 롤즈가 제시한 두 가지 정의의 원칙이 포함하지 못하는 사회적 책임의 원칙을 담지하고 있다고 주장한다(Kittay 1999, 208-209). 너스바움

___

참조.

(Martha Nussbaum)의 경우, 사회계약 전통의 자유주의를 벗어나서 인간존엄의 가치를 인간의 가능성에 기초하고 있는 가능성 접근(capabilities approach)으로 인간의 취약한 의존성과 돌봄필요의 가치가 충분히 설명될 수 있다고 지적한다. 사회정의의 최소 기준선이라 평가받는 너스바움의 열 가지 핵심 가능성 리스트 속에 돌봄의 가치가 반영될 수 있는 여지가 있다는 설명이다(Nussbaum 2006, 155-173). 아이너(Maxine Eichner)도 자유주의 이론과 정치체계가 인간의 의존성과 돌봄제공을 간과하고 있다는 섬에 비판적이지만, 동시에 인간의 의존성과 돌봄제공의 가치를 고려하는 적극적인 정부의 역할과 가족에 대한 지원이 자유주의 이론틀 내에서도 보완될 수 있음을 강조한다(Eichner 2010).

셋째, 보다 전향적으로 돌봄에 기초한 정치이론을 제시한다. 세 번째 경향을 보이는 대표적인 학자로 잉스터(Daniel Engster)를 들 수 있다. 잉스터는 현대정치이론의 큰 그림 속에서 돌봄윤리와 여타 정의론을 비교하고 기존의 정의론에 버금가는 정의로운 사회에 대한 이론적 대안으로 돌봄윤리를 위치시킨다. 그리고 인간 삶과 사회를 유지하고 존속시키는데 필수적인 가치인 돌봄에 기초한 정치이론을 제시한다. 잉스터가 제시한 정치이론의 핵심은 모든 인간에게 최소한의 충분한 돌봄의 기본선을 보장하는 것이며, 이를 충족시키기 위한 도덕적 의무론과 이에 부합하는 돌봄정부의 형태 및 기본제도를 소개하고 있다(Engster 2007).

이 장은 돌봄을 정치이론의 연속선상에서 접근하는 위의 논의들과 맞닿아 있다. 특히 잉스터로 대표되는 세 번째 경향과 보다 맞닿아 있다고 볼 수 있다.[3] 이 장은 기존 정치이론의 틀로는 충분히 설명하지 못하지만 돌봄의 시각으로 주목할 수 있는, 즉 정치이론으로서 케어리즘의 주요한 특징을 다음의 세 가지 지점에서 규명하고자 한다. 첫째, 케어리즘은 돌봄의 가치를 주목하고 인정한다. 둘째, 케어리즘은 돌봄의 부정의(care injustice)를 지적하고 교정한다. 셋째, 케어리즘은 돌봄의 연대책임을 규정한다. 이하의 논의에서 이 같은 세 가지 지점에 대해 살펴보기로 하겠다.

케어리즘은 돌봄의 가치를 주목하고 인정한다

케어리즘에서 가장 주목하는 가치는 돌봄이다. 정치사회가 지향하고 보존해야 할 핵심 가치로 자유주의는 개인의 자유와 권리, 공동체주의는 공동선(common good)과 사회적 연대를 꼽는다면, 케어리즘은 돌봄을 지목한다. 모든 인간은 삶의 구간 속에서 돌봄을 경험한다. 태어난 후, 어렸을 때, 아플 때, 장애가 있을 때, 노인이 되어 연로할 때, 우리 모두는 다른 누구의 돌봄을 필요로 한다.

---

3) 이 글에서는 잉스터가 제시하는 돌봄이론과 필자가 제시하는 케어리즘의 비교 및 차이에 대해서 구체적으로 분석하지는 않겠다. 잉스터와 필자가 동의하는 지점은 돌봄의 가치를 인정하고 반영하는 정치이론의 필요성 및 당위성이다. 하지만 잉스터와 필자의 가장 큰 차이점은, 잉스터의 경우 돌봄정치이론의 핵심은 모든 인간에게 최소한의 돌봄필요를 충족시키는 것으로 보는 반면, 필자의 경우 돌봄의 지위에 따른 부정당한 불평등을 지적하고 교정하는 것으로 본다. 다시 말해, 잉스터의 돌봄이론은 개개인의 돌봄필요의 충족과 이를 위한 돌봄의무를 강조하는 반면, 필자의 케어리즘은 모든 인간이 필연적으로 속하는 돌봄관계에 대한 규범적 평가와 교정을 위한 돌봄의 연대책임에 중점을 둔다.

돌봄은 우리의 생을 유지시켜주고 성장시켜주며 발전시켜준다. 다시 말해, 우리 모두는 생을 유지하고 성장하고 발전하기 위해, 타인의 돌봄을 받는다.[4] 따라서 인간의 생존은 그 자체로 우리가 다른 누구로부터 돌봄을 받았음을 증명하는 것이다. 모든 사람이 죽는다는 사실이 참인 것처럼, 우리 모두 돌봄을 받았음은 인간 생존 자체에 내제해 있는 진실이다. 돌봄은 인간의 삶을 구성하는 핵심 가치이자, 모든 인간이 경험하는 보편적인 실천이다(Held 2006, 65-92). 돌봄 없이 "인간은 생존하시 못하거나 아주 간신히 생존할 ─그리고 분명 성장하지는 못할─ 것이다"(Kittay 1999, 202).

돌봄의 가치는 본래적이지만 동시에 수단적이기도 하다. 돌봄은 정치사회가 추구하는 다른 어떤 가치보다 근본적이기 때문에, 다른 가치를 성취하기 위한 수단으로서 기능한다. 예를 들어, 자유주의에서 추구하는 개인의 자율성은 영유아기와 아동기를 거쳐 누군가로부터 돌봄을 받은 후 자족적인 성인이 되었을 때에만 성취가 가능한 것이다. 개인의 자율성이 성취되기 위해서는 수년 동안의 돌봄이 전제되어야 하기 때문에, 개인의 자율성은 성취되는 것이지 출발의 전제가 아니다(Tronto 2013, 240). 이 때 돌봄은 자유의 조건을 구성한다. 또한 자유주의에서 강조하는 평등도 돌봄이 전제되어야 하는 것이다. 예컨대, 로크(John Locke)는 자연상태를 묘사하며, 개인은 자연법의 범위 안에서 "자신의 행동을 규율하고 자기의 소유물과 자기의 몸을 의지대로 처리할 수 있는 완벽히 자

---

4) 돌봄의 특징에 대한 자세한 설명은 본서 2장 참조.

유로운 상태"이자 이러한 "인간의 자연상태는 또한 평등한 상태"라고 설명한다. 평등한 상태에서 인간은 "아무런 차별도 없이 모두 똑같이 자연의 혜택을 누리며, 똑같은 능력을 행사한다"고 지적한다(Locke 1690[1980], 8). 이렇듯 차별받지 않아야 하는 동등한 능력을 행사하는 인간도 돌봄이 전제되어야지 궁극적으로 가능할 수 있다.

공동체주의에서 주목하는 공동선과 사회적 연대도 돌봄을 통해서 의미 있게 성취될 수 있다. 돌봄을 주고받는 관계는 당사자들 간의 신뢰와 공감에 기초한 관계이다. 돌봄을 받는 사람은 돌봄을 제공하는 사람이 자신을 돌보는데 책임을 다할 것이며 그러한 권한과 책임을 남용하지 않을 것이라 신뢰해야 한다. 역으로 돌봄을 제공하는 사람은 돌봄을 받는 사람이 돌봄을 지나치게 요구하지 않으며 돌봄제공자를 착취하지 않는다는 신뢰가 있어야 한다(Kittay 1999, 90-91). 돌봄에 기초한 사회는 신뢰와 공감 그리고 상호관심을 통해서 서로를 결속시키는 연계성을 구축할 수 있다. "돌봄은 신뢰와 동의어가 아니지만 신뢰는 돌봄관계의 특징이며 돌봄과 신뢰는 공생관계"라고 지적되듯이, 돌봄은 공동선을 찾고 사회적 연대를 이룰 수 있는 기반을 제공한다(Held 2006, 88-90).

따라서 케어리즘에서 주목하는 것은 돌봄이라는 가치를 통해서 모든 인간이 존재하고 성장할 수 있으며, 사회가 존속하고 유지될 수 있다는 사실이다. 돌봄에 기초하여 모든 인간과 사회는 존재의 기반을 찾고, 자유와 평등을 얻으며, 서로 간의 결속과 연대를 구성할 수 있다.

이 때 돌봄은 타인과 관계 속의 가치이다(Held 2006, 89-92). 취약한 인간은 돌봄을 필요로 하며, 누군가는 취약한 인간을 위해 돌봄을 제공해야 한다. 그리고 취약한 인간을 위해 돌봄을 제공하는 사람은 돌봄제공으로 인해 또 다시 취약해진다. 돌봄제공자는 돌봄제공으로 인해 자신을 돌볼 충분한 시간과 노력을 갖지 못하며 동시에 시장적 경쟁에 나설 조건과 역량이 크게 제한되게 된다. 따라서 돌봄제공자 역시 다른 누군가로부터 혹은 사회제도로부터 돌봄을 받아야 한다. 다시 말해, 우리 모두는 한 때, 지금 그리고 언젠가 누군가의 돌봄에 의존한다. 또한 우리를 돌보는 많은 사람들은 이러한 돌봄을 이행하기 위해 또 다른 누군가의 돌봄을 필요로 한다. 사회에 이미 존재하는 모든 인간은 다른 누군가의 돌봄을 필요로 하는 취약한 생명체에서 시작했으며, 이러한 인간의 돌봄필요에 응답하는 타인과 그러한 타인을 돌보는 또 다른 누군가와의 돌봄관계 속에 모든 인간은 위치지어 진다. "개인이 성장하고 번성하며 또한 질병과 장애, 쇠약을 견뎌내고 생존하기 위해서, 개인의 안녕을 주된 책임과 기본적 가치로 삼는 타인과의 돌봄관계가 필요하다"(Kittay 1999, 202).[5]

그러나 이러한 돌봄관계는 양자적이거나 단선적이지 않다. 내가 내 아이를 돌보고, 내 아이가 성장한 후 나를 돌보게 되는 것이 아니다. 혹은 내가 내 어머니를 돌보고, 내가 노인이 되었을 때 성인이 된 내 아이가 나를 돌보게 되는 것이 아니다. 이 점에서 커테

---

5) 관계적 가치로서 돌봄에 대한 논의는 본서 1장과 2장 참조.

이는 돌봄관계의 특징을 설명하며 둘리아(doulia) 개념을 활용한다. 둘리아란 그리스 시대에 산모가 신생아를 돌볼 수 있도록 산모를 돌보는 사람인 둘라(doula)를 근간으로 하여 나온 개념으로, 이를 통해 돌봄의 상호의존성을 강조한다. 즉, 스스로를 돌볼 수 없는 사람에게 도움을 주기 위해 도움을 필요로 하는 사람과 도와주는 사람을 연결하는 관계로 돌봄관계를 규정지으며, 이러한 돌봄관계는 돌봄을 받는 사람, 돌봄을 주는 사람, 돌봄을 주는 사람을 돌보는 사람 간 3자 구조의 상호의존적인 관계이다(Kittay 1999, 138-141, 199-202).[6] 더 나아가, 버틀러(Samuel Butler)는 커테이의 둘리아 개념을 보다 확장하여 4자 구조로 돌봄관계를 설명한다. 돌봄을 받는 사람, 돌봄을 주는 사람, 돌봄을 주는 사람을 돌보는 사람 이외에, 돌봄관계의 요구 사항을 정치의 영역에서 대표할 수 있는 "돌봄 청구자(care claimant)"를 상정한다(Butler 2012).

결국 커테이와 버틀러의 논의가 함의하는 지점은, 돌봄관계란 양자적이거나 단선적인 것이 아니라 관련 당사자들의 "협력적 기획(collaborative project)"이며, 복잡하지만 연쇄적인 광범위한 사회적 관계망으로 상정된다는 것이다(Collines 2015, 125). 우리가 주고받는 돌봄은 인간의 의존성에 "연계되고 배태된 사회적 관계"에 바탕을 두며, "우리의 생존과 성장은 궁극적으로 돌봄을 가능하게 만드는 광범위한 사회적 관계망"에 달려있다는 점이다(Kittay

---

6) 이와 유사하게 트론토(Joan Tronto)는 돌봄관계의 시작점은 양자적인 관점의 틀을 깨는 것이라고 설명한다. 돌봄은 두 사람 사이에서만 나타나지 않으며, 돌봄을 '삼각화'하는 것이 중요하다고 지적한다(Tronto 2013, 286).

1999, 140; Engster 2007, 84). 이러한 돌봄관계 없이 인간이 생존하고 성장할 수 없듯이, 사회도 이러한 돌봄관계 없이는 존속하고 발전할 수 없다는 점을 케어리즘은 전제한다. "돌봄이 없다면 사회도 없으며, 돌봄이 없으면 사람도 없다"(Held 2006, 168). 케어리즘의 관점에서 볼 때, 사회에는 다양한 층위의 복합한 관계들이 존재하겠지만, 돌봄관계는 사회를 구성하는 가장 기초가 되며 어떤 사회관계나 경제관계(예를 들면, 정치적 연합이나 경제적 계약 등)보다 선제하며 그러한 관계를 돌봄의 시각에서 평가할 수 있는 기준이 된다.

이렇듯 인간 모두가 필연적으로 연루되는 사회적 관계망으로 돌봄을 이해한다면, 돌봄의 가치는 궁극적으로 공적 가치임을 어렵지 않게 알 수 있다. 우리가 타인의 돌봄을 필요로 한다는 것은 우리를 직접적으로 돌보는 돌봄제공자를 넘어 우리의 돌봄제공자가 우리를 돌볼 수 있도록 돌봄제공자를 지원하는 다른 사람들과 전체적인 사회제도를 필요로 함을 의미한다(Engster 2007, 84). 이는 동시에 우리가 돌봄을 요구할 때, 우리를 돌보는 돌봄제공자를 넘어 많은 타인에게 돌봄을 요구하는 것이며, 또한 이는 우리 자신의 돌봄필요뿐만 아니라 돌봄제공자의 돌봄필요도 동시에 요구해야 함을 함께 뜻하는 것이다(Engster 2007, 93-94).

정리하건대, 케어리즘은 돌봄과 돌봄관계를 공적 가치로서 인정하며, 이를 지원하고 보장하는 규범적 원칙을 세우고 정치사회제도를 통해 이를 뒷받침 한다. 즉, "돌봄관계를 보전하려는 헌신"을 기꺼이 정치사회가 담당하는 것이다(Kittay 1999, 202). 그렇다면, 정치사회의 헌신은 어떤 모습으로 나타나는가? 다시 말해, 정치사회가 돌봄의 가치를 주목하고 인정한다는 것은 구체적으로 무엇을 의미하는가? 케어리즘의 다음 두 가지의 특징은 이에 대한 답을 제공한다. 이하 논의는 돌봄에 헌신하는 정치사회의 특징을 보여준다.

케어리즘은 돌봄부정의를 지적하고 교정한다

앞서도 언급했지만, 돌봄은 돌봄관계로 이해되며 돌봄관계는 사회적 관계망으로 이해된다. 모든 인간은 취약한 의존인으로서, 직접적인 돌봄제공자로서, 혹은 돌봄제공자를 돌보는 지원자로서 돌봄이라는 연계되고 배태된 사회적 관계망 속에 필연적으로 위치 지어 진다. 인류가 생존하고 사회가 존속하는 한, 돌봄관계는 과거에도 지속되어 왔으며 또한 앞으로도 계속해서 지속될 것이다. 케어리즘은 돌봄의 가치를 중심에 두는 사회를 지향하며, 돌봄의 가치란 인간의 삶과 사회의 유지에 필수적인 이러한 돌봄관계의 가치라고 할 수 있다.

여기에서 중요한 것은 케어리즘의 역할이 이제껏 지속된 혹은 현재 우리에게 주어진 돌봄관계를 단지 보호하고 증진하는 것을 넘어선다는 점에 있다. 케어리즘은 기존의 돌봄관계에 대한 규범적 평가를 내포한다. 다음 헬드(Virginia Held)의 주장은 이 지점을 역설한다.

우리가 돌봄을 명확히 하고자 한다면, 돌봄관계를 통해서 돌봄을 이해해야 한다. 돌봄은 돌봄제공의 노동과 돌봄실천을 평가할 수 있는 기준을 포함하는 하나의 실천이다…돌봄은 좋은 돌봄관계를 추구한다(Held 2006, 79).

다시 말해, 케어리즘은 돌봄관계를 평가할 수 있는 규범적 잣대를 포함하여, 그러한 규범적 잣대에 비추어 권장해야 할 돌봄관계와 지양해야 할 돌봄관계가 구분될 수 있다. "돌봄의 핵심은…사람들 사이의 관계에 대한 평가와 권장"이다(Held 2006, 107).

그러나 헬드는 자신의 논의에서 어떤 돌봄관계가 권장되어야 하는지 혹은 역으로 지양되어야 하는지에 대하여 구체적인 내용을 밝히지 않았다. 그럼에도 기존 전통과 공동체에서 답습된 가부장적 돌봄관계는 돌봄윤리가 추구하는 정당한 돌봄관계가 아니라는 점을 분명히 한다. 돌봄윤리는 가부장적 전통과 결합된 보수주의 윤리가 아니기 때문에, 전통적인 여성의 역할이 돌봄을 담당하는 데 갇혀있다면 돌봄윤리는 이를 비판하고 도전해야 한다고 언급한다. 따라서 가부장적 지배에 맞서 싸우는 것이 돌봄윤리이며, 이 점에서 돌봄윤리는 페미니스트 윤리를 함축한다고 헬드는 주장한다(Held 2006, 130-133).

헬드의 주장처럼 가부장적 돌봄관계가 도전받아야 한다면, 어떤 이유로 가부장적 돌봄관계는 좋은 돌봄관계가 되지 못하는가? 왜 가부장적 돌봄관계는 규범적으로 문제가 되는가? 그렇다면, 보다 근본적으로 돌봄관계를 평가할 수 있는 케어리즘의 규범적 잣대는 무엇이고, 그 잣대는 어떤 내용을 담고 있어야 하는가?

이 질문에 답하기 위해서 돌봄관계의 질에 주목한 다음의 논의들을 참고하고자 한다. 예컨대, 부벡(Diemut Bubeck)은 돌봄관계에서 파생되는 착취 문제에 천착한다. 돌봄관계는 그 필연적인 비대칭성으로 인해 착취에 취약한 구조라는 점을 강조하며, 주요 돌봄제공자로서 여성은 한번 돌봄제공의 경험을 갖게 되면 심리적 · 물질적 측면에서 모두 돌봄의 착취시스템 속에 얽매이게 된다고 설명한다. 부벡에 따르면, 돌봄윤리를 통해 우리 사회가 돌봄을 취급하는 방식에 대해 비판적으로 고찰할 수 있으며, 이를 통해 돌봄의 착취 시스템에 도전할 수 있는 이론적인 가능성을 찾을 수 있다고 지적한다(Bubeck 2002). 샌더 스타우트(Maureen Sander-Staudt)도 돌봄윤리에서 주목하는 것은 개인의 덕성으로서 돌봄이 아니라 돌봄의 권력관계를 지적할 수 있는 규범적 시각이라는 점을 강조한다. 사회에서 돌봄의 억압적인 관행이나 부정의를 지적하고 교정할 수 있는 규범이론으로서 돌봄윤리를 언급하며, 돌봄윤리가 사회정치적 맥락에서 이해되었을 때 충분히 독립적인 정치이론으로 기능할 수 있다고 주장한다. 특히 돌봄의 권력관계와 연계하는 젠더의 권력관계와 관련하여 규범적 시각을 제시할 수 있다고 보았다(Sander-Staudt 2006).

트론토는 보다 구체적으로 우리 사회에 구조화된 부정의한 돌봄관계를 보여주는 면면을 제시하며, 이를 '특권적 무책임'과 '돌봄의 무임승차'라는 개념을 사용하여 설명한다(Tronto 2013, 4장). '특권적 무책임'이란, 시장에서 일을 한다는 이유로 혹은 사회의 안전과 국방을 담당한다는 이유로 돌봄담당의 책임으로부터 면제받는 것을 의미한다. 이처럼 돌봄담당의 책임으로부터 면책되는 경우, 돌봄의 혜택을 받게 되는 반면 돌봄담당의 책임을 지는 사람이 돌봄의 부담을 떠 앉게 된다고 트론토는 지적한다. 다시 말해, 돌봄의 관계망 속에 속한 모든 사람은 돌봄의 수혜자로서 돌봄책임을 부담해야 함에도 불구하고, 오히려 돌봄책임을 담당하지 않는 사람이 사회경제적으로 혜택을 보는 반면 돌봄책임을 담당하는 사람이 사회경제적인 불이익을 보게 된다는 것이다. 그 결과, 돌봄책임을 다하지 않는 사람이 돌봄의 혜택을 보게 되는 구조, 즉 돌봄의 무임승차가 가능한 사회구조가 부정의한 돌봄관계를 보어주는 중요한 일면이라고 주장한다.

특히 '특권적 무책임'과 '돌봄의 무임승차'가 문제되는 이유는, 이에 기초한 부정의한 돌봄관계로 인해 돌봄의 불평등이 계속되는 악순환의 구조에 빠지게 되기 때문이다. 불평등한 돌봄책임의 분배는 사회경제적인 불평등으로 연계되며 이것이 다시 정치적인 불평등을 야기한다. 또한 이러한 정치적인 불평등은 사회경제적인 불평등과 돌봄책임의 불평등으로 다시 이어지기 때문이다. 트론토는 이것을 강화되고 고착화되는 돌봄불평등의 악순환(vicious circle of care inequality)이라고 설명한다(Tronto 2013, 4장). 예를 들어, 가정에서 돌봄을 담당하는 사람은 시장에서 기대하는 능력 있고 생산적인 노동자가 되지 못하기 때문에, 시장에서 배제되거나 시장의 경쟁에서 뒤처지게 되어 결과적으로 낮은 사회경제적인 지위를 점유하게 된다. 그리고 이들은 낮은 사회경제적인 지위 때문에 공적 영역에서 자신들의 목소리를 낼 수 있는 정치적인 영향력이 미약해지게 된다. 이러한 낮은 정치적 영향력으로 인해 이들은 부정의한 돌봄관계에 도전하고 비판할 수 있는 정치세력으로 성장하지 못하고 결국 악순환의 구조 속에 매몰된다는 것이다.

결국 부벡, 샌더 스타우트, 트론토가 모두 고민하는 바는 부정의한 돌봄관계이며, 이는 돌봄제공자가 겪게 되는 착취, 돌봄의 지위로 인한 권력관계, 돌봄의 불평등을 고착화시키는 악순환의 구조의 모습으로 드러나게 된다. 케어리즘이 주목하는 규범적인 잣대 역시 바로 이 지점이다. 케어리즘은 돌봄부정의를 지적하고 교정한다. 이 때 돌봄부정의는 돌봄의 지위와 밀착된 지속적인, 즉 구조화된 불평등이라 할 수 있다. 다시 말해, 돌봄의 지위, 즉 돌봄의 수혜자(의존인)로서, 돌봄의 제공자로서, 혹은 돌봄수혜나 돌봄제공의 정도에 따라 이들이 지속적인 불평등을 감수해야 한다면, 케어리즘은 이를 부정의로 지적하고 교정할 수 있다는 점이다. 이러한 돌봄의 지위에 따른 패턴화되고 지속적인 돌봄의 불평등은, 몇몇 개인이나 특정 집단의 의도적인 차별로부터 발생된 것이라기보다, 사회의 규범, 일상생활 속의 관습, 기존의 정치사회제도, 문화적 상징 혹은 시장질서나 관료제의 위계체제를 통해서 오랜 기간 유지되고 강화된 것이다(Young 1990, 107).

보다 구체적으로, 케어리즘은 돌봄부정의, 즉 구조화된 돌봄불평등의 특징적인 양상들을 밝힐 수 있다. 이는 주변화(marginalization), 착취(exploitation), 무력함(powerlessness), 악순환(vicious circle), 젠더화(gendered)로 범주화될 수 있다.[7] 첫째, 취약한 의존인과 돌

---

[7] 이러한 범주화는 아이리스 영(Iris Young)이 논의한 억압의 다섯 가지 양상에서 아이디어를 얻었다. 영은 사회에서 다양한 소수 사회집단(예를 들어, 여성, 흑

봄제공자는 자본주의 사회에서 주변화된 삶을 살게 된다. 이들은 시장에서 요구하는 자율적이고 생산적인 개인이 되지 못한다는 이유로, 시장에서 배제되고 적극적인 사회참여가 제한된다(Young 1990, 131-133). 따라서 이들은 경제적으로 궁핍해지고 정치사회적으로 명시적인 시민적 지위로부터 배제되게 된다. 주로 노인, 장애인, 아이 같은 취약한 의존인과 복지의 수혜를 받으며 의존인을 돌보는 여성이 주로 이러한 주변화의 대상이 된다. 그러나 이들이 겪는 주변화는 경제 및 정치사회의 영역을 넘어선다. 더 나아가, 이들은 증오, 비하, 혐오의 대상이 된다. 아이를 받지 않는 공공시설, 어린이집 건립에 대한 지역사회의 반발, 혐오시설로 둔갑된 장애인학교 등의 사례가 이를 뒷받침한다. 또한 돌봄제공자는 "맘충," "집돌이" 등의 멸시의 표현으로 통용되기도 한다.

둘째, 일반적으로 돌봄제공자는 착취의 대상이 된다. 착취의 핵심은 "한 사회집단의 노동 산물이 타 집단에게 이득이 되도록 이전되는 항상적 과정"을 통해서 부정의가 생겨난다는 것이다(Young 1990, 124). 즉 "착취라는 부정의의 핵심은 불평등 분배를 창출하게끔 한 집단으로부터 다른 집단으로 에너지가 이전되는 사회과정에 있고, 또 소수는 부를 축적하게 하면서 다수는 그러지 못하게 하

인, 노인, 장애인, 성적소수자 등)이 겪게 되는 부정당한 억압을 착취, 주변화, 무력함, 문화제국주의, 폭력이라는 다섯 가지 범주로 나누어 설명하고(Young 1990, 103-156), 이를 본인이 제시한 '구조적 부정의' 개념적 기초를 삼았다(Young 2013, 93-138). 이 글은 구조적 부정의의 구체적인 특징을 살펴보려고 한 점에서 영의 의도를 공유한다. 하지만, 영은 억압받는 다양한 사회집단을 대상으로 한 반면, 이 글은 모든 인간이 필연적으로 속하게 되는 돌봄의 지위에 따른 부정의에 초점을 맞춘다.

는 사회과정의 방식"에 있다고 볼 수 있다(Young 1990, 131). 돌봄 제공자는 돌봄의 공적 가치가 인정되지 않는 사회제도 속에서 돌봄노동의 대가를 제대로 부여받지 못하게 된다. 가정에서의 돌봄노동은 누구나 할 수 있는 일, 허드렛일, 혹은 여자라면 당연히 해야 하는 일 정도로만 평가된다. 시장에서의 돌봄노동도 다른 일반적인 노동에 비해 저평가된다. 이 때, 착취로서 문제가 되는 것은 단지 돌봄제공자의 돌봄노동이 무급이거나 저평가된다는 점을 넘어 선다. 앞서 부벡과 트론토가 지적한대로, 돌봄노동의 착취는 돌봄노동의 대가가 불평등하게 분배되는 부정의한 사회과정 속에 있다. 돌봄제공자는 인간의 삶과 사회 유지에 필수불가결한 돌봄노동을 수행함에도 불구하고, 그러한 노동을 하면할수록 더욱더 열악한 지위에 빠지게 되는 반면에, 돌봄의 책임을 다하지 않은 사람들은 돌봄을 제공하지 않음으로 인해서 이들의 권력, 지위, 부가 더욱더 커진다는 점이다.

셋째, 무력함의 특징은 타인과의 관계에서 권한이나 권력을 가지지 못하게 됨이다. 취약한 의존인과 돌봄제공자는 무력한 자들(the powerless)이 된다. "무력한 자들이란 명령은 무조건 따라야 하지만 명령을 내릴 권리는 거의 갖지 못하는 상태에 처한 사람들"을 뜻한다(Young 1990, 137). 취약한 의존인과 돌봄제공자들은 자신의 돌봄지위에서 파생된 권위나 자긍심이 크게 없다. 자신의 역량을 발전시킬 동기부여가 적으며, 타인과의 관계나 직장생활에서 의사결정 권한을 갖지 못하고, 또한 자신의 돌봄지위로 부여되는 존중이나 품위가 결핍되게 된다. 더 나아가 이러한 무력함은 정치의 영역에서 이들을 비(非)정치화 하고 비(非)대표화 되게 한다.

넷째, 돌봄수혜의 정도와 관련하여, 사회경제적 지위와 돌봄의 지위가 서로 악순환되어 고착화된다. 예를 들어, 아동이었을 때 제대로된 돌봄과 교육, 충분한 영양공급을 받지 못한 사람은, 그렇지 않은 사람에 비해 성인이 된 후에도 교육의 부족과 건강하지 못한 신체로 인해 낮은 사회경제적 지위에 자리하게 된다. 또한 사회경제적으로 취약한 환경에서 자란 아동은 그렇지 않은 환경에서 자란 아이들에 비해 충분한 돌봄과 교육, 영양공급을 받지 못하게 될 확률이 높으며, 그렇게 될 경우 이들 아이들은 성인이 되어도 낮은 사회경제적 지위에 처하게 될 가능성이 높다. 결국, 사회경제적 불평등은 교육과 영양과 같은 돌봄의 불평등과 연동되며, 다시 역으로 돌봄의 불평등은 사회경제적 불평등으로 이어지는 악순환의 과정을 겪게 된다(Tronto 2013, 197-222). 더불어 돌봄의 사회경제적 불평등은 정치적 불평등과 서로 맞물려 불평등을 가중시킨다. 이는 역시 돌봄제공의 정도와 관련하여도 악순환의 과정을 보인다. 주로 사회경제적으로 열악한 계층에 속한 사람들이 사회에서 돌봄노동을 담당하고 있으며, 또한 저평가받는 돌봄노동으로 인해, 이들은 돌봄노동을 하면 할수록 더욱더 사회경제적으로 열악해진다. 이들의 낮은 사회경제적 지위는 역시 이들의 열악한 정치적 대표성을 가중시킨다.

다섯째, 특정 성(여성)이 돌봄의 책임을 주로 담당하고 있는 현실에서 또한 돌봄의 가치가 사회적으로 저평가되어 있는 현실에서, 돌봄책임의 불평등한 분배는 젠더불평등과 직접적으로 관련된다. 즉, 돌봄불평등은 젠더불평등과 밀접한 관련성이 있다. 특히 여성이 주로 돌봄을 담당함으로써 그리고 이러한 돌봄의 젠더화가 자연스러운 것으로 사회적으로 인식됨으로써, 돌봄노동의 평가절하는 여성이 하는 일 또는 여성적 노동에 대한 평가절하로 이어지게 된다. 다시 말해, 돌봄의 젠더화는 젠더의 돌봄화를 동시에 의미하며, 돌봄불평등과 젠더불평등은 서로를 악화시키는 악순환의 패턴을 구조화한다.

케어리즘의 장점은 위에서 언급한 구조화된 돌봄의 불평등을 부정의로 직시한다는데 있다. 기존의 정치이론에서는 돌봄의 지위에서 파생된 주변화, 착취, 무력함, 악순환, 젠더화를 부정의한 것으로 지적하지 못한다. 예를 들어, 자유주의 정치이론에서 볼 때, 자족적이지 못한 의존인이나 돌봄제공자의 경우, 소위 정상적인 개인으로 간주되지 못하기 때문에, 이로 인한 사회경제적인 불평등은 이들의 무능력에 상응하는 당연한 것으로 취급된다. 이들이 가난하다면, 이는 단지 시장에서 제대로 된 노동을 하지 못한 이들의 개인책임일 뿐이다. 따라서 이들이 겪는 주변화, 착취, 무력함도 이들의 무능함의 결과로 인한 것이기 때문에, 자유주의 논의는 이에 대한 사회적 책임이나 조치를 취할 근거를 갖지 못한다.

또한 재분배 정책에 초점을 두는 기존의 정의론은 주변화, 착취, 무력함, 고착화를 보이는 돌봄의 구조화된 불평등을 설명하기에 충분하지 못하다(Young 1990, 1장). 돌봄의 구조화된 불평등은 왈쩌(Michael Walzer)가 부정의라 칭하는 지위의 불평등(inequality of status)과 양상이 유사하다(Walzer 1984). 지위의 불평등은 단지 시장에서 재화가 부족해서 빈곤하다거나 혹은 정치적 권위가 결여하여 명예스럽지 못한 것이라기보다, 사회 · 경제 · 정치 · 문화 전반의 영역에 걸쳐 나타나는 체계적이고 고질적인 불평등이라고 할 수 있다. 이에 대해서 도전하기 위해서는 단지 차별을 금지하는 평등 개념이나 평등한 분배를 고민하는 재분배 프레임워크로는 불충분하다. 반면, 케어리즘에서 추구하는 것은 돌봄의 지위와 관계없이, 개개인이 성취할 수 있는 자유와 평등을 실질적으로 누리는 지위의 평등이다.[8]

케어리즘은 이러한 돌봄부정의를 지적하고 교정함으로써 돌봄의 가치를 인정하게 한다. 돌봄부정의를 묵인 · 방관하는 사회제도는 개인의 자유로운 선택을 가능하게 하는 공정한 조건이 되지 못하며, 또한 공정하지 못한 조건에서 개인의 선택은 자유의 척도가 되지 못한다.[9] 불평등한 분배에 천착하는 정의도 돌봄의 구조적 불평등을 다루는데 부족하다. 따라서 제도화되고 고질적인 부정의한 돌봄관계를 교정하고 시정함으로써만이 개인의 진정한 자유와 평등이 성취될 수 있는 조건을 마련하는 것이다. 이러한 조건에서, 우리는 돌봄을 받을 수 있는 자유, 돌봄을 줄 수 있는 자유, 돌봄을 받고 제공함에 있어서 배제되거나 착취되지 않을 진정한 자유를

---

8) 실제로 돌봄부정의는 왈쩌가 비판하는 지배의 전형, 즉 특정 영역의 가치가 다른 영역의 분배를 결정하는 것이다(Walzer 1984). 돌봄부정의의 경우, 돌봄의 지위로 인해 다른 영역의 지위가 결정되게 된다.

9) "선택으로 자유를 정의하는 것은 불충분하다. 왜냐하면 그러한 선택은 선택을 하는 맥락과 그런 선택을 가능하게 하는 사회구조를 간과하기 때문이다"(Tronto 2013, 186).

누리게 되는 것이다. 또한 이러한 조건에서, 개개인이 기회의 평등을 넘어 진정한 지위의 평등을 향유할 수 있을 것이다. 결국 이를 통해 "다른 사람과 평등한 관계가 조성되는 공동체," 즉 돌봄을 주고받는 것이 당당한 정치사회를 만들 수 있을 것이다(Anderson 1999, 288-289).

케어리즘은 돌봄의 연대책임을 규정한다

모든 인간은 필연적으로 돌봄을 주고받는 관계에 속해 있음을 살펴보았다. 이러한 돌봄의 관계망은 개인의 측면에서 삶의 핵심 구성이며, 사회의 측면에서 정치공동체의 생명선이기도 하다. 따라서 우리 모두는 돌봄의 관계망을 보호하고 보존하며, 또한 부정의한 관계를 지적하고 교정할 돌봄의 책임을 갖는다. 이 글에서 이를 "돌봄의 연대책임"으로 표현하고자 한다.

기존 연구들도 공적 가치로서 돌봄에 대한 사회적 책임에 대해서 언급하고 있다. 커테이는 돌봄의 상호의존성에 기반을 둔 둘리아 개념을 통해서 사회적 책임 원칙을 이끌어 낸다(Kittay 1999). 둘리아 원칙은 다음과 같다. "마치 우리가 생존과 성장을 위해 돌봄이 필요했던 것처럼, 우리는 다른 사람이 ―돌봄노동을 하는 사람을 포함해서― 생존과 성장에 필요한 돌봄을 받을 수 있는 조건을 제공할 필요가 있다"(Kittay 1999, 200). 다시 말해, 이는 사람들이 돌봄관계를 충분히 지속하고 참여할 수 있도록 조건을 지원하는데 있어 우리 모두의 책임이라는 것이다. 이는 첫째, 돌봄수혜자와 돌봄제공자를 만족시키는 돌봄관계를 유지하고 존속하기 위한 사회적 책임이며, 둘째, 돌봄수혜자와 돌봄제공자가 돌봄관계에 속함으로 인해서 사회적으로 불이익이나 차별을 당하지 않는 조건을 마련하는 사회적 책임이다. 커테이는 이를 결국 돌봄태도를 권장하고 돌봄을 존중하는 사회제도 마련을 위한 사회적 책임이라고 설명한다(Kittay 1999, 202).

유사한 맥락에서 트론토도 돌봄의 사회적 책임을 언급하며 "함께 돌봄(caring with)" 개념을 제시한다. 함께 돌봄은 기존에 제시한 돌봄과정의 네 가지 단계에 추가된 다섯 번째 단계이다(Tronto 2013, 72-73). 돌봄의 과정은 돌봄의 필요를 감지하는 관심 돌봄(caring about) 단계로부터 시작하여, 돌봄필요를 충족시키는 책임(caring for)의 단계, 직접적으로 돌봄을 제공하는 단계(care giving), 돌봄필요가 제대로 반영되었는지 응답(care receiving)하는 단계, 그리고 최종적으로 "함께 돌봄"의 단계가 실현되어야 한다고 주장한다. 함께 돌봄은 "충족되는 돌봄 필요와 방식이 모든 사람을 위한 정의, 평등, 자유에 민주적 기여와 일치"하도록 하는 돌봄의 단계라고 트론토는 설명한다(Tronto 2013, 73). "함께 돌봄"이 가능하기 위해서는 사적영역에 집중되고 젠더화되고 인종화되며 하층계급에 치우진 돌봄책임의 분배를 뛰어 넘어, 보다 많은 사람들이 돌봄책임의 분배를 다루는 정치과정에 참여할 수 있어야 한다고 주장한다. 다시 말해, 돌봄의 권력관계에 도전하고 이를 조정하여 민주적 돌봄을 제도화할 수 있는 것이 바로 "함께 돌봄"을 실현하는 길이라는 것이다. 트론토가 "함께 돌봄"을 위해 돌봄의 무임승차권을 회수해야 한다고 언급한 지점도 바로 돌봄의 무임승차를 허용하지 않는 사회제도의 마련으로 이해할 수 있다.[10]

이상의 논의를 고려했을 때 케어리즘에서 규정하는 "돌봄의 연대책임"은 다음의 특징을 갖는다. 첫째, 돌봄의 연대책임은 돌봄관계가 안정적으로 보호되고 풍성해질 수 있는 우리 모두의 책임을 인정하는 것이다. 이를 권리의 언어로 표현한다면 다음과 같이 구체화될 수 있겠다. 첫째, 우리 모두는 의존적인 상황에 있는 사람들이 그들의 돌봄필요를 충족하는 충분한 돌봄에 평등하게 접근할 수 있는 권리를 보장해야 한다. 둘째, 우리 모두는 돌봄을 제공하는 사람이 그들의 삶에 유의미한 돌봄관계에 참여할 수 있는 권리를 보장해야 한다. 이는 돌봄제공을 선택한 사람들에게 유의미한 경제사회적 보상을 제공하는 것을 포함한다. 셋째, 우리 모두는 돌봄 수혜자와 돌봄제공자가 이들의 권리보장을 판단하는 공적인 과정에 참여하는 권리를 보장해야 한다. 이들이 공적 영역에서 동등하고 독립적으로 자신의 발언권을 행사할 수 있어야 하며, 이들의 발언권이 침묵당하거나 다른 사람에게 묵살당하지 않을 것이라는 보호 조항이 마련되어야 하고, 또한 이들의 목소리가 경청되게끔 하는 제도적인 지원을 제공해야 한다(Tronto 2013, 214, 287).

---

10) 이 점에서 트론토는 돌봄의 민주화를 이야기한다(Tronto 2013). 민주적 절차를 통해 돌봄 친화적인 사회구조의 기반을 마련하고, 돌봄에 관여한 모든 사람들이 민주주의의 협상 테이블에 앉아 돌봄의 책임소재에 대해서 논의할 수 있어야 한다고 주장한다. 따라서 돌봄에 관여 모든 사람들의 목소리가 경청된다는 의미로 민주주의를 재정의해야 하며, 이렇듯 민주주의를 실현하는 과정을 통해 더 질 높은 돌봄을 추구할 수 있다고 보았다.

둘째, 돌봄의 연대책임은 돌봄부정의가 있을 때 이를 지적하고 교정할 수 있는 우리 모두의 책임을 인정하는 것이다. 이는 영(Iris Young)이 구조적 부정의를 지적하고 교정하는 책임을 "사회적 관계에 기초한 책임"이라고 칭한 부분과 관련된다(Young 2013, 171-208).[11] 영에 따르면, 우리 모두가 협력과 경쟁을 통하여 구조의 과정과 체계에 속해 있는 이상, 우리 모두는 일정 정도 구조의 부정의에 일조하고 있다는 것이다. 비록 우리의 특정 행동이 구조와 구조가 낳은 결과에 얼마만큼 일조하고 있는지 혹은 어떤 개인의 특정 행동과 구조의 부정의 사이에 직접적인 인과관계를 밝히기는 어렵다고 보았다. 그럼에도 불구하고, "사회적 관계에 기초한 책임"의 근거는 행동과 결과 간의 직접적인 인과관계가 아니라 구조적 부정의를 야기하는 제도와 과정에 속한 우리 모두의 참여에서 찾을 수 있다고 보았다. 우리 모두 돌봄의 관계망에 필연적으로 속해 있는 이상, 이에 기초한 부정의─돌봄의 지위에 따른 주변화, 착취, 무력함, 악순환, 젠더화─는 우리 모두의 책임으로 상정된다. 결국, 돌봄부정의를 야기하는 제도와 과정에 대한 비판과 교정을 통해, 돌봄관계가 안정적으로 보호되고 풍성해질 수 있는 것이다.

셋째, 돌봄의 연대책임은 특정 개인이나 특정 집단이 돌봄책임의 의무를 주요하게 담당하고 있다 할지라도, 돌봄의 사회망 속에 속한 다른 개인들의 책임을 면책시키지 않는다. 이는 영이 "사회적 관계에 기초한 책임"이 비분리적(non-isolating)이라고 언급한 내

---

11) 영은 이를 '정치적 책임'이라 표현하기도 한다(Young 2011).

용과 유사하다. 다시 말해, 구조적 부정의의 경우, 구조의 잘못이 개인 혹은 집단의 특정한 행동에 의해서라기보다 다수가 제도와 구조의 과정에 참여함으로써 야기된 것이기 때문에 특정 개인과 집단에게 책임을 개별화하거나 분리시키는 것이 불가능하다는 것이다. 따라서 구조적 부정의가 야기되었을 때 특정 행동에 대해 개인이나 집단에게 책임의 의무를 부과하였다고 해서, 그 구조에 속하고 구조의 과정에 참여하고 있는 다른 개인들의 책임이 면하게 되는 것이 아니다(Young 2011, 185-187). 예를 들면, 어떤 어머니가 자신의 아이를 돌보는 것을 방관하고 아이를 학대하였다면, 이러한 방관과 학대의 보다 직접적인 책임은 돌봄을 담당하는 어머니에게 있겠지만, 그렇다고 해서 그러한 방관과 학대를 가능하게 한 사회제도가 책임에서 면책되는 것이 아니라는 점이다.

이 지점은 돌봄의 사회적 책임을 "잔여적(residual)"으로 보는 입장과 구별된다. 예를 들어, 잉스터의 경우, 우리 모두 의존적인 인간으로서 돌봄의 수혜를 받은 이상, 타인을 돌봐야 하는 합리적인 의무가 있다고 주장한다(Engster 2007, 74-102). 이는 왜 우리가 가족과 친구 같은 개인이 속한 직접적인 관계망을 넘어 돌봄이 필요한 모든 인간까지 돌봄을 제공해야 하는지에 대한 논거로까지 확대된다. 그럼에도 불구하고, 잉스터는 돌봄책임의 순위를 제시하는데, 가장 우선순위를 갖는 것이 우리 자신에 대한 돌봄이고, 다음이 우리와 어떤 특별한 관계를 맺고 있거나 도와야 하는 특별한 처지에 있는 사람들(예를 들어, 자녀, 부모, 형제자매, 배우자, 친구 등)에 대한 책임이며, 그 다음이 같은 정치공동체에 함께 살아 사회적 관계를 공유하는 사람들에 대한 책임이고, 논리상 가장 후순위에 있는 것이 우리가 동떨어져 지내는 낯선 이방인에 대한 돌봄 책임이라고 설명한다(Engster 2007, 102-118). 잉스터의 관점에서 볼 때, 가족 간의 돌봄이 충분히 만족하게 제공된다면, 사회나 다른 타인은 그러한 가족 돌봄에 대한 책임을 지지 않아도 되는 것이다. 사회나 다른 타인은 가족 돌봄이 부족했을 때만이 "잔여적으로" 개입할 수 있는 여지를 갖게 된다.

그러나 잉스터의 입장과 달리, 돌봄의 연대책임은 잔여적이지 않다. 가족이 특정 개인에 대해서 직접적인 돌봄의 책임을 담당한다고 할지라도, 그 사실로 인해 우리 모두의 책임이 감소하거나 면책되는 것은 아니다. 아이너는 돌봄에 대한 가족과 국가의 책임을 언급하며 이를 "연대(conjunctive)" 책임이라 칭한다(Eichner 2010, 58-62). 돌봄에 대한 가족의 책임과 국가의 책임은 서로 정도와 성격이 구분될 수 있겠지만, 이 둘 간의 관계는 연대적이기 때문에 가족의 책임이 국가의 책임을 배제하지 않으며, 역으로 국가의 책임이 가족의 책임을 배제하지 않는다고 지적한다. 그리고 이러한 돌봄의 연대책임을 통해서만이 돌봄의 공공성을 진정으로 회복할 수 있을 것이다.

마지막으로, 돌봄의 연대책임은 집단행동(collective action)을 통해 이행될 수 있다(Young 2011, 193-196). 집단행동을 통해 책임을 이행한다고 함은, 어떤 개인의 특정 행동에 대해 보상을 요구하거나 처벌을 부과하는 것이 아니라 구조에 속한 모든 사람에게 구조를 변화시킬 수 있도록 집단행동을 요구하는 것이다. 돌봄부정의에 기여하는 제도와 과정에 참여한 개인들이 모두 함께 제도와 과정을 바꾸는 책임을 이행함으로써, 그러한 제도와 과정이 낳은 부정의를 최소화할 수 있으며, 이러한 변화는 한 개인의 노력만으로 이뤄지지 않는다. 이것이 바로 타인들과 협력이 요구되는 지점이며 실천이 필요한 지점이기도 하다. 돌봄의 가치가 폄하되고 멸시되고 있다면, 이것이 잘못이라는 것을 알리고, 이러한 잘못을 방관하는 제도와 과정에 우리가 함께 참여하고 있음을 다른 사람에게 설득시키는 것 또한 필요하다. 이를 위해 대화와 협력, 때로는 시위나 파업과 같은 실천이 필요할 수도 있다.

요약하건대, 돌봄의 연대책임은 돌봄관계를 보호하고 증진할 뿐만 아니라 부정의한 돌봄관계를 지적하고 교정하는 책임이 돌봄의 관계망 속에 속한 우리 모두에게 있다고 보는 것이다. 이는 특정 개인이나 집단을 비난하거나 처벌함으로써 책임의 소재를 밝힐 수 있는 책임이 아니며, 돌봄부정의를 바꾸는 집단행동을 요구하는 책임이다.

보다 더 정의로운 사회를 향해

이 장은 돌봄을 엄연한 정치이론의 가치로 상정한 케어리즘의 내용과 특징에 대해서 살펴보았다. 케어리즘은 인간 삶과 사회의 유지 · 존속에 필수불가결한 돌봄의 가치를 주목하고 인정하는 이론으로 사회의 주요한 부정의로 돌봄의 지위에 따른 구조화된 불평등을 지적하고, 이를 교정하기 위한 정치공동체의 연대책임을 규정한다.

돌봄의 행위와 실천은 인류 역사상 계속해서 진행되어 왔다. 그러나 지금까지의 정치사회는 그것의 가치를 간과하고 배제해왔으며, 이러한 간과와 배제 속에서 사회의 중요 부정의가 커져왔다. 돌봄이 부재한 기존의 정치이론은 돌봄부정의를 지적하고 교정할 수있는 규범적 논의의 틀이 부재하기 때문에, 이러한 부정의가 잘못되었다 말하지도 못하고 있으며 손대지 못한 채 방관만 하고 있는실정이다. 반면 케어리즘은 돌봄을 계속해서 주변화하기 보나 돌봄을 우대하는 사회를 추구한다. 다음의 설명은 이러한 돌봄사회의 일면을 보여준다.

> 돌봄이 우리의 주요 관심으로 자리 잡고 우리 사회의 화두가 된다면,
> 사회의 모든 영역은 돌봄 관점이 요구하는 변화를 필요로 할 것이다.
> 뿐만 아니라, 돌봄을 좀 더 진중하게 받아들인다면, 사회 각 영역 간
> 의 관계 변화의 필요성을 인정할 것이다. 경제적 이익에 매몰되고 법
> 으로 억제된 갈등이 지배하는 사회 대신, 개인적 맥락뿐만 아니라 시
> 민적 수준과 정부제도의 맥락에서도 아이의 성장과 돌봄관계의 조성
> 을 그 사회의 최우선 과업으로 받아들이는 사회에서 우리는 살게 될
> 것이다. 우리는 시장의 지침에 경사된 문화를 포기하는 대신, 인간 삶
> 을 풍요롭게 하고 밝게 비출 수 있는 최선의 방식으로 문화를 개선시
> 켜 나갈 수 있게 될 것이다(Held 2006, 44).

결국, 돌봄의 가치는 기존에 전통적으로 의존해 온 자유나 공동선의 가치 보다 더 근원적이며 인간의 삶과 공동체의 유지에 보다

더 본래적이다. 돌봄의 시각으로 사회를 바라본다면, 사회의 모든 영역에서 "돌봄 관점이 요구하는 변화"를 필요로 할 것이며, 그 결과 "사회의 근원적인 재건"을 요구할 수 있게 될 것이다(Held 2006, 46). 무엇보다도, 그러한 사회는 돌봄부정의에 주목할 수 있으며, 이를 교정하고 시정할 수 있는 돌봄의 연대책임을 정당화할 수 있을 것이다. 그리고 이를 통해 더 나은 사회, 더 정의로운 사회로 진일보할 수 있을 것이다.

참고문헌

김희강. 2018. "돌봄과 돌봄 없는 정치이론."『한국정치학회보』52집 2호, 203-224.

Anderson, Elizabeth S. 1999. "What Is the Point of Equality?" *Ethics* 109(2): 287-337.

Barnes, Marian. 2012. *Care in Everyday Life: An Ethic of Care in Practice.* Bristole: Policy Press.

Bubeck, Diemut Grace. 2002. "Justice and the Labor of Care." In *The Subject of Care: Feminist Perspectives on Dependency,* edited by Eva Feder Kittay & Ellen K. Feder, 160-185. Lanham: Rowman & Littlefield Publishers, Inc.

Butler, Samuel. 2012. "A Fourth Subject Position of Care." *Hypatia* 27(2): 390-406.

Collines, Stephanie. 2015. *The Core of Care Ethics.* New York: Palgrave MacMillan.

Clement, Grace. 1996. *Care, Autonomy, and Justice: Feminism and the Ethics of Care.* Boulder: Westview Press.

Eichner, Maxine. 2010. *The Supportive State: Families, Government, and America's Political Ideals.* Oxford: Oxford University Press.

Engster, Daniel. 2007.『돌봄: 정의의 심장』. 김희강 · 나상원 역. 서울: 박영사.

Engster, Daniel and Maurice Hamington. 2015. *Care Ethics and Political Theory.* Oxford: Oxford University Press.

Gilligan, Carol. 1982.『다른 목소리로』. 허란주 역. 서울: 동녘.

Hamington, Maurice and Maureen Sander-Staudt. 2011. *Applying Care Ethics to Business.* New York: Springer.

Hamington, Maurice and Dorothy C. Miller. 2006. *Socializing Care: Feminist Ethics and Public Issues.* Lanham: Rowman & Littlefield Publishers, Inc.

Held, Virginia. 1995. *Justice and Care: Essential Readings in Feminist Ethics.* Boulder: Westview.

_____. 2006.『돌봄: 돌봄윤리』. 김희강 · 나상원 역. 서울: 박영사.

Herr, Ranjoo Seodu. 2003. "Is Confucianism Compatible with Care Ethics?: A Critique." *Philosophy East and West* 53(4): 471-489.

Howard, Curzer J. 2007. "Aristotle, the Founder of the Ethics of Care." *Journal of*

Value Inquiry 41: 221-243.

Kittay, Eva F. 1999. 『돌봄: 사랑의 노동』. 김희강 · 나상원 역. 서울: 박영사.

Locke, John. 1690[1980]. *Second Treatise of Government*, edited by C. B. Macpherson. Indianapolis: Hackett Publishing Company, Inc.

Paley, John. 2002. "Virtues of Autonomy: The Kantian Ethics of Care." *Nursing Philosophy* 3(2): 133-143.

Noddings, Nel. 1984. *Caring: A Feminine Approach to Ethics and Moral Education*. Berkeley: University of California Press.

Nussbaum, Martha C. 2006. *Frontiers of Justice: Disability, Nationality, Species Membership*. Cambridge, MA: Belknap Press.

Okano, Yayo. 2016. "Why has the Ethics of Care Become an Issue of Global Concern?" *International Journal of Japanese Sociology* 25(1): 85-99.

Petterson, Tove. 2008. *Comprehending Care: Problems and Possibilities in the Ethics of Care*. Lanham, Plymouth: Lexington Books.

Robinson, Fiona. 1999. *Globalizing Care: Ethics, Feminist Theory, and International Relations*. Boulder: Westview Press.

Ruddick, Sara. 2002. 『모성적 사유』. 이혜정 역. 서울: 철학과 현실사.

Sander-Staudt, Maureen. 2006. "The Unhappy Marriage of Care Ethics and Virtue Ethics." *Hypatia* 21(4): 21-39.

_____. 2018. "Care Ethics." *Internet Encyclopaedia of Philosophy*. http://www.iep.utm. edu/care-eth/ (검색일: 2018년 1월 3일).

Sevenhuijsen, Selma. 1998. *Citizenship and the Ethics of Care: Feminist Considerations on Justice, Morality, and Politics*. New York: Routledge.

Slote, Michael. 2007. *The Ethics of Care and Empathy*. London: Routledge.

Tronto, Joan C. 1993. *Moral Boundaries: A Political Argument for an Ethic of Care*. London: Routledge.

_____. 2013. 『돌봄 민주주의』. 김희강 · 나상원 역. 서울: 아포리아.

Walzer, Michael. 1984. *Spheres of Justice: A Defense of Pluralism and Equality*. New York: Basic Books.

Young, Iris Marion. 1999. 『차이의 정치와 정의』. 김도균 · 조국 역. 서울: 모티브북.

_____. 2011. 『정치적 책임에 관하여』. 허라금 · 김양희 · 천수정 역. 서울: 이후.

4 장

돌봄정의(Caring Justice) 개념구성과
한국 장기요양정책의 평가

석재은

왜 돌봄정의가 필요한가?

지난 30여 년간 돌봄정책은 가장 크게 성장한 사회정책 영역이다. 돌봄은 더 이상 가정 내 그림자 노동으로 이뤄지는데 한계를 드러냈다. 노인돌봄 니즈의 급격한 성장은 돌봄니즈에 대한 사회적 관심 제고와 돌봄의 제도화(institutionalization of care) 추동에 크게 기여했다. 길어지는 수명과 인구고령화로 돌봄니즈는 급격히 증가한 데 비해 돌봄을 담당해왔던 가족의 현저한 돌봄역량 약화는 돌봄 공백(care deficit)을 초래했다. 그로 인한 돌봄 위기(care crisis)는 돌봄니즈를 신사회적위험(new social risks)으로 등장케 했다 (Taylor-Goodby 2004).

돌봄위기에 대응한 돌봄의 사회화(socialization of care) 과정에서 현대 복지국가를 구성하고 유지해 온 숨겨진 축(hidden axis)의 일면이 드러났다. 이는 질적으로 새로운 프리즘을 제공했다. 보이지 않던(invisible) 가정 내 돌봄 제공이 비로소 가시적인(visible) 영역으로 드러나게 되었다. 우리 삶에서 돌봄이 생산노동만큼 중요한 축이었음에도 간과해왔음을 비로소 인식하게 했다. 돌봄니즈 충족을 가족의 기능, 특히 여성의 역할로 당연시해왔던 것으로부터 돌봄이 이루어져 온 과정에 대해 새롭게 살펴보기 시작했다. 그동안 돌봄이 어떻게 누구에 의해 제공되어 왔는지 질문하게 되었고, 보이지 않는 돌봄노동을 제공하며 사회적 인정과 자원배분에서 배제

이 장은 같은 제목으로 『한국사회정책』 25권 2호(2018)에 게재된 것을 수정한 것입니다.

되어 왔던 부정의(不正義), 특히 여성편향적 돌봄노동에 따른 젠더 불평등(gender inequality)에 대해 새로운 조명이 이루어지기 시작했다. 데일리와 루이스(Mary Daly and Jane Lewis)가 지적했듯이, 돌봄(care)은 현대 복지국가를 넘어서는 변혁적(transformative) 씨앗을 품고 있다(Daly and Lewis 2000).

돌봄의 제도화로 돌봄니즈 충족의 상당 부분을 사회적으로 책임지게 되었다는 측면에서 돌봄의 사회화는 분명히 진전되었다. 그러나 사회적 돌봄 역시, 보이지 않던 가정 내 돌봄과 마찬가지로 그 연장선에서 돌봄노동자의 희생 – 저임금, 열악한 근로조건, 낮은 사회적 평판 – 에 기반하여 최소한의 사회부담으로 돌봄을 기능적으로 처리하는 접근을 취하고 있다. 돌봄제공자의 돌봄노동에 대한 사회적 인정은 애써 무시하고 돌봄니즈에 대한 최소한의 충족만 인정하는 '절반(折半)의 사회화'로 나타나고 있다. 게다가 사회적 돌봄에서 돌봄니즈의 다양하고 고유한 개별적 맥락에 대한 '인정'은 기대하기 어렵다.

이와 같이 돌봄은 우리 삶과 생명을 유지하는 데 필수적이고 중심적임에도 불구하고, 우리의 돌봄에 대한 이해는 분절적(segmental)이고 돌봄은 여전히 주변화(marginalizing) 되어 있다(Tronto 1993, 2013). 돌봄니즈에 대한 사회적 자원배분을 어느 정도 불가피하게 수용하면서도 남성중심적 시민권 개념에서 여성편향적 돌봄노동의 가치는 여전히 주변화되고 평가절하(平價切下)되어 있다. 돌봄을 주변화함으로써 권력과 특권을 가진 사람들은 기존 사회질서에 대해 근본적 도전을 받지 않은 채 돌봄의 정당한 가치를 지불하지 않고 돌봄을 누리고 있다. 돌봄은 사회필요에 따라 최소한의 사회적 비용으로 기능적으로 처리될 뿐이다. 그러나 돌봄이 정당한 위상을 확보하게 되면 '누가 누구를 돌볼 것인가'의 문제와 함께 평가절하된 돌봄에 기반한 사회질서의 정당성(正當性)이 도덕의 중심 문제가 될 것이다(Tronto 1993, 2013).

이러한 맥락에서 돌봄의 문제를 정의(Justice)의 관점에서 접근할 필요가 있다. 그런데 롤즈(John Rawls) 등 사회계약론(社會契約論)에 입각한 사회정의론은 능력있는 남성 성인들을 사회계약의 주체로 상정하고 있다. 너스바움(Martha Nussbaum)과 돌봄정의에 기여해 온 페미니스트 학자들은 사회계약론에 입각한 정상 성인 남성중심적 정의론의 전제를 근본적으로 수정해야 한다고 강조하며, 사회정의론과 돌봄윤리를 통합한 돌봄정의(Caring Justice) 개념을 발전시켜 왔다(Nussbaum 2002; Tronto 1993, 2013; Sevenhuijsen 1993, 1998; Clement 1996; Kittay 1999, 2002; Dean 2004; Held 2006; Engster 2007). 따라서 이 연구에서는 그동안 페미니스트 학자들의 관심과 노력을 기반으로 발전시켜온 돌봄정의 개념을 낸시 프레이저(Nancy Fraser)의 저작 『지구화 시대의 정의(Scales of Justice)』에서 제시한 3차원 정의기준 ─ (재)분배(redistribution), 인정(recognition), 대표(representation) ─ 에 입각하여 새롭게 구성하고자 한다(Fraser 2008). 이 때 돌봄의 관계적 측면에 주목하여, 돌봄정의 개념을 돌봄수혜자의 돌봄 사회권(社會權)에 대한 측면뿐만 아니라 돌봄제공자의 노동권(勞動權) 측면을 포함하는 통합적(統合的)인 개념으로 구성하고자 한다. 그리고 돌봄정의의 분석틀에 입각하여 돌봄정책의 이념유형(ideal types)을 도출한 다음, 한국 돌봄정책의 중심축인 노인 장기요양정책을 평가해 보고자 한다.

이 연구는 돌봄 관련 기존 연구의 접근과는 다음의 점에서 차별성을 갖는다. 첫째, 돌봄정의 개념을 새롭게 구성한다. 사회정의와 돌봄윤리에 대한 논의를 발전시킨 페미니스트 학자들의 연구성과를 기반으로 프레이저가 제시한 3차원 정의기준인 재분배(redistribution), 인정(recognition), 대표(representation)를 적용하여 새로운 돌봄정의 개념 구성을 시도한다. 돌봄정의의 3차원이 서로 어떻게 상호작용하며 돌봄정의를 구성하는가를 정리하고자 한다(Fraser 2008). 프레이저가 제시한 정의 기준(Scales of Jusitce)은 지구화시대 사회정의의 재구성 차원에서 제안되어, 돌봄정의에 관한 내용을 특수하게 다루고 있지 않다. 이 연구에서는 일반적인 정의 논의를 돌봄정의 차원에서 특수화하여 재구성하는 시도를 하였다는 점에서 차별성을 갖는다.

둘째, 이 연구에서는 돌봄정의 논의를 단지 규범적이고 철학적인 추상적 논의에만 그치지 않고 실질적인 정책차원으로 논의수준을 구체화하는 범위까지 포괄하고자 한다. 돌봄정의의 3개 구성요소들의 측면에서 돌봄정책을 평가하고 재구성을 모색한다. 첫째로 돌봄에 대한 자원분배(redistribution) 측면에서 돌봄정책을 통해 돌봄니즈(돌봄수혜자의 사회권) 및 돌봄노동(돌봄제공자의 노동권)에 대한 사회적 자원이 얼마나 어떻게 할당되고 있는가를 살펴본다. 두번째로 돌봄특수성에 대한 사회적 인정(recognition) 측면에서 돌봄정책에 돌봄 특수성을 반영한 돌봄윤리가 어떻게 반영되고 있는가를 살펴본다. 세번째로 돌봄의 정치화 측면에서 돌봄이 대표(representation)되는가, 즉 돌봄이 얼마나 중심적인 공공아젠다화 되었는가, 그리고 돌봄정책 거버넌스에서 민주적 공공성을 살펴본다.

셋째, 이 연구에서는 돌봄정의 관점에서 돌봄수혜자와 돌봄제공자를 동시에 조명한다. 크니진과 크리머(Knijn and Kremer 1997)는 돌봄수혜자와 돌봄제공자의 욕구와 권리를 모두 충족시키는 포괄적 시민권(inclusive citizenship)을 보장하는 것이 복지국가의 주된 과업이라고 밝힌 바 있다. 기존 돌봄관련 연구들은 돌봄수혜자의 사회권 측면에서만 다루거나 또는 돌봄제공자의 노동권 측면에서만 접근하는 분절적인 접근이 대부분이었다. 돌봄의 관계적 측면에 주목한 연구들도 돌봄 관계적 측면에만 초점을 두는 과정에서 돌봄수혜자와 돌봄제공자 각각의 입장을 균형있게 검토하는 부분은 소홀히 다루었다. 이 연구에서는 돌봄수혜자와 돌봄제공자에 대한 돌봄정책이 지속가능한 돌봄의 선순환을 만들고 돌봄사회로의 변혁을 이끄는 밀접히 연결된 이슈임을 인식하고 통합적(統合的)인 접근을 시도한다.

넷째, 이 연구에서는 돌봄에서 돌봄정책이 포괄하는 범위에 대한 메타인지적 평가를 포함한다. 크니진과 크리머(Knijn and Kremer 1997)가 지적했듯이, 돌봄은 복지국가 분석의 핵심으로서 일상생활에서의 사회적, 심리적, 감정적, 신체적 보호, 유급·무급 활동, 보살핌노동과 자원봉사, 전문적 혹은 도덕적 차원에서 제공하는 돌봄을 모두 포함한다. 그러나 우리가 소위 돌봄정책이라 지칭할 때에는 몇몇 사회적으로 제도화된 돌봄제도, 돌봄정책만을 중심으로 논의한다. 이 연구에서도 노인 장기요양제도를 중심으로 평가한다. 그러나 돌봄정의가 관철되어야 하는 범위는 공식적인 사회적 돌봄뿐만 아니라 자원봉사, 가정 내 돌봄 등 여전히 비가시화된 상태로 남아있는 돌봄영역을 포함하여 훨씬 광범하다는 것을 인식한 상태에서 돌봄정책의 일부를 담당하는 장기요양정책을 평가하고자 한다. 따라서 장기요양정책이 전체 노인 돌봄에서 차지하는 위상을 가늠하고 평가하는 것에서부터 출발하고자 한다. 그래야만 돌봄정책이 사회적 자원배분, 정치적 아젠다에서 얼마나 주변화(marginalization)되어 왔는가를 정확히 인식하고 돌봄정의에 대한 제대로된 논의를 시작할 수 있기 때문이다. 따라서 이 연구는 돌봄정책이 얼마나 주변화되었는가, 사회적으로 불가피한 최소한의 영역, 최소한의 수준에서 매우 제한적으로 개입하고 있는가를 확인하는 것으로부터 출발하고자 한다.

이 글의 구성은 다음과 같다. 돌봄정의를 논함에 있어 존 롤즈의 사회계약론에 기반한 사회정의 접근이 가지는 한계를 페미니스트 돌봄윤리에 관한 저작들을 통해 정리하고, 낸시 프레이저의 3차원 정의기준인 (재)분배, 인정, 대표를 기준으로 돌봄정의 개념을 구성한다. 이 때 페미니스트 돌봄윤리 논의에서 다루어졌듯이 돌봄의 관계적 측면에 주목하여, (재)분배, 인정, 대표 3차원의 돌봄정의 기준을 돌봄수혜자뿐만 아니라 돌봄제공자(노동자)를 포함하는 돌봄정의 개념으로 구성한다. 그리고 (재)분배, 인정, 대표 정의

기준을 기준으로 돌봄정책을 8가지로 유형화한다. 그런 다음, 이 연구에서 정리한 돌봄정의 기준에 따라 한국 장기요양정책을 평가한다. 돌봄수혜자와 돌봄제공자 측면에서 3차원의 돌봄정의 기준에 따라 한국 장기요양정책이 8가지 돌봄정책 유형 중 어느 지점에 위치하는지 평가하며, 돌봄정의로 나아가기 위한 장기요양정책 발전방향을 모색한다.

돌봄정의(Caring Justice)에 관한 이론적 검토

사회계약론의 사회정의를 넘어 돌봄정의로

WHO(2002)에서 발행한 보고서 「Ethical Choices in Long-Term Care: What Does Justice Require?」에서는 사회계약이론에 입각한 존 롤즈의 사회정의에 관한 일반적 접근이 장기요양영역에서 제기하게 만드는 윤리적 이슈들에 대해 논의한다. 장기요양의 윤리적 쟁점을 고찰하는 것은 사회가 사회적 혜택과 부담/의무를 어떻게 분배해야 하는가와 밀접히 관련된다. 제한된 자원을 어떻게 분배하는 것이 합리적인가의 문제, 돌봄이 과도하게 여성들이 감당해야 하는 책임의 문제로 다뤄지고 있는 문제, 자원배분이 전 지역에 공평하게 배분되지 못하는 현실, 장애인을 부차적으로만 고려하는 측면, 생산성이 있는지 여부에 따라 자원을 배분하는 관행 등의 윤리적 문제들이 있다.

존 롤즈로 대표되는 사회계약론에 입각한 사회정의론은 전형적으로 온전하게 기능하는 능력있는 성인들을 사회계약의 주체로 상정하고 있다.[1] 따라서 사회계약론은 타인에게 의지할 수밖에 없어 평등하지 못한 혹은 일생에 걸쳐서 남에게 도움을 받을 수밖에 없는 상황들을 생략한 채 기본적 사회제도를 디자인하고 있다. 사회계약이론이 사회를 상호이익을 위해 협동하는 이성적인 개인들의 집단으로 이상화(理想化)하는 것은 인간의 취약성을 간과한 것이다(Nussbaum 2002). 계약모델에서는 결코 생산적일 수 없는 인구들의 욕구를 충족시켜야 한다는 근거가 명확하지 않다. 건강한 시민들 욕구를 충족하는 것이 우선순위이고 돌봄니스를 가진 자들은 오직 잔여물이나 찌꺼기 – 사회적 협동의 재화를 얻기 위한 경쟁에서 뒤쳐진 사람들에게 할당된 것들 – 만이 주어지는 것처럼 보인다. '잔여물들을 받는 것(receiving leftovers)'은 실제적으로 유효한 것에 대한 은유이자, 의존자들의 정치적 목소리가 약한 현실에 대한 은유이다(Kittay 2002).

너스바움(Nussbaum 2002)은 사회계약론적 전제를 수정하지 않고는 근본적인 문제를 해결할 수 없다고 보았다. 사회의 근본적인 역할은 인간의 취약성이 사람마다 각각 다르다는 전제 하에서 사람들이 돌봄을 받고 잘 살아갈 수 있는 환경을 제공하는 것이다. 따라서 너스바움은 정의이론의 핵심에 역량(capabilities) 개발을 강

---

[1] 롤즈는 자유롭고 평등한 인간상에 근거하는 칸트의 도덕적 인간성과 궤를 같이 하고 있다. 그러나 사회현실에서 핵심적인 영역은 인간본성이 아니라 권력을 중심으로 하는 정치적 관계이다. 현실의 인간은 정치적, 경제적 자원의 불균등과 부족으로 자율적이고 합리적인 결정을 하기 힘든 상황이다. 따라서 롤즈가 가정하고 있는 합리적이고 이성적이고 자율적인 인간본성은 현실에서 발휘되기 어렵다(김기덕 2005, 17-18).

조하며 각 개인들에게 등동한 출발선을 보증함으로써 사회 구성원들 각자의 존엄성을 보장하는 것을 공정한 사회질서로 이해하자고 제안하였다. 이러한 맥락에서 '돌봄'을 사회적 계약 참가자들에게 할당하는 핵심적 재화들의 전면에 놓아야 한다고 하였다(Kittay 2002; Nussbaum 2002).

사회계약론에 입각한 정상 성인 남성중심적 사회정의론에 대한 페미니스트의 비판적 돌봄담론은 정반합(正反合)의 발전을 거쳐 왔다(Clement 1996; Engster 2007). 먼저, 길리건(Carol Gilligan)은 전통적 정의론에 대한 대립으로 돌봄윤리를 발전시켰다. 일반 규칙에 대한 정의론의 강조점과 달리 관계적 도덕성, 특수한 개인에 기초한 지향으로서 돌봄윤리를 강조했다. 나딩스(Nel Noddings)는 돌봄과 정의의 분리를 더욱 강화했다. 돌봄은 특수한 욕구와 타인의 욕구에 집중하며, 정의는 추상적 원칙과 규칙에 집중한다고 구분했다. 따라서 돌봄은 일반적 정의론을 통해서 설명될 수 없으며 정치제도로 구현될 수도 없다고 보았다. 즉 길리건과 나딩스는 여성의 윤리(feminine ethics)로서 돌봄윤리를 규정했다. 돌봄을 여성의 독특한 활동이자 경험으로 규정하며, 남성중심 도덕이론에서 평가절하된 여성의 고유한 생산물로서의 돌봄윤리를 강조했다. 정의의 윤리가 남성적 윤리로 코드화되었듯이 돌봄윤리는 여성적 윤리로 코드화되었다.

반면, 오킨(Susan Okin), 버벡(Bubeck)은 돌봄이론과 정의론의 통합을 시도했다. 돌봄윤리를 정의관점(justice perspective)으로 동화시키고자 했다. 돌봄의 윤리와 정의의 윤리 논쟁은 도덕성에서 이성과 감성의 역할에 대한 칸트/흄(Kant/Hume) 논쟁의 현대판이라고 하면서 대부분의 도덕철학자들이 돌봄에 관심을 가지지 않더라도 도덕이론에는 이미 돌봄윤리를 포함하고 있다고 보았다. 따라서 새로운 관점을 가져오기 보다는 정의의 윤리에 돌봄을 어떻게 포함할 수 있을지를 논의하여야 한다고 보았다(Clement 1996; Engster 2007).

다른 한편, 클레멘트(Clement 1996)는 정의의 윤리와 돌봄의 윤리가 양립가능하지만 돌봄의 윤리를 정의의 윤리로 동화하려는 시도는 문제라고 봤다. 이는 돌봄의 윤리를 정의의 윤리와 동등한 지위를 주는 것이 아니라, 돌봄을 평가절하하고 주변화함으로써 정의의 관점을 통해 돌봄을 해석하여, 결과적으로 성별화된 전통적 위계를 유지하는 것이라고 평가했다. 돌봄윤리를 개인적 맥락에 제한하는 것은 거시적 사회적 이슈에 관심을 가지지 않도록 하며 여성 억압에 도전할 정치적 자원을 제공하지 않는다. 따라서 돌봄윤리의 사회적 맥락에 관심을 가지는 것이 중요하다. 키테이(Kittay 1999)도 길리건과 나딩스의 개인적이고 비정치적 접근은 특정 돌봄관계에 필수적으로 존재하는 사회적 관계의 그물을 인식하지 못한다고 비판한다. 개인은 타인으로부터 지원을 받을 때만 효과적으로 타인을 돌볼 수 있기 때문에 개인적 돌봄관계에 협소하게 초점을 맞추는 이론은 좋은 돌봄관계를 형성하는데 필수적인 사회제도와 정책의 역할을 인식하지 못하게 한다고 비판한다. 헬드(Held 1997) 역시 사회정의 이슈에 관심을 가지지 않는 개인적 돌봄에 대한 강조는 여성과 소수자 집단에게 적절한 인식 또는 보상 없이 돌봄부담을 지우는 기존의 질서를 정당화하는 것이라고 비판했다(Engster 2007). 트론토(Tronto 1993)와 세븐호이젠(Sevenhuijsen 1993, 1998)은 돌봄(care)에 기반한 여성의 윤리와 정의(justice)에 기반한 남성의 윤리를 이분법적으로 구분하는 길리건의 접근을 반박하며, 돌봄은 정의를 위한 전제조건이라고 보았다. 돌봄을 주고 받을 권리는 사회정의의 이슈로 간주되어야 할 필요가 있다고 주장한다(Fine and Glendinning 2005, 605).

이와 관련, 키테이(Kittay 1999)는 돌봄을 둘러싼 사회질서와 정치적 중요성에 대해 강조했다. 키테이는 의존성이 문화적 실천과 편견에 의해 완화되거나 악화된다고 지적한다. 사회질서가 돌봄을 어떻게 조직화하느냐는 사회정의의 문제이다. 누가 돌봄책임을 질 것인지, 누가 돌봄을 직접 제공할 것인지, 누가 돌봄관계와 돌봄관계에 있는 당사자들을 지원할 것인지의 문제들은 사회적이고 정치적인 문제이다. 이는 사회적 책임이자 정치적 의지의 문제이다. 이러한 문제에 어떻게 답하느냐가 완전한 시민권이 모든 사람들에게 확대될 수 있는지의 문제를 결정한다. 의존노동(dependency work)이 성별화되고 사유화된 배경에는 남성이 이러한 책임을 거의 공유하지 않았다는 것, 의존노동의 평등한 분배(성별, 계급별)는 남성의 공적 삶을 출발점으로 삼는 정치적, 사회적 정의(Justice) 논의에서 거의 고려되지 않았기 때문이다. 이러한 출발점은 도덕적, 사회적, 정치적 이론만이 아니며 공공정책 역시 마찬가지이다(Kittay 1999, 1).

돌봄이 인간 삶의 근본적 측면을 구성한다는 사실의 자각은 관계적 존재(關係的 存在)로서의 인간의 본질적 속성의 인정을 의미한다. 상호의존적 인간의 조건을 이해해야 한다는 것이다. 그런데, 너스바움(Nussbaum 2002)은 키테이가 "구성원들의 욕구에 대해 부모와 같이 지원해 주는 국가의 구상"을 위해 개인의 자유와 독립의 이상을 포기하고 있다고 비판한다.[2] 트론토도 상호의존성과 자율성은 양립가능한 것이며, 정의와 돌봄은 대립적인 것이 아니라 양립가능하다고 본다(Tronto 1993, 161).

돌봄수혜자와 돌봄제공자에 대한 돌봄정의

돌봄정의를 고려할 때, 돌봄수혜자뿐만 아니라 돌봄제공자를 함께 고려해야 한다. 키테이(Kittay 1999)는 『돌봄: 사랑의 노동(Love's Labor)』에서 우리 모두가 어떤 어머니의 자녀(some mother's child)라는 것을 상기하면, 우리 모두가 생존하고 발전하기 위해 우리 각자에게 필요했던 돌봄을 생각나게 하고, 나아가 돌봄을 제공했던 이가 있었다는 것을 상기시킨다고 하였다. 사회계약론에 입각한 실제 현실의 간과(看過)는 의존자(dependents)에만 영향을 미칠 뿐 아니라 의존자를 돌보는 노동을 수행하는 의존노동

---

2) 모든 인간이 의존성의 조건에서 태어나지만 자율적이 되도록 배운다는 사실을 무시해서는 안 된다. 삶의 모든 측면에서의 의존성으로 귀결될 필요는 없다. 실제 우리는 돌봄의 목적 중 하나를 의존하지 않는 것이라고 볼 수도 있다. 누군가가 너무 의존적이어서 시민으로 참여할 수 없다 하더라도 이러한 사실이 돌봄을 민주적 가치와 양립하지 못하게 만드는 것은 아니다. 오히려 민주적 가치를 더 긴급하게 만든다. 돌봄이 민주적 사회질서의 맥락에서 일어날 때만 인간 의존성은 본질적인 것이고 극복해야 할 조건으로 인식된다(Nussbaum 2002).

(dependency work)을 제공하는 이들에게도 영향을 미친다(Kittay 2002).[3]

인간은 다른 종에 비해 굉장히 오랫동안 보호를 받아야 하는 존재이다. 이러한 관점에서 볼 때, 인간은 누구나 본질적으로 장애를 가지고 있는 셈이다. 그러나 대부분의 경우 사회환경은 인간은 정상적, 독립적 생활을 할 수 있는 주체라는 기본적 가정 하에 조직되어 있다. 돌봄을 제공하는 사람들에 대한 인식 역시 시민권을 보장할 만큼 충분치 못하다. 돌봄은 주로 여성들의 책임으로 간주되어 왔다. 이는 여성을 타자를 위한 '수단'으로만 인식할 뿐 자신의 삶을 주체적으로 살아가는 대상으로 인정하지 않음을 의미한다. 돌봄을 맡고 있는 여성은 돌봄을 맡고 있지 않은 사람들과 경쟁해야 하는 구도이기 때문에 경쟁력에 한계가 있을 수밖에 없다. 이런 이유로 여성의 시민권은 충분히 인정받지 못하고 있다(Nussbaum 2002).

장기요양보호의 욕구를 충족시킬 때, 대상자들의 욕구뿐만 아니라 돌봄제공자들이 지속가능한 방식으로 돌봄을 제공할 수 있도록 보장하는 시스템을 설계해야만 한다. 돌봄제공자 대부분은 여

---

3) 키테이는 두 가지 이슈에 주목한다. 첫째는 돌봄제공 부담과 이 부담이 돌봄제공자들의 기회에 미치는 영향이고, 둘째는 손상으로 인해 사회자원의 축적에 기여하지 못해왔고 앞으로도 할 수 없는 돌봄수혜자의 지위에 관한 것이다. 우리가 어떤 어머니의 자녀라는 것은 돌봄사회(Caring Society)가 시민에게 장기요양보호를 제공하는 것뿐만 아니라, 질병이나 노령으로 저하된 능력이나 만성 질환 등을 갖는 개개인들이 그들이 할 수 있는 한 오래도록 온전하게 기능하게 하는 데 도움이 되는 환경과 법제도, 태도를 만들어 줘야 한다는 것을 함의한다(Kittay 2002).

성인데, 돌봄으로 인해 돌봄제공자들이 소진되지 않도록 보장하는 사회적 지원이 반드시 있어야 한다(Daniels and Sabin 2002).

현대복지국가의 대안으로 제시되는 돌봄국가는 공적윤리인 돌봄윤리를 규범적 원리로 운영되는 국가로서, 의존적인 정상성에 바탕을 둔 인간관, 상호의존적이고 돌봄관계에 기반한 사회관, 공공 돌봄윤리가 작동할 수 있도록 돌봄수혜자와 돌봄제공자를 모두 보호하는 정부의 역할을 충실히 하는 정부관을 전제로 한다(김희강 2016).

또한, 키테이는 돌봄수혜자와 돌봄제공자 관계에서 권력의 불평등(inequality of power)과 불평등 관계에서 지배(domination)하는 행위를 구분할 필요가 있음을 지적한다(Fine and Glenndinnig 2005). 키테이의 돌봄관계에서 권력의 불평등은 특수하다. 모든 불평등이 지배가 되는 것은 아니다. 지배는 의지에 반해서 도덕적으로 정당하지 않은 목적을 위해 다른 사람에게 권력을 행사하는 것이다. 지배관계가 아니라면 권력불평등은 정의 및 돌봄과 양립가능하다. 지배관계가 되지 않도록 하는 것은 돌봄제공자와 돌봄수혜자 모두의 의무이다(Kittay 1999, 33). 돌봄제공자와 돌봄수혜자는 모두 돌봄관계를 지배관계로 만들 수 있다. 돌봄제공자는 돌봄수혜자를 학대할 수 있고, 돌봄제공자는 원치않는 방식으로 학대받을 수 있다(Kittay 1999, 35).

돌봄제공자와 돌봄수혜자 관계는 신뢰관계여야 한다. 돌봄관계의 성공여부는 돌봄제공자와 돌봄수혜자의 관계에 놓여있지 않다. 의존관계가 성공적이려면 돌봄제공자와 돌봄수혜자 모두가 생존과 복리에 요구되는 자원에 접근할 수 있어야 한다(Kittay 1999, 37). 이러한 맥락에서 독립은 비의존이 아니라 관계적 자율성(relational autonomy)으로 이해되어야 한다(Mackenzie and Stoljar 2000).

돌봄에 대한 자원배분 정의

돌봄에 대한 사회적 자원할당과 돌봄의 책임분담에 관한 쟁점이다(Tronto 2013). 돌봄의 제도화 규모는 돌봄에 대해 사회적 자원을 얼마나 할당하는가, 즉 자원할당의 규모와 직접적으로 관련 있다. 사회적 돌봄의 문제가 지금까지는 지나치게 경제적 관점에서 '효율성'의 문제로 다루어지는 경향이 있다. 이에 따라 노인이나 장애인 돌봄은 자주 그들의 존엄성이나 자존감을 파괴하는 방식으로 제공되고 있다. 돌봄을 제공하는 사람을 착취하는 것도 문제이다. 돌봄을 제공하는 사람도 마찬가지로 자존을 위한 사회적 기반이 마련되어야 한다. 그러나 대체로 돌봄은 유급노동으로 인정받지 못하며, 돌봄이라는 일 자체의 가치도 제대로 인정받지 못하고 있다. 직장을 다니거나 성공을 하는 것에만 큰 가치가 부여되고 있기 때문에 집에서 혹은 파트타임을 하며 돌봄을 담당하고 있는 사람들은 우울증이나 무가치함을 느낄 위험이 크다. 따라서 돌봄 문제는 정책실행의 문제일 뿐 아니라 규범적 사고의 문제로서 다뤄져야 한다. 사회적 기본가치는 돌봄을 제공하는 사람과 돌봄을 받는 사람 모두에게 중요하다(Nussbaum 2002).

돌봄의 제도화로 비공식적, 사적영역에서 이루어지던 돌봄이 공식적, 공적영역에서 이루어지게 되었지만, 돌봄노동에 대한 낮은 가치평가와 돌봄노동에 대한 인색하고 부당한 자원배분은 돌봄의 진정한 사회화를 제약하고 있다. 돌봄이 이루어지는 장이 비공식적 영역에서 공식 영역으로 바뀌었을 뿐 여전히 돌봄노동의 주요 담지자가 여성이라는 성별 노동분업은 공고하고, 비공식 무급 여성노동의 연장선상에서 돌봄노동에 대한 시장가치 평가는 절대적 기준 및 상대적 기준에서 모두 형편없이 낮다. 가족 가부장제하의 젠더분업으로 여성이 돌봄을 전담한 것과 같이, 국가 가부장제 하에서도 여성이 대부분인 돌봄제공자가 돌봄을 제공하는 것으로 바뀌었을 뿐이다. 돌봄노동에 내재된 불평등한 성별 돌봄책임 분담은 지속되고 사회적 인정과 가치평가는 여전히 낮다. 돌봄의 사회화가 사회적 돌봄니즈에 대한 사회적 대응차원에서 기능적 필요성을 충족시키는 데 그치고 있을 뿐이다. 가시화된 돌봄영역을 통해 새롭게 조명된 돌봄에 내재된 불평등한 젠더질서를 변혁하고 돌봄노동에 대한 사회적 인정과 가치평가를 새롭게 해야 한다는 페미니즘 영역의 전향적 요구가 반영되지 않았음을 의미한다. 현행 돌봄정책이 기능적 필요에 의해 돌봄의 제도화라는 외피를 갈아입고 기존 젠더질서와 계층구조를 유지하고 공고화하는 데 오히려 기여하고 있지 않은가에 대한 비판적 문제의식이 존재한다. 즉 현행 돌봄제도화는 저평가된 돌봄노동을 중하층 여성에게 편향적으로 전가시키는 계층 불평등, 성불평등으로 유지될 뿐이다.

한편 돌봄책임의 분담은 돌봄의무와 밀접히 관련되어 있다. 돌봄이 특별히 취약한 자에게만 필요한 것이 아니라 우리 모두가 돌봄을 필요로 하는 의존적 존재라는 점에 돌봄책임의 보편성이 바탕하고 있다. 우리는 독립성, 정상성 담론에 익숙해 있지만, 인간은 본질적으로 의존적 존재이며, 누군가의 돌봄으로부터 자유롭지 않은 존재이다. 여기에서 돌봄의 보편적 권리와 돌봄의 보편적 의무 및 책임이 제기된다. 모든 인간의 삶 유지에 돌봄은 필수적이며, 모든 인간이 의존적 존재라는 의존의 보편성, 의존의 정상성을 전제로 할 때, 우리 모두는 돌봄을 받을 권리와 함께 돌봄의 의무와 책임이 있다. 그리고 돌봄책임을 평등하게 분담해야 한다. 이는 함께 돌봄(caring with)이라는 돌봄민주주의를 위한 돌봄 아젠다가 정치의 중심 아젠다가 되는 것을 의미한다(Tronto 2013).

돌봄의 특수성과 돌봄윤리

돌봄은 관계적이다. 헬드는 돌봄은 돌봄관계로 이해되어야 하므로 가치를 포함하는 실천이어야 하며, 돌봄윤리가 필수적이라고 강조한다(Held 2006, 30). 따라서 돌봄실천이 돌봄의 관계적 특성을 반영한 돌봄윤리를 구현하고 있는가가 쟁점이다(Kittay 1999; Held 2006; Hamington and Miller 2006; 황보람 2009; 마경희 2010; 석재은 2011; 남찬섭 2012; 석재은 2014; 석재은 외 2015; 김희강 2016; 이선미 2016; 홍찬숙 2017).

돌봄은 인간이 본질적으로 관계적 존재이며 상호의존적인 존재라는 점을 새롭게 조명해준다. 돌봄윤리는 모든 사람들이 보편적이고 표준화된 동일한 돌봄니즈를 가지고 있다고 전제하기보다는 서로 다르다는 차이를 인정함으로써 특수하고 개별적인 돌봄니즈를 인정하고 구체적으로 반응하는 것과 관련된다. 돌봄윤리가 구체적, 특수적 개인에 주목하는 것은 맥락감수성(contextual sensitivity) 또는 세심한 배려(attentiveness)로 표현된다(Tronto 1993, 127; 남찬섭 2012, 109). 타자의 인정을 강조하는 돌봄윤리는 반응성(responsiveness)으로 표현된다(Tronto 1993, 136; 남찬섭 2012, 111). 반응성은 상대방 입장에서 상대방을 이해하고 인정하는 것이다. 반응성은 상대방이 자신이 처한 상황과 맥락에서 타자성을 마음놓고 표현할 기회와 공간을 보장하는 섯이며, "낯선 타인의 속성이 발휘되도록 적극 배려하며 인정(Honneth 2011, 248)" 하는 것이다(남찬섭 2012, 112).

따라서 '보편적으로 공평하게'라는 사회정의의 원칙하에 표준화되고 규격화된 일반적인 잣대로 돌봄니즈를 설정하는 것은 돌봄윤리 관점에서는 부적절하다. 돌봄윤리는 서로 다른 맥락에서 다를 수밖에 없는 니즈의 차이를 인정하고 서로 상이한 니즈에 관심을 갖고 반응해야 한다고 믿기 때문이다. 즉, 표준화되고 일반화된 최소한의 보편적인 돌봄니즈만 대응하는 것으로는 불충분하며, 돌봄의 개별적인 니즈에 세심하게 배려적이며, 반응적인 돌봄을 제공하는 것이 필요하다. 이러한 맥락에서 돌봄니즈의 특수성을 인정하고 돌봄니즈에 세심하게 반응하는 돌봄윤리를 구현하는 실천적 돌봄을 어떻게 보장할 수 있을 것인가가 쟁점이 되고 있다. 중앙화되고 동질적인 국가수준의 돌봄정책은 보편적이고 공평한 권리보장에는 적합하지만, 서로 다른 차이를 인정하고 다양한 돌봄을 제공할 수 있는 돌봄윤리를 구현하기 어렵기 때문이다. 따라서 지방분권이 돌봄니즈의 맞춤 대응을 위한 유연한 재량 인정에 더 적합한 조건이라는 주장이 제기된다(최영준 · 최혜진 2016).

돌봄정의(Caring Justice) 개념 구성

낸시 프레이저의 재분배 – 인정 – 대표 3차원 정의기준

낸시 프레이저는 저작 『지구화 시대의 정의(Scales of Justice)』에서 경제적 차원의 재분배(redistribution), 문화적 차원의 인정(recognition), 정치적 차원의 대표(representation) 등 3차원의 정의 기준을 제시했다(Fraser 2008, 20).

분배와 인정은 서로 다른 철학적 전통을 갖고 있다. 분배는 전통적 자유주의자들의 강조점을 사회민주주의적 평등과 통합시키며 사회경제적 분배를 정당화하는 정의관을 제시하였다(Fraser and Honneth 2003, 27-28). 인정은 헤겔 철학 정신현상학에서 유래하였다. 주체들 사이의 이상적 상호관계를 의미하며, 각자는 상호관계 속에서 타자를 자신과 동등하면서도 분리된 존재로 본다. 상호주관성이 주관성에 대해 우선성을 가진다. 인정은 분배와 달리 도덕과 구분되는 '윤리'에 속하는 것으로, 자기실현과 좋은 삶이라는 실체적 목표를 촉진하는 것으로 이해된다(Fraser and Honneth 2003, 28). 낸시 프레이저는 자원배분의 불평등, 계급 불평등 등 분배정의와 구분하여 인정이라는 정의기준이 독자적으로 유지되어야 하는 이유로 젠더의 이차원적인 사회적 차별로 인한 부정의를 예로 든다. 젠더에 관한 부정의는 사회경제적 구조에서 계급과 유사한 분배 부정의에 의한 차별처럼 보인다. 그러나 이는 반쪽에 불과하며, 젠더는 계급과 유사한 신분차별이기도 하다. 남성중심주의는 남성성과 연결된 특징들에는 특권을 부여하는 반면 여성적인 것으로 코드화되는 모든 것들은 평가절하된다. 젠더는 분배궤도에 위치한 계급차원과 인정궤도에 위치한 신분차원을 결합시킨다(Fraser and Honneth 2003, 44-46).

또한, 프레이저(Fraser 2008)는 정치적 대표가 분배, 인정과 더불어 3차원의 정의기준을 구성해야 한다고 하였다. 프레이저는 정치적인 특성이 가지는 환원불가능성을 강조하며, 가장 중요한 정의의 일반적 원칙은 동등한 참여(parity of participation)라고 강조했다. 동등한 참여 원칙이 관철되지 않으면 세 차원의 정의가 모두 관철될 수 없다는 점을 밝히고 있다. 동등한 참여가 이루어지지 않으면, 분배 부정의 또는 불평등한 분배로 고통받게 되며, 신분불평등 또는 무시로 고통받게 되며, 정치적 부정의 또는 대표불능으로 고통받는다(Fraser 2008, 108-109). 대표가 정치적 정의를 대표하는 핵심이라면, 정치적 부정의는 대표불능(misrepresentation)이다. 대표불능은 공동체 일원으로서 의사결정에 동등한 참여 기회를 부정당할 때 발생하는 일상적 부정의와 함께 보다 심층적으로는 잘못 설정된 틀(misframing)로 인한 부정의로, 사회정의에 관한 질문들의 틀이 잘못 설정되었을 때 발생한다. 이는 메타-정치적 부정의를 의미한다(Fraser 2008, 20, 40-41).

돌봄정의(Caring Justice) 개념 구성: 낸시 프레이저의 재분배 - 인정 - 대표 3차원 정의기준의 적용

돌봄정의에 관한 페미니스트 학자들의 선행연구들을 바탕으로 프레이저의 3차원 정의기준을 적용하여, 돌봄정의(Caring Justice) 개념을 구성하였다. 첫째, (재)분배(redistribution)는 돌봄에 대한 사회적 자원할당과 책임분담을 의미한다. 돌봄에 대해 사회적 자원을 얼마나 할당하고 있는가의 문제이다. '돌봄에 대한 사회적 책임을 어느 범위까지, 어느 수준까지 인정하고 포괄하고 있는가?,' '돌봄수혜자에 대한 돌봄을 받을 권리, 돌봄의 사회권을 어느 정도까지 인정하고 있나?,' '돌봄제공자의 돌봄노동에 대한 사회적 보호, 돌봄제공자의 노동권을 어느 정도까지 인정하고 있나?'에 대한 문제이다.

또한 누가 누구를 돌볼 것인가? 돌봄혜택과 돌봄제공 책임의 분배는 어떠한가? 돌봄을 둘러싼 권력관계, 돌봄제공과 젠더, 인종, 계급이 어떻게 결합되는지 살펴볼 필요가 있다. 그러나 트론토(Tronto 1993)의 지적처럼 사적 돌봄을 공적 삶으로 모두 가져올 필요는 없다. 오히려 돌봄이 시민들에게 타인에 대한 상황을 인식하도록 하는 하나의 실천으로 이해된다면 정치적 삶의 민주화에 기여할 수 있다(Tronto 1993, 168). 크니진과 크리머(Knijin and Kremer 1997)는 돌봄은 포괄적 시민권을 달성하기 위한 주요한 전제로서, 돌봄할 시간을 보장받는 욕구와 돌봄을 받는 욕구가 권리로서 인정되어야 할 것을 주장하였다.

둘째, 인정(recognition)은 돌봄의 관계적 특성에 입각한 돌봄윤리와 관련된다. 보편적이고 동질적인 인간을 상정하고 공평성과 공정성을 강조하는 사회정의 관점과 달리 돌봄윤리(care ethics) 관점은 인간의 의존적 특성을 정상적이고 보편적인 것으로 전제하고 사람들이 저마다 놓여있는 맥락적 상이성과 그에 따른 니즈의 차이를 인정하는 것을 강조한다. 서로 각기 다른 맥락에 존재한다는 차이를 인정하는 맥락적인 감수성과 세심한 배려심을 강조한다. 돌봄윤리 관점은 인정의 정치(politics of recognition)를 통해 가능하다.

또한 돌봄제공자의 관점에서는 재량권을 강조한다. 스웨덴의 체비헬리(Szebehely 2007)의 연구결과에 따르면, 좋은 돌봄은 돌봄관계의 연속성(continuity)과 충분한 시간(sufficient time), 매일 상호작용에 대한 재량적 판단(discretion)이 전제되어 있다(석재은 2014, 231 재인용). 이 때 재량적 판단은 경험에서 체득된다. 클레멘트는 자율적인 돌봄을 성취하려면 공적정의의 가치와 사적돌봄의 가치 간의 구분이 사라져야 한다고 본다. 유급돌봄 노동에서 자율적인 재량적 돌봄은 돌봄수혜자와의 밀접한 상호작용을 통해 얻은 지식을 신뢰하는 것이다. 이는 공적영역이 보편적 규칙에 의해 관리될 수 있고 관리되어야 한다는 전통적 관념에 도전하는 것이다. 특수성에 민감한 규칙을 적용하는 것은 공적시설에서의 돌봄의 특수한 윤리를 인정하는 것이다.

한편, 사사타니 하루미(笹谷春美 2008)에 따르면, 돌봄노동의 전문성은 '깊은 공감력'과 '신체돌봄 및 가사의 기술'뿐만 아니라 '시간-장소-목적(TPO)'에 따라 필요한 업무를 행할 수 있는 '총합

판단력'을 의미한다(석재은 2014, 231 재인용). 돌봄노동자는 신체 개호에 관한 확실한 기술(skill)과 함께 상대 반응을 이해하고 감지하는 커뮤니케이션 능력 또는 공감력이 필요하다. 이러한 '판단력'은 지금까지 개인의 자질과 여성성으로 간주되어 의식적으로 교육의 대상으로 거의 다루어지지 않았다. 그러나 이러한 능력이야말로 남녀에 한정되지 않고 돌봄교육 근간에 자리잡을 수 있어야 하며, 돌봄노동의 '전문성'관(觀)의 패러다임 전환이 필요하다. 사사타니 하루미(笹谷春美 2008)는 이러한 전문성은 상당한 경험의 축적이 있어야 가능한 것이므로, 이에 부합하는 사회적 보상과 처우가 필요하다고 강조했다(석재은·류임량 2018 재인용).

셋째, 대표(representation)는 돌봄의 정치화와 돌봄정치 거버넌스에 돌봄당사자가 참여하는 것을 의미한다. 돌봄을 정치의 중심 테이블에 올려놓고 돌봄의 사회적 책임과 자원배분을 논의하는 공공아젠다화가 필요하다. 또한 돌봄정책 결정에 돌봄수혜자 및 돌봄제공자가 참여하는 민주적 공공성을 담보하는 것이 필요하다. 이를 통해 돌봄당사자의 목소리가 돌봄정책 결정에 반영되는 돌봄정의가 실현됨으로써 지속가능한 돌봄생태계를 만들어갈 수 있다.

또한 돌봄정책에 대한 메타-돌봄정의 관점에서 근본적인 성찰을 통해 돌봄부정의한 기존 질서에 대해 근본적인 도전적 질문을 제기해야 한다. 예컨대, 돌봄이 주변화되는 방식은 첫째, 돌봄제공 책임 귀착의 편향성이다. 길리건의 해석처럼 돌봄은 여성의 일로서 주변화된다. 또한 돌봄은 젠더뿐 아니라 돌봄노동을 사회에서 낮은 지위를 가진 사람의 일로 만들면서 사회적으로 구성된다. 사회에서 낮은 지위를 가진 사람들이 돌봄을 제공하는 사람들이고 높은 지위를 가진 사람들은 다른 사람에게 돌봄을 떠넘기는데 있어 우월한 지위를 사용한다. 일반적으로 돌봄정책을 결정하고 자원을 할당하는 특권층 사람들은 돌봄의 실제 과정과 기본 욕구의 충족에 직접적으로 대응하지 않는다. 또한 특권층은 비용을 지불했다는 것으로 돌봄문제가 해결된 것으로 착각한다. 그 비용으로 돌봄제공자가 생활은 되는지, 그들의 아이는 어떻게 돌보아지는지에 대해서는 관심이 없다(Tronto 1993).

한편, 무급돌봄에서 돌봄과 자율성의 갈등의 극복을 위해서는 가족에서의 권력의 재분배를 요구하는 근본적인 사회변화가 요구된다(Clement 1996, 65). 가정 내에서 이루어지는 모든 돌봄을 의식적으로 살펴보고, 여성을 돌봄의 일차적 제공자로 보는 것이 아니라 여성과 남성간에 공평하게 분배하여야 한다. 경제적 의존성 보

[그림 1] 돌봄정의(Caring Justice) 개념구성: 낸시 프레이저(Nancy Fraser)의 3차원 정의기준(분배-인정-대표)의 돌봄 적용

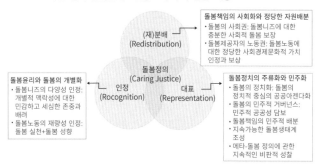

출처: 필자 작성.

156

다는 호혜성에 기반한 돌봄이 되어야 한다. 이러한 돌봄책임의 재분배는 사적 영역을 전적으로 돌봄의 영역으로 보는 전통적 개념에 도전하는 것이며, 정의의 윤리를 가족관계에 적용하는 것이다.

돌봄정의와 돌봄정책 유형

돌봄의 3차원 정의기준─(재)분배, 인정, 대표─을 돌봄정책에 적용하면, [표 1]과 같다. (재)분배(redistribution) 정의는 돌봄책임을 얼마나 사회화하였는가, 돌봄책임의 사회화 정도로 평가한다. 돌봄책임의 사회화를 돌봄수혜자와 돌봄제공자 입장에서 구분해 보면, 돌봄수혜자 입장에서 (재)분배 정의는 돌봄의 사회권(社會權)으로 정의되며, 돌봄제공자 입장에서는 돌봄의 노동권(勞動權)으로 정의된다. 돌봄책임의 사회화에 대한 기존의 접근이 돌봄니즈에 대한 사회적 책임, 사회권에 초점이 두어져 있었다면, 여기에서는 돌봄제공자의 노동권도 돌봄의 사회화 측면에서 포함하여 평가한다는 점에서 차별적이며 포괄적이다.

돌봄사회권은 두 가지로 구성된다. 첫째는 돌봄니즈에 대한 사회적 인정 범위이다. 둘째는 돌봄니즈에 대한 사회적 자원배분 수준이다. 돌봄니즈에 대한 사회적 자원배분의 크기는 돌봄대상의 포괄성, 돌봄(급여) 제공의 적절성, 돌봄비용의 사회화 수준의 함수이다.

돌봄노동권은 두 가지 측면으로 구성된다. 첫째는 공식, 비공식으로 제공되는 돌봄노동이 사회적으로 어느 정도까지 가시화되고 인정되고 있는가의 측면이다([그림 2] 참조). 돌봄노동에 대한 화폐적 보상과 관계없이 돌봄노동이 사회적 인정범위에 포함되어 가시화된 정도를 의미한다. 사회적으로 책임지겠다고 인정한 돌봄니즈에 대해서만 돌봄의 제도화가 이루어짐으로써 비가시적 영역에서 이루어지던 돌봄의 일부만이 가시적 영역으로 전환된 것이다. 여전히 상당한 돌봄이 비공식영역에서 비공식돌봄으로 이루어지며, 비가시적 영역에 남아있다. 이제 모든 돌봄을 가시적인 영역으로 드러내고 돌봄책임의 민주적 배분에 대해 논의하는 것이 필요하다. 이것이 모든 돌봄을 사회적 돌봄으로 제도화하자는 것은 아니다. 모든 돌봄을 가시적인 영역으로 드러낼 때 비로소 돌봄의 사회적 책임을 평등하고 민주적으로 분담하는 돌봄사회(Caring Society)를 논의할 수 있다는 의미이다.

둘째는 돌봄노동에 대한 사회적 자원배분 수준의 문제이다. 돌봄노동에 대한 사회경제적 가치평가, 즉 공식적 돌봄노동에 대한

[그림 2] 돌봄의 가시화 측면에서 돌봄의 제도화 및 사회화: 돌봄사회를 향하여

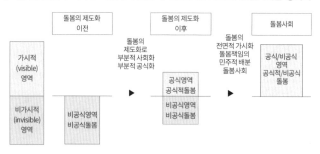

출처: 필자 작성.

사회경제적 보상의 적절성 문제이다.

인정(recognition)정의는 돌봄제공에서 돌봄의 특수성을 인정하고 돌봄윤리를 실천하는가 측면에서 평가한다. 인정(recognition)정의, 돌봄윤리(care ethics)는 돌봄을 제공하는 방식에 국한되는 것은 아니다. 돌봄니즈 인식과 돌봄수혜자 및 돌봄제공자 등 돌봄당사자에 대한 자원의 배분과 같이 앞서 분배영역에서 다룬 이슈와도 긴밀히 연결되어 있다. 그러나 여기서는 분배, 대표와 구분되는 고유한 영역의 인정정의, 돌봄윤리 측면을 돌봄제공의 실천적 측면에서 주로 다룬다.

인정정의가 관통되는 돌봄윤리의 핵심은 관계적 타자성의 인정이다. 관계적 측면이란 공공성, 공동체성에 대한 상호 책임성을 의미하며, 타자성의 인정이란 낯선 타자의 존재를 있는 그대로 인정하는 것을 의미한다. 따라서 관계적 타자성은 연대적인 책임성 속에서 타자성을 인정하는 것이다. 타자성에 대한 인정은 돌봄수혜자가 처해진 상황의 맥락성에 대한 세심한 배려와 반응성이다.

도덕적 가치로서 돌봄윤리는 사회의 모든 구성원에게 좋은 돌봄을 보장하는 것이다(Tronto 2013). 돌봄수혜자 입장에서 돌봄윤리는 돌봄니즈의 고유한 맥락성을 인정하고 세심하게 배려하는 세심한 배려(attentiveness), 돌봄니즈에 대해 개별화(individualization)된 맞춤 대응하는 반응성(responsiveness)으로 평가한다. 이는 포스트포디즘 체제의 다양한 니즈에 대한 유연한 맞춤 대응과 궤를 같이 한다.

돌봄제공자 입장에서 돌봄제공 윤리는 돌봄제공자의 재량(discretion)인정이다. 체비헬리(Szebehely 2007)와 사사타니 하루미(笹谷春美 2008)는 돌봄제공자의 재량권을 돌봄제공자 입장에서 돌봄노동의 특성을 인정하는 도덕적 윤리라고 보았다. 돌봄제공자의 재량은 돌봄노동의 독특한 전문성을 이해하는 데에서 출발한다. 돌봄은 돌보는 행위, 돌보는 기술의 능숙성(competency)에 더하여 돌봄성향의 세심한 배려(attentiveness)가 포함되는 전문적이고 가치를 담은 실천(practice)이다.

대표(representation) 정의는 돌봄의 징치화를 의미한다. 트론토는 돌봄윤리의 도덕적 가치는 중요한 출발점이지만 불충분하며, 여기에 정치적 맥락이 필요하다고 하였다. 그렇지 않을 경우 돌봄은 젠더화되고 사적 책임으로 남게 된다는 것이다(Tronto 2013). 따라서 대표는 돌봄 아젠다를 어떻게 우리 모두의 관심을 모으는 중심적인 정체적 아젠다로 만들 것인가, 돌봄정치의 주류화(mainstreaming)를 평가한다. 또한 사회적으로 인정된 돌봄책임이 어떻게 민주적으로 배분되는가를 평가한다. 즉 사회적으로 가시화되고 인정된 돌봄책임이 성별, 계층별, 인종별로 편향되지 않고 어떻게 민주적으로 배분되는가의 돌봄의 정치적 측면을 평가한다. 돌봄의 정치화를 통해 돌봄 아젠다를 공공정치의 중심적인 아젠다로 만들고, 돌봄거버넌스에 돌봄수혜자와 돌봄제공자의 참여를 보장하며, 돌봄정의의 관점에서 돌봄니즈 및 돌봄노동을 재설정(reframing)하는 것을 평가한다.

[표 1] 돌봄의 3차원 정의와 돌봄정책: 돌봄수혜자와 돌봄제공자에 대한 포괄적 적용

	(재)분배 (Redistribution) 돌봄책임의 사회화와 정당한 자원배분	인정 (Recognition) 돌봄윤리와 돌봄의 개별화	대표 (Representation) 돌봄정치의 주류화와 민주화
돌봄수혜자	돌봄사회권 • 돌봄니즈의 사회화 – 돌봄니즈에 대한 사회적 인정 • 돌봄니즈에 대한 정당한 사회적 자원배분 – 돌봄대상의 포괄성 – 돌봄(급여)제공의 적절성 – 돌봄비용의 사회화	돌봄니즈의 개별성 인정 • 돌봄니즈의 고유한 맥락성 인정: 세심한 배려 (attentiveness) • 돌봄니즈에 대한 개별화된 맞춤 대응: 반응성(responsiveness)	돌봄니즈의 정치아젠다화와 돌봄수혜자의 거버넌스 참여 • 돌봄의 중심적인 공공 아젠다화 • 돌봄수혜자의 돌봄정책 의사결정거버넌스 참여 • 돌봄니즈에 대한 사회적 프레이밍(framing)
돌봄제공자	돌봄노동권 • 돌봄노동에 대한 사회적 인정 – 돌봄노동에 대한 가시화, 공식화와 사회적 인정 • 돌봄노동에 대한 정당한 사회적 자원배분 – 돌봄노동에 대한 정당한 경제적 가치 인정과 노동권 보장 – 돌봄노동에 대한 정당한 사회문화적 가치 인정	돌봄제공의 재량 인정 • 돌봄노동 전문성 인정 – 돌봄기술의 능숙성 (competency) + 돌봄성향의 세심한 배려(attentiveness) • 돌봄노동 재량성 (discretion) 인정 – 총합판단력 – 재량적 돌봄	돌봄제공의 정치아젠다화와 돌봄제공자의 거버넌스 참여 • 돌봄제공의 중심적인 공공아젠다화 • 돌봄책임의 민주적인 배분(돌봄민주주의) – 성별, 계층별, 인종별 편향없는 사회적 돌봄책임의 민주적 배분 • 돌봄제공자의 돌봄정책 의사결정거버넌스 참여 • 돌봄제공자에 대한 사회적 프레이밍 (framing)

출처: 필자 작성.

돌봄의 3차원 정의가 돌봄정책에 어떻게 반영되는가에 따라 돌봄정책을 유형화할 수 있다([표 2] 참조). 분배정의는 그 실현 정도에 따라 돌봄책임의 개인화와 돌봄책임의 사회화 및 정당한 자원배분으로 구분된다. 인정정의는 돌봄니즈 및 특성 무시와 돌봄윤리 및 돌봄의 개별화로 구분된다. 대표정의는 그 실현 정도에 따라 돌봄정치의 주변화와 돌봄정치의 주류화 및 민주화로 구분된다.

이와 같이 돌봄의 3차원 정의가 잘 실현되느냐 그렇지 않느냐에 따라 2^3=8개의 돌봄정책 유형으로 구분할 수 있다. 돌봄의 3차원 정의기준이 잘 실현되면 1, 그렇지 않으면 0으로 코딩하면, 0-0-0부터 1-1-1 정책유형으로 구분된다. 3차원 돌봄정의 기준에 모두 부합하지 않는 0-0-0 유형은 보이지 않는 돌봄(Invisible Care) 유형으로 명명할 수 있다. 반면, 3차원 돌봄정의 기준에 모두 부합하는 1-1-1유형은 돌봄사회(Caring Society) 유형으로 명명할 수 있다.

[표 2] 돌봄의 3차원 정의와 돌봄정책 8개 유형

선택 차원 선택 대안	(재)분배 돌봄책임의 개인화(0) vs. 돌봄책임의 사회화와 정당한 자원배분(1)	인정 돌봄니즈와 특성 무시(0) vs. 돌봄윤리와 돌봄의 개별화(1)	대표 돌봄정치의 주변화(0) vs. 돌봄정치의 주류화와 민주화(1)	유형 코딩	유형명명
1	돌봄책임의 개인화(0)	돌봄니즈와 특성 무시(0)	돌봄정치의 주변화(0)	0 − 0 − 0	보이지 않는 돌봄 (Invisible Care)
2	돌봄책임의 개인화(0)	돌봄니즈와 특성 무시(0)	돌봄정치의 주류화와 민주화(1)	0 − 0 − 1	
3	돌봄책임의 개인화(0)	돌봄윤리와 돌봄의 개별화(1)	돌봄정치의 주변화(0)	0 − 1 − 0	
4	돌봄책임의 개인화(0)	돌봄윤리와 돌봄의 개별화(1)	돌봄정치의 주류화와 민주화(1)	0 − 1 − 1	
5	돌봄책임의 사회화와 정당한 자원배분(1)	돌봄니즈와 특성 무시(0)	돌봄정치의 주변화(0)	1 − 0 − 0	
6	돌봄책임의 사회화와 정당한 자원배분(1)	돌봄니즈와 특성 무시(0)	돌봄정치의 주류화와 민주화(1)	1 − 0 − 1	
7	돌봄책임의 사회화와 정당한 자원배분(1)	돌봄윤리와 돌봄의 개별화(1)	돌봄정치의 주변화(0)	1 − 1 − 0	
8	돌봄책임의 사회화와 정당한 자원배분(1)	돌봄윤리와 돌봄의 개별화(1)	돌봄정치의 주류화와 민주화(1)	1 − 1 − 1	돌봄사회 (Caring Society): 돌봄의 사회화, 개별화, 주류화

출처: 필자 작성.

돌봄정책 8유형을 정육면체로 표현하면, [그림 3]과 같다. 돌봄 책임의 사회화와 정당한 자원배분(분배정의), 돌봄윤리와 돌봄의 개별화(인정정의), 돌봄정치의 주류화 및 민주화(대표정의) 3개 축을 기준으로 돌봄정책 8개 유형을 이념형으로 구분할 수 있다.

[그림 3] 돌봄정의의 3차원과 돌봄정책의 8유형

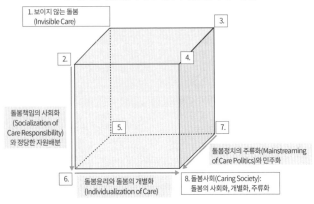

출처: 필자 작성.

한국 장기요양정책의 평가

돌봄책임의 사회화 및 정당한 자원배분

한국 장기요양정책은 돌봄책임을 얼마나 사회화하고 있는가? 먼저, 돌봄의 사회권 측면에서 장기요양니즈의 사회적 인정범위 및 자원배분 수준을 살펴보자. 돌봄니즈에 대한 사회적 인정범위 및 자원배분 수준은 세 가지 측면에서 평가할 수 있다. 첫째는 전체 노인 또는 돌봄니즈를 가진 집단 대비 사회적 돌봄의 수급률을 평가하는 것이다. 두 번째는 사회적 돌봄에서 포괄하는 급여수준 범위를 평가하는 것이다. 세 번째는 사회적 돌봄에 대한 수급자 비용부담을 평가하는 것이다.

첫째, 사회적 돌봄 수급률 측면에서 살펴보자. 한국의 노인 장기요양제도는 노인장기요양보험과 노인돌봄종합서비스(일명 노인돌봄바우처)로 구성된다. 노인장기요양보험은 65세 이상이거나 64세 미만 중 노인성질환으로 장기요양이 필요한 경우 장기요양인정을 신청, 심사를 거쳐 인정등급을 받아야 한다. 노인장기요양보험은 2018년부터 6등급에 해당하는 인지지원등급 확대가 이루어졌다. 2018년 기준 장기요양인정자는 65세 이상 노인 738만 명 중 8.3% 수준인 약 61.2만 명이다(통계청 2018; 국민건강보험공단 2018). 노인돌봄바우처는 65세 이상 노인 중 장기요양보험에서 등급외 판정을 받고 가구소득이 중위소득 160% 이하인 경우에 수급자격이 주어지는데, 수급자는 65세 이상 노인의 0.7% 수준인 4.8만 명이다(보건복지부 2018). 따라서 전체 노인의 9.0%, 66만 명이 사회적 돌봄을 받고 있다고 할 수 있다. 여기에 요양병원에 입원하고 있는 44.2만 명 중 상당수가 장기요양대상자라는 점을 감안하면 장기요양대상에 대한 사회적 돌봄 비율은 상당하다. 요양병원 입원자 중 50%만을 장기요양대상으로 간주한다고 해도, 전체 노인의 11.9%인 88.1만 명이 사회적 돌봄을 받고 있다고 할 수 있다.

OECD(2017) 보고서 「Health at a Glance 2017」에 따르면 OECD

국가의 평균 고령화율은 17%이며 장기요양수급률은 12.8%이다. 인구고령화율을 감안하여 장기요양수급률이 OECD 평균 추세를 따른다고 가정하면, 2018년 기준 한국의 고령화율 14.3% 수준에서 적정 장기요양수급률은 약 10.8%이다. 한국의 장기요양보험 및 노인돌봄바우처를 포함한 장기요양수급률이 9.0%인 것을 고려하면, OECD 평균에 비해 한국의 장기요양수급률이 1.8%p 낮은 수준이며, OECD 평균의 83.3% 수준이라 할 수 있다. OECD 평균에 비해서는 낮은 수준이지만, 아직 한국에 후기고령인구비율이 낮은 것을 고려하면 수급률이 많이 낮다고 보기는 어렵다. 더욱이 현재 요양병원 입원자 44.2만 명의 50%를 노인장기요양 대상으로 포함한다면, 한국에서 사회적 돌봄 수급률은 11.9%가 되므로 인구고령화율을 감안한 OECD 평균 수급률 수준은 10.8%보다 오히려 1.1%p 높다고 할 수 있다.

한편, 노인장기요양보험 수급권을 받기 위해 등급인정심사를 신청한 94.9만 명을 돌봄니즈가 있는 집단으로 고려한다면, 돌봄니즈를 가진 노인 중 사회적 돌봄을 받는 노인은 69.5% 수준이며, 돌봄니즈가 있으나 사회적 돌봄을 받지 못하는 노인은 28.9만 명으로 돌봄니즈를 가진 노인 중 30.5%라고 할 수 있다. 그런데 요양병원 입원자 중 50%를 포함한다면, 사회적 돌봄을 받지 못하는 노인은 7.8만 명으로 돌봄니즈를 가진 노인 중 8.2%로 크게 줄어든다.

둘째, 급여수준 측면에서 살펴보자. 장기요양인정자의 65%와 노인돌봄바우처 수급자는 집에서 사회적 돌봄을 받으므로 재가서비스 기준으로 살펴보도록 하자. 방문요양서비스를 기준으로 3등급 기준 월급여상한(119만원)내에서 이용할 수 있는 서비스 시간은 약 81시간 정도이다. 월기준 총 720시간 중 사회적 돌봄 서비스 시간은 약 81시간으로, 전체 시간 중 서비스시간 포괄 비율은 11.3% 수준이다. 좀 더 현실적으로 필요서비스시간 대비 서비스시간 충족률을 고려하기 위해 입소시설의 서비스시간을 참고할 수 있다. 현재 입소생활시설에 요양보호사 배치가 2.5인당 1인인데 3교대가 이루어지는 것을 감안하면 사실상 7.5인당 1인이므로 돌봄 수혜자에게 1일 3.2시간, 월기준 96시간이 할당되고 있다. 또한 간호인력 및 사회복지사 서비스시간은 1일 0.5시간, 월기준 15시간이 할당된다. 이를 합하여 온종일 필요한 신체적 돌봄 서비스 필요시간을 1일 3.7시간, 월기준 111시간으로 설정할 수 있다. 이를 참고 기준으로 보면, 필요서비스 시간 대비 사회적 돌봄으로 제공되는 재가서비스 시간은 73.0%를 충족하고 있다고 볼 수 있다.

셋째, 수급자 비용부담 측면에서 살펴보자. 장기요양인정자가 사회적 돌봄에 대해 본인부담으로 지불하는 비용은 재가서비스의 경우 서비스가격의 15%이고, 시설은 급여비 중 본인부담금 20%와 비급여인 식재료비(약 22.5천원) 포함 시 서비스가격의 약 30%이다.

이상의 분석적 결과를 고려할 때, 돌봄을 받을 권리인 사회권 측면에서 한국의 장기요양정책은 완전하다고는 할 수 없지만 상당한 수준의 성과를 거두고 있다고 평가할 수 있다. 특히 수급률 측면에서 OECD 평균의 83.3% 수준이고, 돌봄니즈 집단의 69.5%가 수혜를 받고 있다. 요양병원 입원자 50%를 포함하면, OECD 평균수준의 110% 수준이고, 돌봄니즈 집단의 92.8%를 포괄하는 수준이다. 급여수준은 방문요양 기준 평균 월 81시간으로, 생활시설 온종일 서비스시간 기준과 비교하면 필요서비스시간의 73.0%를 사회적으로 책임지고 있다고 할 수 있다. 비용은 재가서비스 기준으로 장기요양급여비용의 85%를 사회적으로 책임진다.

다음으로는 돌봄의 노동권 측면에서 돌봄책임의 사회화 및 정당한 자원배분을 평가해 보자. 두 가지 측면에서 평가한다. 첫째는 공식적이고 사회적으로 인정된 돌봄노동의 비중과 여선히 보이지 않은 채 이루어지는 비공식 돌봄노동의 비중을 평가한다. 두 번째는 사회적으로 인정된 돌봄노동에 대하여 정당한 사회적 자원배분이 이루어지고 있는가를 평가한다.

첫째, 돌봄노동의 가시화 정도와 사회적 인정범위이다. 실제로 제공되는 비가시화된 비공식적 돌봄노동을 추정하기는 어렵기 때문에 사회적으로 인정하는 공식적 돌봄노동의 크기를 통해 역으로 추정할 수밖에 없다. 앞에서 살펴본 방문요양 서비스시간을 공식적 돌봄노동시간이라고 볼 수 있다. 월 총 720시간 중 약 81시간을 공식적 돌봄노동으로 제공하며, 사회적으로 인정하고 있다. 앞서 살펴본 입소생활시설의 신체적 돌봄 서비스 필요시간 인정기준인 월 111시간을 참고한다면, 총 신체적 돌봄 필요시간의 27.0%인 약 30시간을 비공식돌봄노동으로 책임지도록 가정하고 있다고 할 수 있다. 여기에 식사, 세탁, 청소, 외출동행 등 비공식돌봄노동시간을 1일 3시간, 월 90시간으로 추정하여 합산하면, 총 120시간을 비공식돌봄시간이라고 추정할 수 있다. 이는 보이지 않고 사회적으로 인정하지 않는 비공식돌봄노동시간이 공식적인 돌봄노동보다 약 1.5배 많이 이루어진다는 것을 의미한다. 더욱이 입소생활시설의 필요서비스시간이 실제 필요보다 작게 설정되었다는 비판을 고려하면, 실제 비공식돌봄노동 비중은 더 클 수도 있다.

둘째, 돌봄노동에 대한 사회적 자원배분의 규모이다. 한국 장기요양보험 비용규모는 2018년 기준 7조원 규모이며, 노인돌봄바우처 예산규모는 1천 5백억 원 수준으로, 사회적 돌봄 관련 사회적 지출은 총 7.2조 원이며 GDP 대비 0.4% 수준이다. 한편, 건강보험을 적용받는 요양병원 비용규모도 7조 원 수준이다. 따라서 장기요양 관련 사회적 비용을 모두 합하면 GDP 대비 0.8% 수준에 이른다. OECD 평균이 GDP 대비 1.4%인 것과 비교하면, 장기요양 및 노인돌봄바우처 지출만 고려하면 OECD 평균 공적 장기요양 지출수준의 28.6% 수준에 불과하며, 사회적 돌봄 지출에 요양병원까지 합한 사회적 지출 기준으로도 OECD 평균의 57.1% 수준이다.

장기요양비용은 수급자규모, 급여수준, 급여수가(가격)의 함수이다. 장기요양 급여수가는 곧 돌봄노동에 대한 보상수준으로 볼 수 있다. 장기요양수급률은 OECD 평균의 70.3%($=9.0\%/12.8\%$) 수준이며, 요양병원 입원자의 50%를 포함하면 OECD 평균의 93.0($=11.9\%/12.8\%$)에 이른다.[4] 이에 비해 한국의 장기요양비용은 OECD 평균 대비 28.6%($=0.4/1.4$, 장기요양보험 및 노인돌봄바우

---

4) 여기서의 OECD 평균 대비 장기요양수급률은 앞의 분석과 달리, 인구고령화율 차이를 감안하지 않은 비교이다. 장기요양비용도 인구고령화율을 감안하지 않은 비교이기 때문에 동일한 기준에서 제시하였다.

처 지출 포함) 내지 57.1%(=0.8/1.4, 장기요양보험, 노인돌봄바우처 및 요양병원 지출 포함) 수준이다. 이와 같이 장기요양 수급률에 비해 장기요양 사회적 지출수준은 상대적으로 매우 낮다. 지출수준에 영향을 미치는 요인에는 수급자규모 외에 급여수준 및 급여수가의 영향을 고려해 볼 수 있다. 국가들 간에 장기요양 급여종류나 급여포괄 범위 차이가 크게 나지 않는 것을 감안하면, 결국 비용의 현격한 차이는 낮은 급여수가, 특히 돌봄노동에 대한 낮은 임금수준에 기인한다고 보는 것이 타당할 것이다.

돌봄노동에 관한 여러 선행 연구들은 돌봄노동자의 임금수준 및 근로조건 등이 매우 열악하며, 그 원인으로 여성편향적으로 젠더화된 돌봄노동에 대한 평가절하로 상대적으로 임금불이익을 받고 있기 때문이라고 분석하고 있다(석재은 2008, 2011, 2015, 2017; 홍경준·김사현 2014; 이주환·윤자영 2015).

[그림 4] 공적 장기요양비용의 GDP 대비 비율(%)

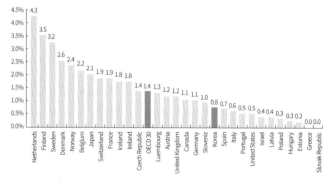

출처: OECD(2017)

이상에서와 같이 돌봄의 노동권 측면에서의 돌봄의 사회화 및 정당한 자원배분을 평가한 결과를 정리하면, 첫째, 보이지 않는 비공식 돌봄노동의 비중이 사회적으로 인정받는 돌봄노동의 1.5배에 달할 것으로 추정된다. 따라서 돌봄책임의 사회화와 돌봄책임의 민주적 배분을 논의하기 위해서는 공식 돌봄노동보다 더 큰 비중을 차지하는 비공식 무급 돌봄노동을 가시화시켜야 하고, 비공식 돌봄노동에 대한 사회적 인정과 정당한 자원배분에 대해 논의해야 한다. 그러나 비공식 돌봄노동을 모두 공식 돌봄노동으로 제도화하자는 의미는 아니다. 그보다는 돌봄의 사회적 책임을 민주적으로 배분하는 돌봄사회를 만들기 위해 비공식 돌봄노동을 사회적으로 가시화시켜야 한다는 것이다.

둘째, 공식적 돌봄노동은 젠더화된 무급 비공식돌봄노동의 연장선에서 평가절하됨으로써 임금불이익을 받으며 정당한 사회적 자원배분을 받지 못하고 주변화(marginalization)되었다. 정부는 낮은 노동비용에 기반하여 낮은 급여수가를 적용함으로써 돌봄의 사회적비용 부담을 낮추는 정책전략을 사용해 온 것으로 평가된다 (석재은 2008, 2017). 돌봄제공자는 공식노동임에도 불구하고 여전히 그림자 영역에 놓여 있다. 젠더코드화된 무급 돌봄노동의 연장선에 있는 돌봄제공자에게 완전한 시민권을 부여하고 있지 않다. 사회적 돌봄에 경제적 효율성을 우선가치로 추구함으로써 돌봄노동에 대한 가치를 평가절하했다. 경제적 효율성에 대한 우선적 가치부여가 돌봄제공자의 정당한 노동권에 대한 희생을 대가로 한다는 사회적 자각이 거의 부재하다. 돌봄수혜자의 사회권과 비교해 볼 때도 돌봄제공자의 노동권이 훨씬 더 취약하게 다뤄져 왔다고 평가할 수 있다. 이와 같이 돌봄제공자는 비공식돌봄노동자는 물론이고 공식돌봄노동자도 마찬가지로 정당한 사회적 자원배분에서 배제되어 왔다. 따라서 돌봄정의를 위해 돌봄제공자의 노동권 측면에서 정당한 사회적 자원배분이 재논의되어야 한다.

돌봄윤리와 돌봄의 개별화

돌봄윤리는 돌봄제공 실천과정에서 돌봄당사자의 관계적 타자성이 인정되고 있는가에 대한 평가이다. 돌봄수혜자 니즈에 대한 세심한 배려와 반응성은 한국의 장기요양정책이 돌봄제공 실천 과정에서 돌봄수혜자 니즈에 대해 얼마나 세심한 파악을 하고 있는가, 돌봄니즈에 대해 얼마나 개별화된 돌봄제공 실천이 이루어지고 있는가를 평가한다. 또한 돌봄제공자의 총합적 판단에 대한 전문성과 재량성에 대한 인정은 한국의 장기요양정책의 돌봄실천 현장이 돌봄제공자가 얼마나 자율성과 재량성을 발휘할 수 있도록 여건이 만들어져 있는가라는 측면에서 평가한다.

한국 장기요양정책에서 장기요양니즈는 일상생활동작, 인지기능, 문제행동, 간호, 재활 영역 등 개인의 신체적, 정신적 측면에서 도움이 필요한 정도에 대해 표준화된 욕구평가 도구로 측정된다. 신체적, 정신적인 어려움 외에 각 개인의 인구사회경제적인 상황요인, 맥락적 측면은 고려되지 않는다. 개별적인 특수한 상황은 장기요양니즈 평가에 고려되지 않는다. 예컨대, 가족과의 동거 여부, 수발자 여부, 주거상태, 소득수준, 특별한 질환상태, 거주지역 환경 등은 노인의 개별적인 돌봄니즈에 실질적으로 영향을 미치지만, 장기요양제도의 욕구평가 고려대상은 아니다. 표준화된 욕구평가 도구에 포함된 보편적인 니즈만을 장기요양니즈의 평가대상으로 삼고, 그것에 따라 장기요양 필요정도를 5등급 및 인지지원등급으로 구분한다. 한국 장기요양정책은 국가가 책임지고 운영하는 중앙화된 장기요양 '보험급여'로 설계하였기 때문에 '동일니즈 동일급여'와 같은 공평성을 중시한다. 보험급여의 특성에 맞게 각각 상이하고 복잡한 니즈를 동일하게 취급할 수 있도록 평가해주는 표준화된 니즈평가 도구가 필수적이고, 그 평가에 따라 동일한 급여수준을 보장한다. 따라서 제도설계에서 개별화된 니즈평가는 상당부분 의도적으로 무시되었다.

한국의 장기요양정책에서 돌봄제공 실천과정은 반응적 실천, 개별화된 서비스 제공을 허용하는가? 장기요양생활시설의 예를 생각해보면, 그 대답은 부정적이다. 노인요양시설의 인력배치기준은 노인 2.5인당 요양보호사 1명이다. 1일 3교대를 생각하면 요양보호사 1인당 돌보는 노인은 7.5인이다. 상당한 도움이 있어야 일상생활을 할 수 있는 노인 7.5인을 1명의 요양보호사가 돌보는 환경에서 각각 상이한 개인의 개별적인 니즈에 반응적으로 대응하는 것을 기대하기는 어렵다. 시설의 돌봄윤리, 돌봄문화에 개별성에 대한 강조는 거의 부재하다. 대량생산 대량소비의 산업사회 규범이 적용되는 실천현장이다. 마치 찰리 채플린의 '모던타임즈'에 나온 장면과 같이 쉴 틈 없이 반복적으로 동일한 노동을 하는 생산라인 노동자처럼 요양보호사들에게 정신없이 수행해야 할 일들이 밀려온다. 개별노인들의 개별적 니즈를 헤아리고 반응할 마음의 틈, 몸의 틈이 주어지지 않는다. 즉 노인요양시설은 돌봄수혜자 노인의 개별적 니즈에 민감하게 반응하며 개별적인 '돌봄실천'이 이루어지는 곳이라기보다는 최소한의 인력으로 신속하고 정확하게 필요한 기능적 '돌봄노동'을 하는 현장이다. 최근 돌봄수혜자 노인의 자율적 선택권을 인식하는 노인요양시설이 등장하면서 개인의 니즈를 반영할 수 있는 간식, 식사 일부 등 영역에 노인 자율적 선택을 인정하려는 시도가 이루어지고 있긴 하다. 그러나 매우 제한적이다. 대체로는 구조적 여건상 기능적 돌봄만 가능하다.

한편, 개별가정에서 이루어지는 방문요양서비스 등은 돌봄수혜자와 가족의 영향력이 지나치게 지배적이다. 장기요양제도 도입초기에는 더욱 그러했다. 현재는 요양보호사를 구하기 어려워지면서 권력관계가 조정중이다. 방문요양서비스 시간 동안 수행하는 구체적인 돌봄내용을 정하는 몫이 거의 돌봄수혜자 및 가족에게 주어진 것처럼 간주되어 왔다. 이러한 맥락에는 돌봄서비스 시장화와 이용자 선택권을 강조한 정책설계가 크게 자리잡고 있다. 돌봄서비스 제공자의 경쟁시장 도입과 이용자 선택권 강조는 이용자에게 보다 반응적인 서비스를 수행하라는 정책의도가 내재된 것이었다. 그러나 현실은 시장화의 선순환보다는 악순환으로 인한 역기능이 지배했다(석재은 2015, 2017). 이용자 선택권 강조는 돌봄제공자의 고용여탈권을 가진 무소불위(無所不爲) 권력으로 이해되었다. 이용자에게 엄청난 권력자원이 주어진 것처럼 여겨졌다. 돌봄수혜자와 가족은 천박(淺薄)한 소비자주의 트랩에 빠졌다. 스노비즘

(snobbism)에 스스로 갇혀 자기소외를 낳고 있었다. 김홍중(2009, 84)은『마음의 사회학』에서 "스놉(snob)은 인정을 열망하다가 인정의 목적을 잊는다. 이것이 아이러니다. 그는 주체가 없다. 자신이 갖고 있는 자원과 그 자신을 혼동한다"고 일갈했다.

최악의 경우, 돌봄의 실천적 가치는 사라지고 돌봄을 매개로 오고 간 '돈'만 남는 상호소외의 현장이 펼쳐진다. 돌봄수혜자 또는 돌봄제공자에 대한 남용이 발생하고, 관계적인 돌봄노동의 특성은 일찌감치 사상되고, 돌봄구매와 고용여탈권을 매개로 한 탈인간화되고 상품화된 기능적 돌봄만 남는다. 돌봄의 공공성과 돌봄윤리는 그렇게 침식당한다.

정책은 이러한 의도하지 않은 최악의 상황을 통제할 수 있는가에 그 역할이 있다. 그러나 지난 10년간 한국의 장기요양정책은 돌봄제공 현장에서의 상호 착취적 남용에 대해 무방비였다. 오롯이 돌봄수혜자와 돌봄제공자의 개인적인 선한 의지(Good will)에 돌봄실천의 질과 제도의 명운이 맡겨졌다.

한국 장기요양 돌봄제공 현장은 '노동현장'이지 돌봄가치를 담은 '실천현장' 여건이 되지 못하고 있다. 돌봄제공자는 실천경험의 성찰적 비판으로 성숙한 총합적 판단력을 발휘할 기회를 좀처럼 갖지 못한다. 재량도 별로 주어지지 않는다. 여기서 재량(discretion)은 재가서비스 현장에서 일정한 틀 없이 돌봄이 이루어지는 '마음대로'와는 질적으로 다른 것이다. 재량은 전문적 · 총합적 판단력을 바탕으로 돌봄수혜자에게 세심한 배려와 반응성 있는 돌봄을 실천하는 전문성을 자율적으로 발휘하는 것을 의미한다. 그러한

측면에서 한국의 장기요양 돌봄제공 현장은 모던하지도 포스트모
던하지도 못한 전근대적인 상태이다. 표준적이고 과학적으로 돌봄
제공 실천이 규율되는 모던한 상태에도 도달하지 못하였고, 더욱
이 모던을 넘어 돌봄수혜자의 개별적인 맥락과 독특한 니즈에 대
해 민감하고 반응적으로 돌봄을 실천하는 포스트모던적 대응은 더
욱 기대하기 어려운 실정이다.

돌봄정치의 주류화와 민주화

장기요양정책을 추동해온 돌봄정치의 주체는 누구인가? 돌봄
당사자인 돌봄수혜자와 돌봄제공자는 돌봄정치에 참여할 기회를
보장받고 있는가? 돌봄책임은 민주적으로 평등하게 배분되고 있
는가? 돌봄은 지속가능한 생태계를 조성하고 있는가?

한국의 장기요양정책에서 돌봄정치의 주체는 정부였다. 돌봄수
혜자와 돌봄제공자 모두 돌봄정치에서 배제되어 있다. 돌봄당사자
들은 장기요양정책 결정과정과 장기요양정책의 문제점에 대해 목
소리를 낼 수 있는 참여구조를 갖고 있지 못하다. 정부의 장기요양
정책은 돌봄니즈 충족에 초점을 맞추고 있으며, 최소한의 비용으
로 돌봄니즈를 충족하기 위해 돌봄제공자 노동권은 무시되고 있
다. 돌봄수혜자 입장에서도 돌봄니즈 대응은 정부정책의 편의대로
규격화되고 재단되어 이루어진다. 돌봄윤리가 반영되는 돌봄니즈
인정은 무시되고 있다. 이와 같이 돌봄에 대한 분배정의, 돌봄윤리
가 반영되는 인정정의가 실현되지 않는 부정의는 돌봄정치의 부재
에 그 원인이 있다.

돌봄생태계의 지속가능성은 돌봄수혜자 및 돌봄제공자가 함께 돌봄정치에 참여하여 돌봄의 공공성(公共性)을 만드는 데에서 시작된다. 중앙정부 중심의 위로부터의 규격화되고 획일적인 공평성을 앞세운 것이 아니라 지역을 기반으로 돌봄당사자 참여와 민주적인 협의를 통한 미시적 돌봄정치가 돌봄의 주류화를 이끌고 돌봄생태계의 지속가능성을 담보할 것이다.

한국 장기요양정책 유형은 1유형과 5유형의 사이에 존재한다. 돌봄책임의 사회화에 진전이 있었으나, 특히 돌봄제공자에 대한 부당한 낮은 자원분배에 기반하고 있어 절반의 사회화라고 할 수 있다. 돌봄은 정부정책의 보편적 공평성에 초점을 두고 규격화된 니즈 충족으로, 개별화된 돌봄니즈의 인정과 반응성 있는 돌봄은 기대하기 어렵다. 돌봄제공자의 재량이 발휘될 수 없는 상황이다. 돌봄은 주변화되어 있으며, 최소한의 비용으로 기능적 처리에 초점이 있다. 돌봄정치가 부재한 상황에서 돌봄정책도 주변화되고 돌봄은 사회유지의 한 부분으로서 소비되고 있을 뿐이다. 아직 돌봄정치를 통해 돌봄을 생산노동과 함께 사회의 중심축으로 세우는 근본적인 변혁을 품은 도전은 부재하다.

[표 3] 돌봄의 3차원 정의기준에서 현행 한국 장기요양정책의 평가: 돌봄수혜자와 돌봄제공자에 대한 포괄적 돌봄정의 적용

	(재)분배 (Redistribution) 돌봄책임의 사회화와 정당한 자원배분	인정 (Recognition) 돌봄윤리와 돌봄의 개별화	대표 (Representation) 돌봄정치의 주류화와 민주화
돌봄수혜자	돌봄사회권	돌봄니즈의 개별성 인정	돌봄니즈의 정치아젠다화와 돌봄수혜자의 거버넌스 참여
돌봄수혜자	• 돌봄수혜자 사회권 보장 비교적 양호 – 수혜범위: 인구고령화 감안한 OECD 평균의 83.3%(요양병원입원 50% 합산시 110.2%), 돌봄신청자의 69.5%(요양병원입원자 합산시 92.8%) 보장 – 급여수준: 시설기준 온종일 신체적 돌봄 필요시간의 73.0% 보장 – 비용부담: 재가기준 85%, 시설기준 70% 사회보장 ⇨ 돌봄의 사회권 보장의 지속가능성 필요	• 대상화된 돌봄수급자와 돌봄니즈에 대한 기능적 해결 접근 ⇨ 세심한 배려, 반응적인 돌봄 • 서비스시장 도입과 이용자 선택권 부여가 천박한 소비자주의(스노비즘)에 갇힌 자기소외 발생 ⇨ 성숙한 상호존중하는 돌봄문화 필요	• 돌봄 아젠다의 주변화 ⇨ 돌봄의 중심 공공아젠다화: 돌봄의 주류화(mainstreaming of care) • 공론장에서 배제된 돌봄수혜자 목소리 ⇨ 돌봄수혜자의 돌봄정책 의사결정거버넌스 참여
돌봄제공자	돌봄노동권	돌봄제공의 재량 인정	돌봄제공의 정치아젠다화와 돌봄제공자의 거버넌스 참여
돌봄제공자	• 비가시화된 비공식돌봄 제공 비중 60.0%, 공식 돌봄제공의 1.5배:	• 비개별화되고 돌봄윤리가 보장되지 않는 기능적 돌봄과 재량	• 돌봄책임에 대한 제한적 인식과 제한적 공론화

⇨ 돌봄의 가시화 필요 • 장기요양비용(GDP 대비) OECD 평균 대비 28.6%, 또는 57.1%(요양병원 합산시) 불과: 주로 낮은 수가, 특히 낮은 인건비 기인 ⇨ 장기요양에 대한 사회적 자원배분 제고 필요 • 공식 돌봄노동 가치의 평가절하와 돌봄의 주변화(marginalization): ⇨ 특히 돌봄노동의 사회경제적 가치 재평가 및 노동권 강화 필요	을 발휘할 수 없는 돌봄제공 ⇨ 반응적인 돌봄제공을 위해 재량이 발휘되는 돌봄실천 필요 • 상품화된 기능적 돌봄만 남아 돌봄윤리 및 공공성 침해 ⇨ 돌봄윤리 및 공공성 보장되는 돌봄실천 필요	⇨ 돌봄책임 및 제공의 중심 공공아젠다화: 돌봄의 주류화(mainstreaming of care) • 공론장에서 배제된 돌봄제공자 목소리 ⇨ 돌봄제공자의 돌봄정책 의사결정거버넌스 참여 • 계층화되고 젠더화된 돌봄책임과 돌봄제공 ⇨ 사회적 돌봄책임의 민주적 배분 ⇨ 돌봄생태계 지속가능성 제고

출처: 필자 작성.

[그림 5] 돌봄정의의 3차원과 한국 장기요양정책의 유형

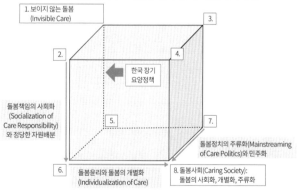

출처: 필자 작성.

돌봄정의를 위한 과제: 돌봄사회(Caring Society)를 향하여

돌봄정의(Caring Justice)는 단순히 사회정의에 돌봄윤리를 포함하여 덧붙이는 개념이 아니다. 사회정의가 애초에 배제하고 있던 보이지 않던 그림자 세계인 공식 및 비공식 돌봄 영역을 가시적 영역으로 드러냄으로써 비로소 온전히 보이게 되는 사회 부정의(不正義)에 직면하여, 돌봄이라는 질적으로 새로운 차원의 정의기준을 포함함으로써 사회정의 개념을 완전히 새롭게 구성하는 것이다. 돌봄정의는 기존 사회정의의 보완적 개념이 아니라 사회정의 개념을 새롭게 구성하는 사회정의 대안개념으로 제안되었다. 지구화시대 정의기준을 정리한 프레이저(Fraser 2008)의『지구화 시대의 정의(Scales of Justice)』에서 제시된 3차원 정의 기준, 분배(redistribution), 인정(recognition), 대표(representation)은 사회계약론에 기반한 사회정의론이 배제해왔던 돌봄영역에 대해 페미니스트의 비판적인 성찰 작업과 궤를 같이 하며, 나아가 국민국가 틀을 넘어 초국가화되는 지구화시대에 정의기준의 갈등을 고민하며 새로운 정의기준을 제시하였다. 이 연구에서는 프레이저의『지구화 시대의 정의(Scales of Justice)』의 3차원 정의기준을 돌봄정의 개념으로 구체화하고 재구성하였다.

이 연구는 '돌봄정의(Caring Justice) 개념구성을 통해 왜 돌봄의 사회화가 현대복지국가를 넘어서는 변혁(transformation)의 가능성을 품고 있는가?,' '대안적 사회체제로 제안되는 돌봄사회(Caring

Society)는 왜 돌봄의 주류화(Mainstraming of Care)와 돌봄의 민주화(Democracy of Care)를 통해서 비로소 가능할 것인가?'에 대해 답하고자 하였다.

현대 복지국가는 돌봄을 새롭게 등장한 사회적 위험의 하나로 기능적으로 대응해왔다. 돌봄을 '취약한 사람을 돌보는 취약한 시민'으로 주변화(marginalization)하며 기존 사회질서와 정의개념에 도전하지 않는 위협적이지 않은 방식으로 기능적으로 돌봄을 처리해왔다. 젠더부정의(不正義)와 결합하여 돌봄을 생산노동만큼 중요한 사회의 중심축으로 인정하지 않고 애써 외면해왔다. 돌봄의 제도화로 돌봄제공자가 보이지 않던 비공식영역에서 가시적인 공식영역으로 일부 나왔지만 젠더코드화된 돌봄노동의 평가절하로 돌봄제공자는 여전히 완전한 시민으로 처우받지 못한다. 그림자가 드리워진 영역에서 돌봄제공자는 계층화되고 젠더화되고 때로는 국경을 넘어 이민자화되면서 시민권을 온전히 취득하지 못한 채 사회가 필요로 하는 돌봄을 제공하는 '수단'으로 동원되고 있다. 장기요양정책을 비롯한 돌봄의 제도화는 경제적 효율성의 가치를 앞세워 최소한의 비용으로 돌봄니즈에 대응하는 것이 사회적 성과로 포장된다. 돌봄수혜자의 돌봄니즈를 충족하는 뒤켠에서 경제적 효율성 가치에 동원되며 희생당하는 돌봄제공자의 호소는 묵살당하며, 더 취약하여 침묵이 강요된 집단에서 동원을 계획한다.

이러한 맥락에서 돌봄은 어떻게 현대복지국가를 넘어서는 대안적인 변혁의 씨앗을 품고 있는가? 돌봄이 생산노동만큼이나 우리 삶의 중요한 축이라는 것은 이미 자명하다. 공식, 비공식 돌봄

구분을 해체하고 돌봄을 전면적으로 가시적 영역으로 드러내는 것이 필요하다. 또한 우리는 관계적 존재라는 인식으로의 변화가 필요하다. 돌봄의 사회적 책임은 우리 모두에게 있다. 트론토 (Tronto 2013)의 주장과 같이 돌봄에 대해 모두 함께 책임지는 '함께 돌봄'이 민주주의 정치의 핵심 아젠다가 되어야 한다. 우리 삶을 지탱하는 모든 돌봄에 대해 우리가 정확히 인식하고 함께 책임질 수 있도록 돌봄을 정치적 논의 중심에 올려놓아야 한다. 돌봄책임의 민주적인 배분에 대해 협의해야 한다. 그 협의과정에 돌봄당사자들이 참여할 기회를 보장받아야 한다. 이와 같이 주변화된 돌봄(marginalized care)에서 돌봄의 주류화(mainstreaming of care)로 패러다임 대전환이 필요하다.

이러한 돌봄의 정치화, 돌봄의 주류화를 통해 돌봄을 둘러싼 분배 정의와 돌봄을 둘러싼 인정 정의가 실현될 수 있을 것이다. 돌봄책임의 사회화가 이루어지고, 돌봄수혜자뿐만 아니라 돌봄제공자에게도 정당한 사회적 자원배분이 제공됨으로써 돌봄사회권과 돌봄노동권이 보장되어야 한다. 장기요양정책에서 돌봄사회권에 비해 의도적으로 무시되어온 돌봄제공자의 노동권을 담보해내야 한다. 돌봄일자리 개선과 사람 중심(person-centered) 돌봄환경 조성을 위하여 돌봄서비스에 대한 사회적 자원의 할당 수준을 적정수준으로 높여야 한다. 돌봄을 둘러싼 자원배분 정의기준이 효율성이 아니라 정당성이 되어야 한다.

돌봄 관계 참여자 간 상호 인정뿐만 아니라 사회적 인정이 있어야 한다. 인정은 자원할당의 필요조건이지만, 충분조건은 아니다. 원활

한 소통과 협력적 관계(partnership), 협력적 거버넌스(governance)가 중요하다.

관계적 타자성을 인정하는 돌봄윤리에서 돌봄관계는 전근대적 비공식적 가족관계의 단순한 확장이 아니라, 보편적 인간에 대한 깊은 존중과 따뜻한 애정이 있는 공식적이고 전문적인 관계이다. 돌봄제공 과정에서 돌봄제공자에게 총합적 판단력과 재량권이 발휘될 수 있도록 해야 한다. 돌봄관계는 돈으로 환원되는 물화된 관계가 아니다. 생명의 존중, 일상생활의 소중함에 대한 인식이 새롭게 되어야 한다. 물질주의적 가치, 생산주의적 가치에 경도된 인식의 편향을 바로 잡고, 인간적 가치, 소소한 일상생활의 중요성에 대한 가치회복이 필요하다. 각 개인이 놓인 맥락적 상이성을 인정하고 세심한 관심과 배려가 필요하다. 개별화된 돌봄이 제공되어야 한다.

돌봄 정치화로 돌봄의 주류화(mainstreaming of care)가 이루어지는 것은 돌봄책임의 민주적 배분, 정당한 자원배분, 돌봄윤리 등 돌봄정의(caring justice)가 실현되는 돌봄사회(caring society)로 가는 중요한 열쇠가 될 것이다.

참고문헌

국민건강보험공단. 2018. 노인장기요양보험 등급판정결과 현황 자료(2018년 4월 기준). http://www.longtermcare.or.kr/npbs/.

김기덕. 2005. "롤즈의 정의론에 관한 철학적 고찰: 윤리적 측면과 인식론적 측면을 중심으로."『사회복지연구』26권, 67-90.

김홍중. 2009.『마음의 사회학』. 파주: 문학동네.

김희강. 2016. "돌봄국가: 복지국가의 새로운 지평."『정부학연구』22권 1호, 5-30.

남찬섭. 2012. "공공성과 인정의 정치, 그리고 돌봄의 윤리."『한국사회』13권 1호, 87-122.

마경희. 2010. "돌봄의 정치적 윤리: 돌봄과 정의의 이원론을 넘어."『한국사회정책』17권 3호, 319-348.

보건복지부. 2018. 노인돌봄종합서비스 현황 내부자료.

석재은. 2008. "한국 장기요양서비스의 복지혼합: OECD 국가들과의 비교적 접근."『사회보장연구』24권 4호, 197-228.

_____. 2011. "좋은 돌봄의 정책원리: 돌봄의 상품화를 넘어서." 김혜경 편.『노인돌봄』, 17-48. 파주: 양서원.

_____. 2014. "장기요양서비스의 질 개념 정립과 향상 방안."『한국사회복지학』66권 1호, 221-249.

_____. 2015. "한국 장기요양정책 패러다임의 성찰과 전환." 한국사회보장학회 2015년도 춘계학술대회. 원주. 5월.

_____. 2017. "장기요양서비스의 공공성 강화를 위한 규제의 합리화 방안 연구."『보건사회연구』37권 2호, 423-451.

석재은·노혜진·임정기. 2015. "좋은 돌봄의 필요조건과 저해요인 연구."『한국사회복지학』67권 3호, 203-225.

석재은·류임량. 2018. "재가 장기요양에서 경력직 요양보호사 역할모형 개발에 관한 탐색적 연구."『노인복지연구』73권 2호, 107-140.

이선미. 2016. "돌봄의 특성과 돌봄 공공성의 요건."『사회와 이론』29권 2호, 223-260.

이주환·윤자영. 2015. "돌봄직의 임금불이익과 임금격차 분해."『사회복지연구』46권 4호, 33-57.

최영준 · 최혜진. 2016. "사회서비스 거버넌스의 재구조화: 재량혼합의 관점에서." 『한국사회정책』 23권 4호, 35-60.

통계청. 2018. KOSIS 장래인구추계 data.

황보람. 2009. "사회적 돌봄정책의 성격 규명에 관한 이론적 연구: 복지국가의 공사 구별 정치경제 관점." 『사회복지정책』 36권 4호, 1-26.

홍경준 · 김사현. 2014. "돌봄노동의 실태와 임금불이익." 『한국사회복지학』 66권 3호, 133-158.

홍찬숙. 2017. "사회정의론에 대한 돌봄관점의 논증." 『한국여성학』 33권 2호, 317-327.

笹谷春美. 2008. "ケアサービスのシステムと當事者主權." 上野千鶴子, 中西正司 編, 2008, 『ニーズ中心の福祉社會へ: 當事者主權の次世代福祉戰略』. 醫學書院.

Clement, Grace. 1996. *Care, Autonomy, and Justice: Feminism and the Ethic of Care*. Boulder, CO: Westview Press.

Daly, Mary and Jane Lewis. 2000. "The Concept of Social Care and the Analysis of Contemporary Welfare States." *British Journal of Sociology* 51(2): 281-298.

Daly, Mary. 2002. "Care as a Good for Social Policy." *Journal of Social Policy* 31(2): 251-270.

Daniels, Norman and James E. Sabin. 2002. *Setting Limits Fairly: Can We Learn to Share Medical Resources?* New York: Oxford University Press.

Dean, Hartley (eds.). 2004. *The Ethics of Welfare: Human rights, Dependency and Responsibility.* Bristol: Policy Press.

Engster, Daniel. 2007. 『돌봄: 정의의 심장』. 김희강 · 나상원 역. 서울: 박영사.

Fine, Michael and Caroline Glendinning. 2005. "Dependence, Independence or Inter-dependence? Revisiting the Concepts of 'Care' and 'Dependency.'" *Aging and Society* 25(4): 601-621.

Fraser, Nancy. 2008. 『지구화 시대의 정의: 정치적 공간에 대한 새로운 상상』. 김원식 역. 서울: 그린비.

Fraser, Nancy and Axel Honneth. 2003. 『분배냐, 인정이냐?: 정치철학적 논쟁』. 김원식 · 문정훈 역. 서울: 사월의책.

Gilligan, Carol. 1982. *In a Different Voice*. Cambridge: Harvard University Press.

Hamington, Maurice and Dorhtoy C. Miller. 2006. *Socializing Care: Feminist Ethics and Public Issues.* Lanham: Rowman & Littlefield.

Henderson, Jeanette and Liz Forbat. 2002. "Relationship-based Social Policy: Personal and Policy Constructions of 'Care'." *Critical Social Policy* 22(4): 669-687.

Held, Virginia. 2006. 『돌봄: 돌봄윤리』. 김희강 · 나상원 역. 서울: 박영사.

Honneth, Axel. 2011. 『인정투쟁: 사회적 갈등의 도덕적 형식론』. 이현재 · 문성훈 역. 서울: 사월의책.

Kittay, Eva F. 1999. 『돌봄: 사랑의 노동』. 김희강 · 나상원 역. 서울: 박영사.

_____. 2002. "Can Contractualism Justify State-Supported Long-Term Care Policies? Or, I'd Rather Be Some Mother's Child." In *Ethical Choices in Long-Term Care: What Does Justice Require?,* edited by World Health Organization. Geneva: World Health Organization.

Knijn, Trudie and Monique Kremer. 1997. "Gender and the Caring Dimension of Welfare States: Towards Inclusive Citizenship." *Social Politics* 4(3): 328-361.

Mackenzie, Catriona and Natalie Stoljar (eds.). 2000. *Relational Autonomy: Feminist Perspectives on Autonomy, Agency, and the Social Self.* New York: Oxford University Press.

Nussbaum, Martha. C. 2002. "Long-Term Care and Social Justice: A Challenge to Conventional Ideas of the Social Contract." In *Ethical Choices in Long-Term Care: What Does Justice Require?,* edited by World Health Organization. Geneva: World Health Organization.

OECD. 2017. "Health at a Glance 2017: OECD Indicators." http://www.oecd.org/els/health-systems/long-term-care.htm.

Sevenhuijsen, Selma. 1993. "Paradoxes of Gender, Ethical and Epistemological Perspectives on Care in Feminist Political Theory." *Acta Politica* 28(2): 131-149.

_____. 1998. *Citizenship and the Ethics of Care: Feminist Considerations on Justice, Morality, and Politics.* London; New York: Routledge.

Szebehely, M. 2007. "Care work in Scandinavia: Organizational Trends and Everyday Realities." Paper presented at the Anual ESPAnet Conference in Vienna, Austria. September.

Taylor-Goodby, Peter (eds.). 2004. *New Risk, New Welfare: The Transformation of the European Welfare State*. Oxford: Oxford University Press.

Tronto, Joan C. 1993. *Moral Boundaries: A Political Argument for an Ethic of Care.* New York: Routledge.

_____. 2013. 『돌봄 민주주의: 시장, 평등, 정의』. 김희강 · 나상원 역. 서울: 아포리아.

WHO. 2002. "Ethical Choices in Long-Term Care: What Does Justice Require?" http://www.who.int/mediacentre/news/notes/ethical_choices.pdf.

공정

5장부터 8장은 우리 사회에서 끊임없이 제기되는 문제이며, 현재에도 중요한 화두인 '공정'이라는 주제를 다루는 네 편의 글로 이루어진다. 공정(fairness)의 개념을 명확히 정의하긴 어려우나, 공정함은 정의로움(justice)의 의미로 대치될 수 있다. 5장부터 8장까지의 저자들은 공정의 의미를 불편부당성, 소수자 보호, 참여의 보장, 공익의 고려 등 다양한 정의의 가치를 수용하는 내용으로 이해하였다. 네 편의 글 모두 주로 법학적 관점에서 공정의 문제를 접근하고 있는데, 5장 최승필은 공정, 특히 이해조절적 측면에서의 정의를 실현하기 위한 법의 지향점을, 6장 이현수는 공정한 결정을 내리기 위한 전제로서의 결정주체의 공정성의 문제를 합의제 행정기관을 중심으로 논한다. 7장 임현은 몇 가지 사례를 중심으로 한 행정절차의 공정성의 문제를, 8장 김대인은 공·사법을 아우르는 통합적 관점에서의 계약의 공정성의 문제를 이야기한다. 네 편의 글에서 다루고 있는 내용을 좀 더 구체적으로 살펴보면 다음과 같다.

5장 최승필의 "법은 공정을 실현하고 있는가?"에서는 오늘날 행정법과 경제법 등의 영역에서 중요한 의미를 갖는 이해조절적 정의에 초점을 맞추어 법과 공정을 살펴본다. 구체적으로는 헌법을 비롯하여 주요 관련 법률에서의 공정의 의미와 구현방식, 입법·행정·사법에 있어서의 공정의 구현 정도, 경제·환경·정보 영역에서의 공정의 의미와 내용을 논한다. 이러한 검토를 통해 저자는 법은 공정함을 추구하기 위한 장치이지만, 그 장치를 활용하고 이용하려는 공정한 동기가 있어야만 비로소 완성됨을 강조한다.

6장 이현수의 "행정기관의 구성과 공정성"에서는 공정한 행정결정을 하기 위해서는 결정의 주체인 행정기관의 공정성이 전제되어야 한다는 인식을 바탕으로, 합의제 행정기관의 구성과 관련한 공정성의 문제를 살펴본다. 구체적으로는 합의제 행정기관의 구성과 관련된 다양한 우리나라의 판례와 외국 입법례 및 결정주체의 공정성 내지 불편부당성에 관한 인접학문의 논의들을 검토한다. 이를 통해 저자는 행정기관에게 요청되는 공정성의 내용과 정도는 해당 행정결정의 속성에 따라 차이가 있으며, 법학과 인접학문과의 협력을 통한 섬세한 차별화 작업이 필요함을 강조한다.

7장 임현의 "절차적 공정: 행정절차를 중심으로"에서는 절차적 공정에 관한 논의를 행정절차의 공정성을 중심으로 살펴본다. 이를 위해 행정절차의 공정성의 의미와 그 법적 근거를 검토하고, 몇 가지 중요한 행정절차들에 있어 공정성의 구현방식과 정도에 대해 논한다. 이를 통해 저자는 행정절차의 공정성을 적정하게 실현하기 위해서는 개별 행정영역에 대한 세심한 검토를 통해 그에 부합하는 절차의 적정한 수준을 제도화하는 것이 필요함을 강조한다. 또한 행정절차가 추구해야 하는 다양한 가치들, 즉 정확성, 효율성, 수용가능성 등과 공정성 간의 적정한 조화가 요구됨을 이야기한다.

8장 김대인의 "계약과 공정: 공사법 구별의 관점에서"에서는 계약이라는 법형식의 동질성에도 불구하고 공·사법을 아우르는 통합적인 관점에서 계약의 공정성에 관한 논의를 찾아보기 어렵다는 문제를 제기한다. 이 글은 이러한 문제의식에 바탕하여 계약의 공정성에 관한 헌법적 기초와 관련 주요법령 및 판례를 살펴보고, 공법과 사법의 총체적 관점에서 계약의 공정성을 어떻게 이해해야 할 것인지를 논한다. 저자는 공법상 계약과 사법상 계약 모두 공정성에 관한 동일한 헌법상 근거를 갖는다고 볼 수 있으나, 요청되는 구체적인 공정성의 내용은 양자가 차이를 가짐을 강조하며, 공법상·사법상 계약의 공정성 확보를 위한 개선방안을 제시한다.

5 장

법은 공정을 실현하고 있는가?

최승필

법을 통해 공정을 말하는 이유

법에 있어서 공정은 그 어느 분야보다도 큰 의미를 갖는다. 공정을 달성하기 위해서는 게임의 룰이 존재해야 하며, 우리의 사회에서 게임의 룰은 법이기 때문이다. 따라서 대부분 공정을 논하는 사람들은 법치주의를 공정을 달성하기 위한 가장 중요한 요소로 든다. 근대국가까지만 해도 법의 기능은 자연적 정의에 보다 가까웠으며, 실제로 도덕과의 구별이 크게 부각되기 어려웠다. 그러나 현대국가에서는 정의에서 자연적 자유의 회복보다는 − 물론 자연적 자유의 회복은 여전히 정의의 기본이지만 − 이해관계의 조절이 보다 중요시 되고 있으며, 이것이 오늘날 일상화된 개념으로서의 공정에 가깝다고 할 수 있다. 즉, 도덕적 정의는 이해가 개입될 수 없는 원초적 정의 자체인 것인 반면, 현대적으로 주로 논해지는 이해관계의 조절적 정의는 보다 공정의 개념과 맞닿아 있다. 이러한 이해관계가 다수의 이해로 확장될 경우 이는 공리주의와도 연결되며, 이 가운데 소수자의 권리보호적 측면이 중시될 경우에는 롤즈(John Rawls)의 정의관과도 맥락을 같이 한다.

따라서 이해조절적 또는 이익형량적 정의는 이를 도덕적 정의와 구분하여 균형적 정의라고 부를 수 있으며, 이러한 측면에 대해서 미국의 대법관 포터 스튜어트(Potter Stewart)는 "정의의 본 모습은 공정함"이라고 이야기하였다.

그렇다면 법은 어느 곳을 지향해야 하는가? 법은 다양한 측면의 정의 모두를 포괄한다. 도덕의 최소한이 가장 많이 발현된 형사법적 측면에서는 자연법적 정의가 기반이 되고 있으며, 약속의 이행을 중시하는 민사법적 영역에서는 신의성실의 원칙, 권리남용금지의 원칙 등이 중요한 의미를 갖는다. 그러나 오늘날 중요시되고 있는 행정법과 경제법 등의 영역에서는 자연법적인 절대적 정의도 있지만 이해조절적 정의가 보다 큰 의미를 갖는다. 헌법의 경우에도 이념적 측면에서 자연법적 정의를 기반으로 헌법제정권력자인 국민들의 정치적 합의에 의해서 정해지는 이해조절적 정의가 함께한다. 본 연구에서는 이와 같은 시각을 기반으로 자연법적 정의보다는 조절적 측면에서의 정의에 초점을 맞추어 법과 공정을 살펴본다.

공정의 의미와 법적 구현

공정의 정의

공정이 무엇인가에 대해서는 명확히 이를 정의내리기 어렵다. 왜냐하면 개념의 조어로서 공평과 정의를 함께 표현한 것도 공정인 반면, 이익의 균형을 중심으로 한 정의도 공정의 한 의미로 사용되기 때문이다. 공정이 무엇인가에 대해서 「독점금지 및 공정거래에 관한 법률」(이하 '공정거래법')처럼 공정이라는 이름을 실제 법률명에 사용하고 있는 경우에도 공정에 대해 따로 특별한 정의를 내리고 있지 않다. 이는 명확하지는 않으나, 어렴풋하게라도 우리 사회가 공정의 의미에 대해서 일정한 방향성을 가지고 있다고 전제하고 있기 때문이다.

롤즈(1971, 4; 서성아 2011, 15)는 공정에 대하여 "사회의 기본적 제도 안에서 권리와 의무들을 배분하는 방법을 제시하고, 이익과 부담의 적정한 분배를 규정하는 것"이라고 정의하고 있다. 사실 이러한 롤즈식의 정의는 이미 로마법에서도 찾아볼 수 있는 바, 로마의 법률가인 울피아누스(Domitius Ulpianus)는 "각자에게 그의 몫을 돌리는 항구적 의지"라는 말로 이를 표현하고 있다. 이러한 점을 고려할 때, 공정의 직접적 의미는 이익의 균형적 상태를 의미하고, 보다 큰 의미의 공정은 자연적 정의까지를 포함한 것으로 볼 수 있다. 그러나 가장 중요한 것은 우리 시대에서 시민들이 공정을 어떠한 의미로 사용하는가이다. 실제로 우리 사회에서 공정성을 문제 삼는 기사와 논쟁들을 보면, 대부분 기울어진 운동장, 부당한 처우, 편중된 결정이라는 점에서 협의적·직접적 의미로서의 공정이 현재 시점의 공정이라고 이야기할 수 있다.

법에서 공정의 구현방식

실정법은 공정을 이끌어가는 가장 중요한 그리고 현실적인 수단이다. 법이 공정의 개념을 현실화하는 방법은 크게 두 가지 형태로 나눌 수 있다. 첫째, 법에서 기본원칙으로 공정을 달성할 수 있는 조문을 두고 개별 조문 또는 하위법령에 규정된 구체적 수단의 지도원리로 작동하는 것이다. 그 대표적인 예가 헌법 제119조 제2항이다. 헌법 제119조 제1항은 자유시장경제를 원칙으로 정하고 있으나, 자유시장경제하에서 일어날 수 있는 부작용을 방지하기 위하여 정부의 개입과 조정권한을 부여하고 있다. 이러한 원칙들은 세부적이고 구체적인 법적수단을 집행하는데 그 외연과 방향성을 정하는 기능을 하며 이를 통해 공정의 가치를 달성하게 된다.

둘째, 공정이 특정한 법의 입법목적이 되거나 구체적 조문에 명시적으로 규정되는 경우이다. 대체로 공정성이 훼손될 가능성이 있는 상황을 규율하고 있는 법령에서 찾아볼 수 있는 것으로 공정거래법, 「하도급거래 공정화에 관한 법률」(이하 '하도급법') 등이 그 예이다.

헌법에서의 공정

우리 헌법 전문은 공정에 대한 몇 가지 모습을 담고 있다. "모든 사회적 폐습과 불의를 타파하며," "모든 영역에서 각인의 기회를 균등히 하고"이다. 정의를 공정의 개념으로 볼 경우, 불의타파는 공정성의 달성을 의미하며, 정치·경제·사회·문화의 모든 영역에서 각인의 기회를 균등히 하는 것은 현재적 의미로의 공정의 의미와 매우 맞닿아 있다.

공정과 관련하여 헌법 제11조는 법 앞의 평등을 정하고 있으며, 경제질서상의 공정성에 대해서는 헌법 제119조 제2항을 두고 있다. "국가는 균형있는 국민경제의 성장 및 안정과 적정한 소득의 분배를 유지하고 시장의 지배와 경제력의 남용을 방지하며, 경제주체간의 조화를 통한 경제의 민주화를 위하여 경제에 관한 규제와 조정을 할 수 있다"고 정함으로써 사실상 경제질서 측면에서 공정성 확보의 가장 기본적인 근거로 기능하고 있다.

사법권의 독립 역시 공정성을 달성하기 위한 수단이다. 헌법 제

103조는 "법관은 헌법과 법률에 의하여 그 양심에 따라 독립하여 심판한다"고 정하고 있다. 그리고 이 제103조를 실제적으로 구현하기 위한 수단으로 제106조 제1항은 "법관은 탄핵 또는 금고 이상의 형의 선고에 의하지 아니하고는 파면되지 아니하며, 징계처분에 의하지 아니하고는 정직·감봉 기타 불리한 처분을 받지 아니한다"고 정하고 있다. 그리고 재판의 심리와 재판의 결과를 공개함으로써 외부적 통제에 의해 공정성을 확보하고자 한다.

헌법 제114조 제1항은 선거에서 공정한 관리를 설치 목적으로 하는 선거관리위원회의 헌법적 근거이다. 「선거관리위원회법」은 제1조에서 "이 법은 선거와 국민투표의 공정한 관리 및 정당에 관한 사무를 관장하는 선거관리위원회의 조직과 직무를 규정함을 목적으로 한다"고 밝히고 있다. 동조 제4항은 선거관리위원의 정당가입 및 정치관여를 금지하고 있다. 선거의 공정성은 민주주의의 기본적 전제라는 점에서 고도의 공정성이 필요하며, 선거관리위원회는 별도의 독립성에 대한 선언조항을 두고 있지 않더라도 이에 상응하는 독립성이 존중되고 있다.

한편, 직접적인 공정성 이슈는 아니지만 소비자운동의 기본적 근거로 소비자와 사업주간 공정한 거래질서의 근거로 인용되는 것이 제124조이다. "국가는 건전한 소비행위를 계도하고 생산품의 품질향상을 촉구하기 위한 소비자보호 운동을 법률이 정하는 바에 의하여 보장한다"고 정함으로써 소비자권의 헌법적 근거가 된다. 이러한 소비자권 조항이 공정성과 관련을 가지는 것은 국가가 상대적 교섭력이 약한 소비자의 권리를 보호하여 지불하는 가격에 상응하는 재화와 서비스를 제공받도록 하기 때문이다. 즉 국가의 개입을 통해 사업주와 소비자가 힘의 균형을 이루도록 하고 이를 통해 대등한 교섭과 계약이 가능하게 된다는 것이다.

개별법에서의 공정의 구현

법률은 기본적으로 공정이라는 요소를 내포할 수밖에 없다. 사회구성원들이 지켜야 할 규범의 본질은 구성원들 간 각자 이익의 최대팽창을 억제하고 적정한 선에서의 균형을 이루게 하는 것이기 때문이다. 그중에서도 특히 공정과 직접적 관련성을 가지는 법률을 통해 개별법에서 공정이 어떻게 구현되고 있는지 살펴보고자 한다.

공정거래법

공정의 구현과 관련하여 가장 주목할 만한 법이 바로 공정거래법이다. 공정거래법은 개인 간 거래관계에서 소위 '기울어진 운동장'을 보정함으로써 계약의 근본적인 취지인 대등한 당사자 간 자유의사에 기초한 의사의 합치를 도출해내는데 그 핵심이 있다. 공정거래법 자체가 공정한 거래질서를 목적으로 하지만, 그중에서 공정과 보다 밀접한 관련을 가지고 있는 것이 경쟁제한 및 불공정행위규제이다. 공정거래법이 규율하는 주요사항을 살펴보면 다음과 같다.

대기업집단에 대한 순환출자규제는 일반 주주가 가지고 있는 정당한 주권의 가치를 보장한다는 의미가 있다. 그리고 계열사 간

순환출자를 통하여 소수의 지분으로 제왕적 권한을 누리는 사례를 방지한다. 따라서 주식회사법의 가장 기본적 사항이라고 할 수 있는 평등한 1주와 주권에 표창된 주주의 권리를 보장한다는 점에서 공정성을 위한 제도라고 볼 수 있다.

내부거래 규제 역시 시장의 공정성을 달성하기 위한 기제이다. 대기업 계열사 간 내부거래를 허용할 경우 시장가격의 정당한 반영이 이루어지지 못하거나 불필요한 구매가 이루어질 수 있기 때문이다. 예를 들어 계열사로부터 고가로 상품 내지는 서비스를 구입하거나, 필요하지 않은 재화를 계열사의 매출을 높이기 위해 구입하는 경우를 들 수 있다. 이는 시장참가자에게 균등한 기회를 주지 못하게 함으로 인하여 공정한 경쟁을 저해함과 동시에 시장가격 이상 혹은 이하의 거래행위로 인해 일방회사의 주주에게 손실을 야기하는 문제가 있다.

한편 백화점, 홈쇼핑 등과 같은 우월적 지위를 가진 곳에서 입점 및 판매를 원하는 업체와 특약 등을 통해 가격을 비정상적으로 조정하거나 근무하는 근로자의 급여를 대납하게 하는 등의 행위 내지는 '끼워팔기' 형식의 행위를 하는 불공정거래행위 역시 규제의 대상이다.

유통산업발전법

대형마트와 전통시장 소상인 간 상생을 다루었던 소송이 있었다. 대형마트 의무휴일 지정에 대해서 대형마트가 반발하면서 소송이 진행된 것이다. 「유통산업발전법」은 지방자치단체장에게 의무휴업일을 지정할 수 있는 권한을 부여했고, 당시 자치구 구청장들은 심야영업을 금지하고, 한 달에 두 번 일요일에 문을 닫도록 하였다. 이에 대해 대형마트 측은 손님이 가장 많은 일요일이 아닌 평일 휴업을 할 수 있음에도 일요일로 정한 것은 과도한 제한이라고 주장했다.

형식적으로만 본다면, 대형마트와 전통시장 상인 모두 영업의 자유가 있다. 그러나 한 단계 들어가 보면 대형마트와 전통시장의 소상공인 간에는 대등한 경쟁관계가 성립될 여지가 크지 않으며, 이들 간 균형이 무너질 경우 사회적 균형이 무너지는 문제가 있었다. 대법원 판결[1] 내용의 일부를 살펴보면 다음과 같다.

> 우리 헌법상 경제질서는 '개인과 기업의 경제상의 자유와 창의의 존중'이라는 기본 원칙과 '경제의 민주화 등 헌법이 직접 규정하는 특정 목적을 위한 국가의 규제와 조정의 허용'이라는 실천원리로 구성되고, 어느 한쪽이 우월한 가치를 지닌다고 할 수는 없다(.....)그런데 경제활동에 대한 규제는 필연적으로 규제를 당하는 경제주체나 그와 같은 방향의 이해관계를 가지고 있는 이해관계인에게 불이익과 불편함을 수반하게 된다. 따라서 헌법이 지향하는 것처럼 여러 경제주체가 조화롭게 공존하고 상생하는 경제질서를 구축하고 공공복리를 실현하기 위하여 법률로써 어느 경제주체의 경제활동의 자유 등을 제한하게 되더라도 그 제한이 정당한 목적과 합리적인 수단에 의하고 있고 개인의 자유와 권리의 본질적인 내용을 침해하는 것이 아니라면 해당 경제주체는 이를 수인하여야 한다.

---

1) 대법원 2015. 11. 19. 선고 2015두295 전원합의체 판결.

대형마트의(.....)자유로운 개설 등록이 가능하도록 함으로써 소비자들의 쇼핑 편의나 유통구조 개선, 물가안정 등에 긍정적인 효과가 나타났으나, 다른 한편으로 대형마트 등이 소규모 지역상권에까지 무차별적으로 진출하여 시장을 잠식함으로 인한 전통시장의 위축과 중소상인의 생존 위협, 24시간 영업에 따른 대형마트 소속 근로자의 일상적인 야간근무 등 부정적인 효과도 나타나게 되었다. 이러한 현상에 대한 대책으로(.....)영업행위에 대한 규제 입법과 이에 근거하여 이루어지는 규제행정은 앞서 본 헌법 제119조 제2항에 정한 헌법적 근거 및 정당성도 갖고 있는 것이다. 그리고 건전한 유통질서 확립, 근로자의 건강권 보호 및 중소유통업과의 상생발전 등 이 사건 각 처분으로 달성하려는 공익은 중대할 뿐만 아니라 이를 보호하여야 할 필요성도 크다고 할 것이다. 반면에 영업시간 제한 등 규제로 인하여 침해되는 원고들의 영업의 자유는 직업의 자유 중 상대적으로 폭넓은 제한이 가능한 직업수행의 자유에 해당하고, 소비자들의 선택권은 헌법 제37조 제2항에 따라 '공공복리'를 위하여 필요한 경우 법률로 제한할 수 있는 기본권에 속한다. 그런데 이 사건 각 처분 중 영업시간 제한 처분은 소비자의 이용빈도가 비교적 낮은 심야나 새벽 시간대의 영업만을 제한하는 것이고 의무휴업일 지정 처분은 한 달에 2일의 의무휴업만을 명하는 것이어서, 그로 인하여 원고들의 영업의 자유나 소비자의 선택권의 본질적 내용이 침해되었다고 보기는 어렵다.

공정과 관련한 법률 등

「채용절차의 공정화에 관한 법률」이라는 생소한 이름의 법률이 있다. 이미 2014년에 제정되었지만 잘 알려지지 않은 법률로 제1조에서는 그 입법취지로 채용절차에서 최소한의 공정성을 확보하는 것을 목적으로 한다고 밝히고 있다. 최근에 흙수저와 금수저 논란이 취업과 관련하여 사회적으로 문제되면서 근래에 이르러서야 관심이 두어진 법이다. 그러나 해당 법률에서 규정하고 있는 사항은 실제의 입법취지에 비해 매우 빈약하다. 주요한 내용을 보면 거짓채용광고 등의 금지, 기초심사자료 표준양식사용권장, 전자우편 등을 통한 채용서류접수, 채용심사비용부담금지, 채용서류반환 등이다.

하도급법은 이미 널리 알려진 법률이다. 이 법 제1조는 "공정한 하도급거래질서를 확립하여 원사업자(原事業者)와 수급사업자(受給事業者)가 대등한 지위에서 상호보완하며 균형 있게 발전할 수 있도록 함으로써 국민경제의 건전한 발전에 이바지함을 목적으로 한다"고 입법의 목적을 밝히고 있다. 우리나라 산업계 전반, 특히 건설산업에서 하도급 과정에서의 불공정한 거래는 심각하였다. 원청업체는 사업권을 취득하고 실지 사업은 하도급업체에 그리고 그 하도급업체는 그 아래의 하도급업체에 사업을 위탁하면서 건설공사비에서 실지로 공사에 들어가는 비용은 상당부분 줄어들게 되는 구조이다. 이는 부실공사의 원인중 하나이기도 하였다.

하도급법이 금지하고 있는 행위들은 우리나라에서 일상적으로 일어나고 있는 불공정거래행위의 대부분의 유형을 포괄하고 있다. 주요내용을 보면 부당한 특약금지, 부당한 하도급대금결정금지, 물품 등 강제구매금지, 부당반품금지, 감액금지, 물품구매대금 등 부당결제청구금지, 경제적 이익의 부당요구금지, 기술자료제공요구금지, 하도급대금의 직접지급, 부당한 대물변제금지, 보복조치

금지이다. 최근에는 하도급거래관행의 개선이 지속적으로 이루어지고 있으며, 하청업체에 대한 현금성 거래비율 또한 양호한 편이나, 여전히 금액을 줄여 지급하는 등의 부정적 관행이 남아있다.

이외에 공정이라는 명칭을 붙인 법률들로는 「대리점거래의 공정화에 관한 법률」, 「가맹사업거래의 공정화에 관한 법률」, 「대규모유통업에서의 거래 공정화에 관한 법률」, 「표시·광고의 공정화에 관한 법률」이 있다. 원칙적으로 이들 영역에서는 사적자치의 원칙이 적용되나, 별도의 법률을 통해 공정성을 보호하고 있다는 점은 실제 현실에서는 교섭력의 차이에 의해 대등한 계약관계가 형성되지 못하고 있음을 역설적으로 보여준다.

입법·행정·사법에서 공정의 구현

입법에서 공정의 구현

법을 통한 공정의 구현에서 가장 출발점이 되는 것이 입법이다. 많은 학자들이 공정사회에 대한 연구에서 공정사회의 중요한 요소로 법치(rule of law)와 기회균등을 들고 있다(김병관 2011, 200; 김세원 외, 2011). 그러나 이러한 명제가 성립하려면 법 자체가 공정해야 하고, 기회균등의 면에서도 형식적 기회균등이 아닌 실질적 기회균등을 그 내용으로 하고 있어야 한다. 기준이 틀릴 경우에는 그 결과 역시 틀리다는 것은 자명한 이치이다.

입법은 처음부터 공정한 구도를 설정한다는 의미를 갖는다. 우리는 법은 정의로울 것이며, 공정할 것이라고 이야기 한다. 그러나 실망스럽게도 입법의 과정을 살펴보면 법 자체가 항상 공정한 것은 아니라는 것을 깨닫게 된다. 특정 업역단체의 이익을 위한 청부입법은 그 단적인 예라고 할 수 있으며, 특히 의원입법에서 빈번하게 발견된다. 또한 특정 집권세력의 정치적 의사결정을 지원하기 위해 이루어지는 입법 역시 균형적이라고 보기 어렵다. 이는 형식적 법치주의의 한 예로 빈번하게 정치적 의사결정이 먼저 이루어지고 재정의 활용과 집행기관에 권한을 부여하기 위한 맞춤 입법이 이루어지기도 한다.

일상의 삶속에서 우리는 끊임없이 크고 작은 분쟁을 겪는다. 그리고 그 분쟁해결의 과정 – 특히 소송의 과정에서 법의 본질과 실체를 생각해보게 된다. 그러나 입법의 경우, 일단 법이 만들어지기까지는 각자 개인의 이해와 어떠한 관련을 맺고 있는지가 피부에 와 닿지 않는다. 따라서 평소 입법에 대해서 무관심하다가 집행단계인 행정과 분쟁해결단계인 소송에서 비로소 공정성의 문제를 제기한다. 그러나 이미 공정성을 상실한 입법의 결과는 개정될 때까지 쉽게 바뀌지 않는다는 점에서 공정성에 대한 부정적인 영향은 비교적 장기간에 미친다고 할 수 있다.

이솝우화에서 어릴 적 누구든 들어봤던 이야기가 바로 토끼와 거북이 이야기이다. 우리는 이 동화에서 낮잠을 자지 않고 열심히 노력해왔던 거북이의 성실함에 감동했다. 그러나 이를 다른 입장에서 살펴보면 부조리하다. 거북이에게는 토끼와의 달리기 경주에 참가할 수 있는 기회가 주어졌다. 그렇다면 우리는 기회균등이라고 이야기 할 수 있는 것인가? 근본적으로는 토끼와 거북이는 종

(種)이 다르다는 점에서 같은 경기장에서 경기를 하도록 해서는 안된다.[2] '같은 것은 같게, 다른 것은 다르게'라는 아주 평범한 상대적 평등의 원리가 적용되어야 한다. 입법이 만약 단순한 형식적 평등을 전제로 한 기회균등을 정하고 있다면 그 입법은 공정한 입법이 아니며, 이를 토대로 한 법의 지배는 이루어져서는 안 된다.

행정에서 공정의 구현

입법이 법을 형성하였다면 행정은 법을 집행하는 단계이다. 법을 집행하는데 있어서 핵심적인 요소는 권한 – 특히 재량적 권한, 절차, 책임성이라고 할 수 있다. 기속행위인 경우에 행정청은 법에 따라 집행을 하면 되지만, 그렇지 않은 경우에는 법령을 해석하여 자신의 판단 하에 어떠한 처분을 내릴 것인가에 대한 선택재량을 갖는다. 그리고 일정한 절차를 거쳐 최종적인 처분을 내리며, 그 처분은 공개하거나 감사를 통해서 행정의 합법성과 합목적성이 검증된다.

행정재량과 공정

사회가 복잡해지면서 이를 규율하는 법이 불확정개념을 사용하거나 각 상황에 맞게 행정청이 적합한 수단을 선택할 수 있도록 재량을 주는 일이 일반화되었다. 그러나 재량은 잘못 사용될 경우 – 재량권의 일탈·남용이 있는 경우에는 – 법 집행상의 공정성이

2) 토끼와 거북이 이야기는 최승필(2016, 110-112).

문제된다. 따라서 법원의 판단 역시 재량권이 전제가 되는 사안에서는 대부분 재량권의 일탈·남용에서 승소여부가 갈리며, 주요한 쟁점은 공익과 사익의 이익형량이 잘 되어 있는지와 위반행위에 상응하는 제재처분이 있었는지를 판단하는 것이다. 이익형량의 경우, 공익의 가치를 과대하게 평가한 반면, 사익의 가치는 과소하게 판단하였다면 공정하지 않으며, 이는 재량권의 일탈·남용에 해당한다. 또한 자신이 행한 행위에 대해 상응하지 않는 과도한 제재를 부과 받는 경우도 과잉금지의 원칙 위반으로 역시 공정성의 문제에 직면한다.

그렇다고 해서 입법에서 재량적인 부분을 모두 제거할 수는 없다. 오히려 기술사회에서는 재량과 불확정개념이 사용되는 부분이 더욱 늘어날 것으로 전망된다. 특히 지금까지 경험하지 못했던 새로운 기술이 가져올 리스크(risk)에 대한 예측적 판단이 전제가 되는 행정에서는 이러한 현상이 더욱 심화될 것이다. 따라서 이를 통제하기 위한 방안으로 이해관계자를 행정절차에 참여시킴으로써 견제와 균형을 통해 공정성을 확보하려는 방식이 중시되기 시작했다.

행정절차와 공정

절차는 정의론의 주요 논점으로 등장한다. 롤즈는 공정으로서의 정의를 이야기하면서 절차적 공정성을 통해 정의의 개념을 도출하고 있다(신중섭 2011, 123). 행정의 결정과정에서 취해지는 각 절차에 대해서는 개별법상에서 규율하고 있다. 형사절차도 광의의 행정절차이지만 별도의 형사적 영역으로 분리하여 규율하고 있는 바, 「형사소송법」상의 조사 및 신문조서 작성, 기소 등의 제반 절차를 정해두고 있다.

절차를 두는 이유는 크게 두 가지로 나눌 수 있다. 첫째, 처분의 상대방에게 반론의 기회를 제공함으로써 한쪽으로 치우치지 않은 공정한 결론을 이끌어 낼 수 있다는 점, 둘째, 행정청 스스로는 상대방의 의견에 따라 이를 점검해 볼 수 있어 행정의 적법성과 공정성을 확보할 수 있는 기회를 부여한다는 점이다.

[표 1] 공정한 사회를 만들기 위한 방안–행정절차 투명성 강화에 대한 설문조사 결과: 행정절차의 강화가 공정성 강화에 기여하는지 여부

(단위: %)

연도	전혀 그렇지않다	별로 그렇지 않다	보통이다	약간 그렇다	매우 그렇다
2016	0.6	2.7	10.6	31.7	54.3
2017	0.7	3.5	12.7	33.9	49.2

출처: 한국행정연구원(2017, 245).

절차에 대한 법적근거를 살펴보면 먼저 헌법적 근거로서 제12조 제1항을 들 수 있는 바, "누구든지……법률과 적법한 절차에 의하지 아니하고는 처벌·보안처분 또는 강제노역을 받지 아니한다"고 규정하고 있다. 그리고 이 조문은 명문의 규정상 형사절차에만 적용되는 것으로 보이나, 헌법재판소는 다음과 같이 판시[3]함으

---

3) 헌법재판소 1992. 12. 24. 92헌가8 결정.

로써 국가행정작용 전반의 절차법적 근거로 사용하고 있다.

> 헌법 제12조 제3항 본문은 동조 제1항과 함께 적법절차원리의 일반
> 조항에 해당하는 것으로서, 형사절차상의 영역에 한정되지 않고 입
> 법, 행정 등 국가의 모든 공권력의 작용에는 절차상의 적법성뿐만 아
> 니라 법률의 구체적 내용도 합리성과 정당성을 갖춘 실체적인 적법성
> 이 있어야 한다는 적법절차의 원칙을 헌법의 기본원리로 명시하고 있
> 는 것이므로…….

이와 같은 헌법적 근거를 바탕으로 행정절차에서 기본법적 역
할을 하는 것이 「행정절차법」이다. 「행정절차법」상 공정성 확보
를 위해 가장 가까운 것은 사전통지 및 의견제출절차이다. 「행정
절차법」 제21조는 불이익한 처분 전에 그 원인이 되는 사실과 처
분의 내용 그리고 법적근거를 미리 알림으로써 상대방이 방어권
을 행사할 수 있도록 사전통지할 것을 의무화하고 있다. 또한 「행
정절차법」 제22조는 행정청이 당사자에게 의무를 부과하거나 권
익을 제한하는 처분을 할 때 당사자등에게 의견제출의 기회를 주
어야 한다고 정하고 있다. 그리고 이러한 사전통지[4] 및 의견제출[5]
의 절차를 거치지 않은 침익적 처분에 대해서 판례는 일관되게 취
소판결을 내리고 있다.

---

4) 대법원 2003. 11. 28. 선고 2003두674 판결.
5) 대법원 2012. 2. 23. 선고 2011두5001 판결.

행정조직과 공정

행정조직을 어떻게 구성하는가에 따라서 공정성에 영향을 받기도 한다. 공정한 행정은 행정을 수행하는 당사자들의 의지가 가장 중요하지만, 한편으로는 조직의 구성방식에 따라 공정성이 제고되기도 한다. 공정한 행정을 위해 선호되는 방식이 합의제 행정위원회이다. 아무래도 한 사람이 결정하는 것보다는 여러 사람들과 의견이 조율될 경우 한쪽으로 치우치지 않을 수 있기 때문이다. 이러한 합의제 행정위원회의 원조이자 가장 대표적인 것이 독립규제위원회(Independent Regulatory Commission)이다.

독립규제위원회가 등장한 것은 19세기 후반 미국의 서부개척시대로 거슬러 올라간다. 동서로 철도가 연결되었지만 몇몇 철도회사들에 의해 지배되었고, 이들 회사들은 독과점의 이익을 철저하게 추구했으며 가격은 왜곡되었다. 따라서 이를 통제하기 위한 기구가 필요했으며, 전방위적 정치력을 가지고 있었던 이들 회사들로부터 영향을 받지 않고 공익적 견지에서 정책을 집행하기 위한 독립기구가 필요했다. 그리고 조직 내부적으로도 상호견제가 가능하도록 위원회 형태를 취한다. 결과는 성공적이었다.

20세기 초반에 들어서서는 전문적이면서 과점적 가능성이 큰 금융, 통신, 에너지 등의 영역에서 독립규제위원회가 만들어졌고 오늘에 이르고 있다. 우리나라의 금융위원회, 공정거래위원회, 방송통신위원회도 이러한 미국의 독립규제위원회를 모델로 한 것이나, 제도 도입 과정에서 구조와 거버넌스는 미국의 것과 많이 달라졌다.

공정성을 확보하자는 합의제 행정기관에서 공정성이 문제되고 있다. 바로 회전문 인사 때문이다. 전문영역을 담당하는 기관은 소위 업역(業域)의 영향력에서 자유롭지 못하다. 한정된 영역의 전문가 집단은 민관을 가리지 않고 상호순환을 통하여 공동의 이익을 추구할 가능성이 있다. 관에서 민으로 가면서 경제적 이익을 포함한 프리미엄을 얻는다고 해서 '레드카펫'이라고 부르기도 한다. 규제를 하던 공무원이 해당 업계의 임원이 되고, 로펌의 변호사가 된다. 그리고 다시 민간경력을 바탕으로 해당 위원회의 고위식에 진출한다. 예를 들어 90년대 클린턴 행정부의 재무장관이었던 로버트 루빈(Robert Rubin)은 골드만 삭스의 경영자 출신이다. 2001년부터 4년 동안 부시 행정부에서 연방통신위원장을 맡았던 마이클 파월(Michael Powell)은 업역단체인 케이블방송통신협회장이 되었다. 2015년 증권거래위원회 위원장에 임명된 메리 조 화이트(Mary Jo White)는 월가 금융회사를 변호하던 로펌 출신이다. 업역별 전문위원회가 오히려 정책의 중립성에 취약할 수 있다는 점이며, 독립적이면서 위원 간 상호견제가 가능한 위원회형 행정조직이라도 공정성을 저절로 확보해 주는 것은 아니다. 결국 필요한 것은 공정하려는 사람의 의지이다.

투명성과 공정

투명한 행정은 공정한 결과로 이어진다. 투명성을 달성하는 방식은 크게 3가지 형태로 나타난다. 첫째, 정보공개법을 통해 모든 국민이 필요한 정보를 획득할 수 있도록 하는 것이다. 둘째, 해당

기구의 설치법 등에 국회에 대한 보고의무의 이행 및 국민을 대상으로 연차 내지는 반기보고서 등을 발간하고 수시로 활동과 그 결과에 대해 공시하는 것이다. 셋째, 정부조직 등으로 접근하는 이익단체 내지는 편향된 이익을 위해 종사하는 사람들의 활동을 모두 의무적으로 기록·공개하도록 하는 것이다.

우리나라의 경우 「공공기관의 정보공개에 관한 법률」을 제정하여 시행 중이다. 이 법에 따를 경우 모든 국민은 정보공개를 청구할 권리를 가지며, 제9조에서 정하고 있는 비공개사유에 해당하지 않는 한 정보를 받을 수 있다. 따라서 대부분의 정보공개사건은 제9조에 해당하는가의 여부가 쟁점이 된다. 제9조의 주요내용은 국가안보, 수사 중인 사건, 연구 및 개발 중인 사안, 개인정보 등이다.

제9조의 비공개정보에 해당하는 경우라도 당연히 정보공개가 거부될 수 있는 것은 아니다. 판례는 비공개사유에 해당한다고 하여 공개를 거부하는 경우에도 "비공개에 의하여 보호되는 업무수행의 공정성 등의 이익과 공개에 의하여 보호되는 국민의 알권리의 보장과 국정에 대한 국민의 참여 및 국정운영의 투명성 확보 등의 이익을 비교·교량하여 구체적인 사안에 따라 개별적으로 판단해야 한다"[6]고 보고 있다.

---

6) 대법원 2009. 12. 10. 선고 2009두12785 판결.

[표 2] 행정정보공개현황

구분	2011	2012	2013	2014	2015	2016
정보공개율(%)	90.7	95.0	96.0	95.6	96.1	95.6
청구건수	335,706	333,006	364,806	381,496	458,059	504,147
전부공개건수	272,779	285,669	316,367	326,086	392,330	427,721
부분공개건수	31,791	30,777	33,149	38,575	47,686	54,091
비공개건수	31,136	16,560	15,290	16,835	18,043	22,335

출처: 행정안전부(2017, 21)

한편, 최근에는 국가의 활동에 이해관계자들의 참여기회가 확대되면서 각자의 이익을 반영시키려는 다양한 시도들이 나타나고 있다. 그 과정에서 의사결정권을 가지고 있는 집단에 가까울수록 자신의 이익을 더욱 쉽게 관철시키면서 정책과 제도에 편향된 이해가 반영되는 일들이 발생한다. 그리고 이는 결과적으로 공정하지 않은 게임의 룰을 만들게 된다.

우리나라의 경우에는 아직 로비에 대한 별도의 규제가 없는 반면, 영국의 경우 이해관계를 기반으로 한 로비 자체를 금지할 수 없다는 점에서 대신 이를 투명화 하는 'Transparency of Lobbying, Non-Party Campaigning and Trade Union Administration Act 2014'를 제정하였다. 주요내용을 살펴보면 로비스트가 등록 없이는 로비활동을 할 수 없도록 하고 있으며, 등록된 로비스트들의 정보는 분기 단위로 업데이트되고 등록정보는 누구나 온라인을 통해서 접근 가능하다. 로비스트들을 등록한 관청은 등록사항이 잘 준수되고 있는지 모니터링해야 하며, 준수사항 위반을 발견한 경우 제재 조치를 할 수 있다. 그리고 로비스트를 만난 장·차관 등은 해당 사실을 기록하고 공개하여야 한다(최승필 2015, 176-178).

사법(司法)에서의 공정의 구현

사법(司法)시스템과 공정

2015년 OECD에서 발표한 사법시스템에 대한 신뢰 조사에서 우리나라는 조사대상 42개국 중 39위를 차지하였다(OECD 2015). 우리보다 신뢰도가 낮은 나라는 콜롬비아, 칠레, 우크라이나에 불과하다. 사법부에 대한 신뢰는 재판이 공정하다고 생각하는 것과 밀접한 관련을 갖는다. 이 결과에 대해 일부에서는 우리나라의 민도가 다른 나라에 비해 월등히 높아 보다 비판적이며, 후진국의 경우 국민들의 문맹률이 높아 문제의식을 비교적 갖지 못했을 것이라는 반론을 제기한다. 이러한 반론은 나름의 의미가 있다. 그렇다고 할지라도 우리 국민이 우리 사법시스템에 대해 느끼는 신뢰도가 낮다는 사실은 그 의미를 다시 새겨볼 필요가 있다.

사법시스템에 대한 신뢰조사에서 가장 중요한 사항은 사법제도의 공정성에 있다. 그러나 우리나라의 경우 고질적인 전관예우의 문제가 상존하고 있다. 전관의 네트워크를 통해 전관변호사가 소송상 보다 좋은 결과를 얻어내는 일은 검찰수사의 공정성이나 재판의 공정성을 매우 해치는 일이라고 할 수 있다. 여기에 변호사단체가 법원과 검찰에 대한 효과적인 견제를 하지 못함에 따라 전체 사법시스템 내에서 견제와 균형의 원리가 작동하고 있지 않다는 문제가 지속적으로 제기되어 오고 있다.

최근에는 법원의 폐쇄적인 조직운영과 관료화가 문제되었다. 법원에 소속된 법관은 원칙적으로 개개인이 독립하여 재판을 해야 함에도 불구하고 조직논리에 따른 운영은 재판의 중립성에까지 부정적 영향을 끼칠 수 있다는 점에서 사회적 우려가 컸다. 아울러 검찰의 경우, 검찰출신 인사의 비리행위에 대하여 일반적인 경우에 비해 관대하게 처리함으로써 공정성을 상실했다는 비난과 함께 고위공직자비리수사처의 설립논의를 촉발한 바 있다.

재판절차와 공정

재판이 공정하기 위해서는 기본적으로 판사 개개인의 자질과 불편부당한 처신이 중요하지만, 소송제도에서도 공정성 확보를 위해 기피 및 제척제도를 두고 있다. 이는 '누구도 자신의 사건에 있어서 법관일 수 없다'라는 법언을 실현하는 것이다. 즉, 재판의 공정성이 달성되기 위해서는 이해관계 없는 제3자가 판단을 해야 하며, 이는 법관은 물론 배심원들에게도 마찬가지로 적용된다.

구체적으로 우리 「민사소송법」 제41조는 제척사유로 법관이 당사자와 친족관계인 경우 또는 해당 사건에 관하여 증언이나 감정을 한 경우 그리고 법관 또는 그 배우자나 배우자였던 사람이 사건의 당사자가 되거나, 사건의 당사자와 공동권리자·공동의무자 또는 상환의무자의 관계에 있는 때 등에 대해서는 재판을 담당하지 못하도록 하고 있다. 여기에서 사건의 당사자와 공동권리자 및 공동의무자의 관계에 대해 대법원은 "소송의 목적이 된 권리관계에 대하여 공통되는 법률상 이해관계가 있어 재판의 공정성을 의심할 만한 사정이 존재하는 지위에 있는 관계를 의미하는 것"[7]으로 보고 있어 제척제도의 목적이 재판의 공정성을 위한 것임을 보여주고 있다. 「법관윤리강령」 역시 제3조 제2항을 통해 "법관은 혈연·지연· 학연·성별·종교·경제적 능력 또는 사회적 지위 등을 이유로 편견을 가지거나 차별을 하지 아니한다"고 규정하고 있다.[8]

재판에서 대등한 당사자의 원칙은 공정한 재판의 한 요소이다. 각자의 주장을 바탕으로 판결하는 것을 기본원칙으로 하는 재판에서 당사자간 능력의 차이에 따른 '기울어진 운동장'은 왜곡된 재판 결과를 가져오게 된다. 기본적으로 민사재판에서는 대등한 당사자 간의 주장을 전제로 하는 당사자주의(adversary system)가 철저하게 관철된다. 민사재판 자체가 대등한 사인 간의 의사표시의 합치를 전제로 하기 때문이다. 그러나 행정소송에서는 이러한 원칙이 다소 수정되며, 형사재판에서는 법원의 직권적 개입이 강하게 작용할 수 있다.

행정사건은 원칙적으로 원고가 국민이고 피고가 행정청이라는 점에서 이미 대등한 당사자의 관계라고 보기 어렵다. 따라서 행정 소송에서 재판의 쟁점이 불분명하거나 필요한 주장이 제기되지 않은 경우에는 판사의 직권적 개입이 가능하다. 이는 형사사건에서 더 강하게 작용되는 바, 형사사건에서 직권주의가 가장 강하다고

---

7) 대법원 2010. 5. 13. 선고 2009다102254 판결.
8) 법관의 제척제도에 대해서는 하정철(2015) 참조.

할 수 있다. 형사사건에서는 또한 특정요건[9]을 갖춘 경우 반드시 변호인이 있어야 함에 따라 국선변호인이 선임된다. 이는 소송에서 우월한 능력을 갖춘 검사를 상대로 일반 피고인의 대등한 소송수행이 어렵다는 점에서 도입된 제도이다. 이러한 제도의 연원은 과거 중세시대에 기사들의 결투에서 시작한다. 기사들의 결투는 같은 무기를 들고 1대1로 대결이 펼쳐지는데, 대등한 요건을 갖추지 못한 채 얻게 되는 승리는 명예롭지 않은 것으로 받아들여졌다. 기사들의 전투에서 유래된 '무기평등의 원칙(Waffengleichheit)'은 「형사소송법」상 중요한 원칙으로 작용하고 있다.

사법(司法)의 결과로서 공정의 구현

법원의 판결은 위법적 상황을 시정하는 기능을 함에 따라 그 결과로서 공정을 달성하게 된다. 물론 이러한 공정한 결과는 사법시스템과 그 절차에서의 공정성을 전제로 하는 것이다. 헌법재판소의 판결은 법원의 판결처럼 공정에 기여하지만 경로는 다르게 나타난다. 직접적으로 구체적 기본권을 구제하기도 하지만, 법령에 대하여 위헌여부를 판단하여 위헌일 경우 해당 규범의 효력을 무효화함으로써 불공정한 규범의 작동을 차단한다. 따라서 헌법재판소를 통한 공정의 달성은 다시 국회의 입법작용을 통해 나타난다.

---

9) 「형사소송법」 제33조 제1항에 따라, 피고인이 구속된 때, 피고인이 미성년자인 때, 피고인이 70세 이상인 때, 피고인이 농아자인 때, 피고인이 심신장애의 의심이 있는 때, 피고인이 사형, 무기 또는 단기 3년 이상의 징역이나 금고에 해당하는 사건으로 기소된 때에도 변호인이 없다면, 국선변호인을 선임해야 한다.

사안별 공정에 대한 법적 검토 – 경제와 환경 그리고 정보에 대하여

경제에서의 공정

국가의 개입과 공정

경제에서 공정의 가장 기본적 법적근거는 이미 언급한 바와 같이 헌법 제119조 제2항을 들 수 있다. 앞서 살펴본 바와 같이 헌법 제119조 제1항이 자유시장경제를 원칙으로 하고 제2항을 통해서 교정적 및 조절적 작용을 하게 된다. 시장은 자유를 기반으로 하며, 이를 통해 창의와 동기를 부여하고 이들은 다시 생산으로 연결되어 새로운 가치를 창출한다. 과거 국가주도적 계획경제인 '코맨딩 하이츠(Commanding Heights)'가 실패한 것은 바로 이러한 인간의 본성을 간과했기 때문이다.

그러나 자유시장은 왜곡되거나 지배력이 큰 소수의 이익을 위해 움직여지기도 한다. 17세기 네덜란드의 튤립 투기 사건은 그 대표적인 예이다. 튤립을 매점매석한 후 가격을 올려 보다 더 큰 이익을 창출하려는 상인들의 욕심은 당시 튤립 알뿌리 하나의 가격을 3,000~4,000 플로린(Florin, 당시 네덜란드 통화단위)으로 올려놓았다. 그때 네덜란드의 숙련공 연봉이 300 플로린 정도였으니 10년치 연봉을 합친 금액이었다(최승필 2015, 176-177). 이 사건은 네덜란드의 국력을 크게 약화시켰고 영국에게 패권을 넘기게 되는 원인 중 하나가 되었다.

규제와 공정

시장에서의 공정을 이야기할 때 항상 나오는 것이 규제이다. 우리 사회에서 규제는 나쁜 것이라는 이미지가 강하다. 역대 정부가들어설 때마다 규제를 적으로 규정했고 규제와의 싸움을 해왔기때문이다. 그러나 개혁을 하거나 개선해야 할 것은 모든 규제가 아니라 불합리한 규제이다.

규제가 공정과 접점을 찾는 곳은 안전이다. 기업의 입장에서 이윤창출이 되더라도 소비자에게 위험이 된다면 규제의 대상이 된다. 국가가 공적규제를 통해 사전에 위험을 제거하지 않는다면, 사고가 발생한 후에서야 비로소 불법행위에 따른 손해배상책임을 묻게 된다. 그러나 기업을 상대로 한 소송에서 소비자가 효과적으로손해와 인과관계를 입증하고, 충분히 보상받을 수 있는지도 의문이며, 무엇보다도 장기간에 걸친 소송은 소비자에게는 큰 부담이된다.

규제에 대해서 불과 수년 전만 하더라도 경제적 규제와 사회적규제라는 분류 방식을 사용하였다. 특정기기 또는 건축물의 안전기준을 높일 경우 생산자 또는 건설사측에서는 곧바로 경제적 부담을 이유로 규제강화에 반발한다. 이때 기기나 건축은 이용자의안전에 관련되는 것이므로 사회적 규제로 볼 것인가 아니면 경제적 부담을 야기하는 것이므로 경제적 규제로 볼 것인가가 문제된다. 왜냐하면 경제적 규제는 비교적 쉽게 완화할 수 있는데 반해,사회적 규제 즉, 안전에 관한 규제는 완화가 어렵다는 논리를 가지고 있었고, 기업의 입장에서는 이를 경제적 규제로 분류하여 규제의 완화를 주장해왔기 때문이다. 그러나 대부분의 규제는 경제적 측면과 사회적 측면을 모두 가지고 있으며, 기존의 이분법적 규제 방식은 규제현상을 제대로 설명하지 못하고 있었다.

규제는 통합적 형태로 판단해야 하며, 주요한 것은 공적이익과 사적이익 간의 비교형량(Abwägung)이다. 형량의 과정을 통해 사적이익에 대한 침해가 크지 않고 달성하려는 공적이익이 상대적으로 커 규제를 했다면 이는 공정한 형량을 했다고 볼 수 있다. 물론 이러한 사적이익에 대한 침해가 특정 개인에게만 강요되는 '특별한 희생'인 경우에는 이에 합당한 보상이 주어져야 하는 것도 공정의 이념에 부합한다.

소비자보호와 공정

최근 우리사회에서 중요한 이슈로 떠오르고 있는 것이 소비자보호이다. 소비자보호는 재화 및 서비스의 공급자에 비하여 경제적으로 취약한 위치에 있으면서 정보 면에 있어서도 열위에 있는 소비자에게 대등한 교섭력을 마련해주기 위해 필요하다. 즉, 특히 기업과 소비자 간 사인(私人) 대 사인의 관계에서 소비자는 의사결정을 위해 필요한 정보를 얻기 쉽지 않으며 이는 소비자보호의 중요한 이유 중 하나이다. 그 중에서도 복잡한 금융상품을 대상으로 하는 금융소비자보호의 경우 보호의 필요성이 더욱 크다. 금융분야에서는 특히 전문적이고 제한적인 정보로 인해 단순히 형식적 자유의 사에만 맡길 경우 공정한 거래관계가 성립되기 어려울 가능성이 높기 때문이다(최승필 2017, 4).

「소비자기본법」제4조는 소비자에 대해서 몇 가지 권리를 명시하고 있는 바, 다음과 같다. 첫째, 물품·용역으로 인한 생명·신체 또는 재산에 대한 위해로부터 보호받을 권리, 둘째, 물품 등을 선택함에 있어서 필요한 지식 및 정보를 제공받을 권리, 셋째, 물품 등을 사용함에 있어서 거래상대방·구입장소·가격 및 거래조건 등을 자유로이 선택할 권리, 넷째, 소비생활에 영향을 주는 국가 및 지방자치단체의 정책과 사업자의 사업활동 등에 대하여 의견을 반영시킬 권리, 다섯째, 물품 등의 사용으로 인하여 입은 피해에 대하여 신속·공정한 절차에 따라 적절한 보상을 받을 권리, 여섯째, 합리적인 소비생활을 위하여 필요한 교육을 받을 권리, 일곱째, 소비자 스스로의 권익을 증진하기 위하여 단체를 조직하고 이를 통하여 활동할 수 있는 권리, 여덟째, 안전하고 쾌적한 소비생활 환경에서 소비할 권리이다.

환경에서의 공정

환경이슈에서 공정성의 대두

우리나라가 환경문제에 제대로 관심을 갖기 시작한 것은 1980년대 후반이다. 환경법은 처음에는 분뇨 및 오·폐수의 처리에 관한 위생법 단계를 거쳐 산업화와 함께 공해방지에 주안을 둔 공해법 단계로 이행하였다. 그러나 공해법 단계에서 오늘날과 같은 적극적 환경법이 구현된 계기는 1986년도 아시안게임, 1988년 서울올림픽이다.

환경법의 발전단계에서도 환경정의와 환경에서의 공정성이라는 개념이 자리 잡을 여지는 그리 크지 않았다. 환경에 대한 법과 제도는 당연하게 '최대 다수의 최대 행복'이라는 개념이 강하게 지배하고 있었다. 그러나 이러한 공리주의적 사고는 공리주의에 대한 롤즈의 비판처럼 개인의 권리를 짓밟을 수도 있고 다양한 가치를 반영할 수 없으며, 다수를 위해 소수의 권리를 반드시 희생해야 하는 획일적 결과가 생긴다는 비판이 가해질 수 있다(김영란 2016, 108). 예컨대 과거에는 다수의 이익을 위한 개발사업은 소수의 환경이익을 침해할 수 있었지만, 오늘날에는 종합적인 상황을 모두 고려하여 이익의 크기를 형량하거나, 사정판결을 통해 소수의 권리를 구제하는 경우가 늘어나고 있다.

한편, 소득수준의 향상과 함께 환경에 대한 관심이 고조되고, 보다 쾌적한 환경을 위해 적극적인 비용부담이 요구됨과 동시에 개발로 인해 얻어지는 이익과 환경의 훼손으로 인해 피해를 보는 당사자 간 불균형이 발생하면서 공정은 환경분야의 새로운 이슈로 다루어져야 한다는 인식이 확산되고 있다. 이는 비단 국내에 국한되지 않으며 국제적 측면에서도 중요한 이슈로 다루어지고 있다.

국제적 측면에서 환경의 공정성을 다루고 있는 것의 한 예로는 나고야 의정서를 들 수 있다. '유전자원의 접근 및 이용으로부터 발생되는 이익의 공정하고 공평한 이익 공유(ABS: Access to genetic resources and Benefit-Sharing)'를 하기 위해 2010년 10월 일본 나고야에서 열린 '제10차 생물다양성협약 당사국총회'에서 채택된 의정서이다. 과거에는 선진국들이 후진국 또는 개발도상국가의 자연자원을 단순히 투자의 개념 하에서 이용하고 그 사용에 대한 대가를 지불하지 않았다. 따라서 경제적 능력이 충분하지 않은 후진국들의 경우 개발로 인해 훼손된 자연자원을 복구하거나 보전하는 사업을 하기 어려웠으며, 자연자원은 회복력을 상실하게 되는 문제들이 나타났다.

나고야 의정서의 주요한 구조를 보면, 먼저 자연자원을 가지고 있는 국가는 자연자원 접근에 관한 규제 및 이익공유 규범을 만들고, 이용자는 해당 국가에 이익공유를 포함한 사용승인을 받고, 최종적으로 자연자원을 보유하고 있는 국가가 이용자가 제내로 규정을 준수하여 이용했는지를 확인하게 된다.

환경행정과 사법(私法)적 구제절차에서의 공정

환경행정과 공정

환경의 공정성을 따져보는 일은 크게 두 가지 줄기에서 살펴볼 수 있다. 하나가 공행정, 즉 환경행정상 공정성의 구현이며, 다른 하나가 사법적 권리구제절차에서의 공정성의 실현이다. 그리고 환경행정에서는 이를 다시 원칙과 실행의 단계로 나누어 볼 수 있다. 먼저 원칙에 대해서 공정성 및 정의의 개념과 관련하여 논의되는 것이 사전예방의 원칙(precautionary principle)이다. 「환경정책기본법」 제8조 제1항은 "국가 및 지방자치단체는 환경오염물질 및 환경오염원의 원천적인 감소를 통한 사전예방적 오염관리에 우선적인 노력을 기울여야 하며, 사업자로 하여금 환경오염을 예방하기 위하여 스스로 노력하도록 촉진하기 위한 시책을 마련하여야 한다"고 정하고 있다.

이러한 사전예방의 원칙은 환경오염물질을 배출하는 사업자에게 미리 사전적 예방의무를 부여하는 것으로 오염물질의 유해성을 가장 잘 알고 있는 기업이 가장 잘 예방을 할 수 있다는 점에서 정보의 비대칭성을 책임의 영역으로 돌려 공정성을 유지한다는 의미가 있다. 또한 실제 오염물질이 배출되고 나면 민사적 손해배상소송에서 입증책임의 부담이 피해자에게 전가되는 것을 사전에 예방함으로써 그 책임을 줄여주는 의미도 있다. 따라서 이는 환경적 정의의 측면에서 중요한 의미를 갖는다(김은주 2013, 325).

환경행정에서 빈번히 발생하는 것이 특정 지역개발에 따른 인근주민들과의 환경상 충돌이다. 이러한 일들은 우리 사회에서 빈번히 찾아볼 수 있다. 따라서 개발로 인해 영향을 받는 주민들을 개발계획의 절차에 참여시킴으로써 부정적 영향을 최소화하고 개발이익과 주민의 환경이익과의 균형을 이루도록 할 필요가 있다.

여기에는 세 가지 원칙이 필요한 바, 첫째 지역주민들이 개발의 승인과정에서 참여할 수 있는 기회가 보장되어야 하며, 둘째, 공중의 참여가 행정결과에 영향을 미칠 수 있어야 하고(김은주 2013, 320), 셋째, 행정청의 결정에 대해 권리구제절차가 마련되어야 한다는 것이다. 이러한 취지의 법·제도는 주민이 의사결정 자체에 참여할 수 있는 지에서부터 주민이 사업에 대한 설명을 듣는 수준까지 가장 강한 수준에서 가장 약한 수준으로 스펙트럼이 형성되어 있다. 「환경영향평가법」의 경우 요건에 따라 공청회 및 설명회 등을 거치도록 하고 있는 바, 공청회는 중간정도 수준의 참여절차라고 할 수 있으며, 설명회는 가장 낮은 수준의 참여절차라고 볼 수 있다.

　본질적으로 민사소송은 양 당사자 간 대등한 지위를 상정하는 당사자주의를 원칙으로 하고 있다. 따라서 당사자가 법정에 현출한 자료를 중심으로 이를 판단하는 구조로서 당사자는 상대방의 고의 또는 과실 그리고 위법성, 인과관계를 스스로 모두 입증해야 한다. 그러나 환경소송에서는 이러한 원칙을 일부 수정하고 있다. 이유는 환경소송의 내용이 과학적 사실을 기반으로 하고 오염사고 발생 시 해당 오염유발자는 해당 사실을 은폐하려고 하거나 또는 워낙 전문적인 영역이어서 손해배상을 청구하는 자가 이를 제대로 입증하기 어렵기 때문이다. 인과관계 역시 기타 해당물질에 대한 정확한 이해 그리고 타 물질과의 결합시 나타나는 반응 등을 입증하기 어렵다는 문제가 있다. 이러한 소송상 어려움이 노정된 채 환경소송을 진행할 경우 공정한 소송이 이루어질 수 없을 뿐더러 재판의 결과 역시 공정하기 어렵다.

　「환경정책기본법」 제44조 제1항은 환경오염의 피해에 대한 무과실책임을 규정하고 있다. "환경오염 또는 환경훼손으로 피해가 발생한 경우에는 해당 환경오염 또는 환경훼손의 원인자가 그 피해를 배상하여야 한다"고 정함으로써 별도로 고의 또는 과실을 입증하지 않았더라도 손해배상책임의 청구가 가능하도록 하고 있다.

　위법성에 대하여 판례는 다소 모호한 기준을 두고 있는 바, '참을 한도(수인한도)'의 개념을 두고 비록 공법적 규제를 충족했다고 하더라도 피해자가 참을 수 있는 통상적인 한도를 넘는 경우 그 자체로 위법성을 인정하는 방식을 취함으로써 피해자를 두텁게 보호하고 있다. 수인한도 초과여부의 판단은 구체적 사건에서 피해자 및 가해자의 사정 및 모든 주변사항을 고려함과 동시에 침해되는 권리나 이익의 성질, 피해의 정도와 범위, 침해행위에 대한 사회적 평가, 손해회피의 가능성, 가해자의 손해방지조치 유무, 지역환경의 특수성, 공법상 규제기준의 준수여부, 공장소재지의 주변상황, 토지이용관계 등을 모두 감안하여 판단한다.[10]

한편, 인과관계에 대해서 판례는 신개연성설을 취하고 있는 바, a. 피해발생의 원인물질 내지 메커니즘, b. 원인물질의 피해자에의 도달경로, c. 가해공장에서의 원인물질의 생성 및 배출이라는 세 가지 요건 중 두 가지를 피해자가 입증하는 경우이면서 가해자가 반증으로 이를 탄핵하지 못하는 한 인과관계가 인정되도록 하고 있다.[11]

정보사회에서의 공정

정보의 공개와 개인정보의 보호

정보사회에서 공정의 이슈는 세 가지 방향으로 검토할 수 있다. 하나가 정보에의 공정한 접근이며, 또 다른 하나가 정보공개와 투명성 확보를 통한 공정한 거래 내지는 활동이 이루어지는 것이다. 그리고 마지막이 개인정보보호이다.

정보에의 공정한 접근의 문제는 정보공개법에서 이미 설명한

---

10) 대법원 2010. 7. 15. 선고 2006다84126 판결.
11) 대법원 2009. 10. 29. 선고 2009다42666 판결.

바와 같이 비공개사유가 아니라면 모든 국민에게 공공기관의 정보에 접근할 수 있는 권리를 부여하고 있다. 투명성 역시 정보공개와 같은 맥락에서 살펴볼 수 있다. 투명성은 공정성을 확보하는 가장 근본적인 전제조건이다. 투명성은 정보의 공개를 수반하며, 정보의 공개는 여론에 의한, 시민에 의한 통제의 필수조건이라고 할 수 있다. 특히 오늘날 대의제 민주주의의 한계가 노정되는 현실에서 시민에 의한 직접민주주주의 가미는 이러한 정보의 공개성과 투명성을 기반으로 한다.

개인정보보호의 문제는 개인정보를 보유하고 이용하는 기업과 개인정보를 제공하는 정보주체 간 대등한 당사자로서 관계를 형성하는 것이 긴요하다. 대등한 당사자로서 교섭력이 필요한 이유는 개인정보를 활용하는 당사자가 인터넷에서 서비스를 공급하는 포털 등의 서비스운영자, 기업 등으로 일반 소비자에 비해 교섭의 측면에서 우월적 지위를 점하고 있기 때문이다. 실제로 기업 간의 관계에 있어서, 개인정보활용에 대한 약관은 일방적인데 비해, 내부적인 관리소홀로 인한 침해사건은 꾸준히 증가하고 있다. 그러나 침해사고가 발생한 후 기업의 대응은 소비자구제에 우호적이지 않으며, 소송을 하는 경우라도 장시간이 소요됨에 비해서 소액의 배상액이 책정된다는 점에서 유효적절한 수단이라고 할 수 없다.

개인정보를 제공하는 정보주체가 기업과의 대등한 관계에서 개인정보보호에 대한 교섭을 할 수 있어야 정보주체의 권리가 충실히 보호될 수 있으나, 현실적으로 불가능하므로 국가는 소비자의 집단적 이익(kollektive Verbraucherinteressen)이라는 관점에서 개입을 통해 불균형상태를 보완하고자 하며 이는 규제의 형식으로 표출된다.12) 그리고 이러한 규제의 가장 주요한 법적근거가 「개인정보보호법」이다.

「개인정보보호법」은 정보주체의 권리를 규정하고 있는 바, 해당 권리를 침해할 경우 공적인 제재와 함께 민사상 손해배상책임을 부담한다. 「개인정보보호법」 제4조가 정하고 있는 정보주체의 권리는 다음과 같다. 첫째, 개인정보의 처리에 관한 정보를 제공받을 권리, 둘째, 개인정보의 처리에 관한 동의 및 범위 등을 선택·결정할 권리, 셋째, 개인정보의 처리 여부를 확인하고 해당 정보에 대하여 열람을 요구할 권리, 넷째, 개인정보의 처리 정지, 정정·삭제 및 파기를 요구할 권리, 다섯째, 개인정보의 처리로 인하여 발생한 피해를 신속하고 공정한 절차에 따라 구제받을 권리이다.

알고리즘의 중립성

소셜미디어나 검색포털에서 어떠한 정보를 우선적으로 제공해 주는가가 중요한 문제가 되었다. 우선적으로 혹은 상위의 정보로 제공될 경우 해당 정보가 가지는 영향력은 커지게 된다. 따라서 이를 결정하는 알고리즘은 공정한 여론형성에 매우 중요한 요소라고 할 수 있다. 특히 오늘날 국민들의 직접 민주적 욕구 강화와 함께

---

12) 독일 '금융감독원법(Gesetz über die Bundesanstalt für Finanzdienstleistungsaufsicht)' 제4조 1a항은 집단적 소비자의 이익을 명시하고 공적기구로서 금융감독원의 감독수행의무를 규정하고 있다: "Die Bundesanstalt ist innerhalb ihres gesetzlichen Auftrags auch dem Schutz der kollektiven Verbraucherinteressen verpflichtet."

사이버민주주의가 대의제 민주주의를 보완하는 방식으로 확대되어 나가면서 알고리즘의 중립성과 공정성은 단순히 소비자 선호문제에서 민주주의 운영의 문제로 바뀌어가고 있다.

빅데이터 검색에 있어서 정보검색자가 선호하는 정보만을 제공하는 경우, 해당 사안에 대해서 객관성을 상실할 우려가 있다. 즉, 특정 정치적 사안에 대해서 보수 또는 진보 관련 정보검색이 주로 이루어졌다면 알고리즘은 지속적으로 동일한 범주에 대한 정보를 제공하게 되고 이는 편향성으로 굳이지게 된다. 그리고 편향성은 공정하지 못한 그리고 중립적이지 않은 사회적 의사결정을 가능하게 하는 문제가 있다.

뉴스포털의 알고리즘과 관련하여 논란이 되었던 것이 중립적이면 공정한가의 문제였다. 중립성이 공정성과 반드시 등치되지는 않는다는 반론이 제기되었지만, 우리 모두가 이미 답을 알고 있었다. 중립적인 것이 공정성을 반드시 의미하지는 않지만, 중립적인 것이 대체로 공정할 가능성이 높으며, 알고리즘의 중립성이 공정성의 요건임을 부인할 수는 없다.

미래사회의 핵심적 이슈로 부각된 알고리즘의 중립성에 대하여 법은 어떻게 대응하고 있을까? 알고리즘과 관련한 법적 문제는 기존 법률의 해석에서 먼저 발견할 수 있다. 자율주행자동차를 통제하는 알고리즘에 하자가 발생하여 사고를 낸 경우 제조물책임법에 따라 알고리즘 설계자의 책임이라는 견해가 제시된 적이 있으며, 「저작권법」은 제101조의2 제3호 "해법: 프로그램에서 지시·명령의 조합방법"에서 프로그램의 알고리즘을 「저작권법」의 보호대상에서 제외하고 있고, 뉴스정보에 알고리즘이 적용된 경우 「신문 등의 진흥에 관한 법률」 제10조[13])가 적용되어 알고리즘이 공개되어야 한다는 견해도 제기되고 있다(최지연 2017, 26-28).

알고리즘의 문제를 법에서 본격적으로 접근한 분야는 공정경쟁 분야였다. 소비자에게 제공되는 정보를 편향되게 공급하는 경우 공정한 경쟁을 해칠 수 있다는 것이다. 유럽연합은 2017년 구글에 대하여 반독점행위를 이유로 24억 2천만유로의 과징금을 부과하였다. 구글의 온라인 쇼핑 서비스인 구글쇼핑의 제품이 구글검색 결과 상위에 표시되도록 구글의 독점적 지배력을 이용했다는 것이다. 보다 구체적으로는 경쟁사 제품을 검색알고리즘 규칙을 적용하여 상위랭크에서 배제하였다는 것이다.[14] 이외에도 특정업체들이 가격알고리즘을 조작하여 담합을 하는 '디지털카르텔'도 나타나고 있다(최지연 2017, 40). 그러나 아직까지 알고리즘의 중립성에 대한 일반법적 근거는 없으며, 인공지능이나 로봇 관련 가이드라인 내지는 결의[15] 등에 윤리적 측면에서의 제한사항을 두는 정도에 그치고 있어 향후 논의가 더 필요한 분야이다.

---

13) 「신문 등의 진흥에 관한 법률」 제10조 제1항 "인터넷뉴스서비스사업자는 기사 배열의 기본방침이 독자의 이익에 충실하도록 노력하여야 하며, 그 기본방침과 기사배열의 책임자를 대통령령으로 정하는 바에 따라 공개하여야 한다."

14) European Commission, Case AT.39740, Google Search(Shopping), 27/06/2017; Foo Yun Chee. 2017. "EU fines Google record $2.7 billion in first antitrust case." Reuters(June 27), https://www.reuters.com/article/us−eu−google−antitrust−idUSKBN19I108

15) European Parliament resolution of 16 Feb. 2017 with recommendation to the Commission on Civil Law Rules on Robotics (2015/2103(INL)).

공정하려는 의지와 공정한 법

우리사회의 불공정은 특정인에 의한 것만은 아니다. 우리는 법이라는 공정한 룰 ― 적어도 입법이 공정하게 이루어졌다면 ― 을 만들어 두고도 보다 큰 이익을 위해 이를 우회하는 방법을 택하려는 동기를 가지고 있다. 법은 공정함을 추구하기 위한 장치이지만 그 장치를 활용하고 이용하려는 공정한 동기가 있어야만 비로소 완성될 수 있다.

우리사회에서 공정이라는 화두는 매우 뜨겁다. 그리고 많은 사람들이 공정을 이야기한다. 그런데 그렇게 많은 사람들이 공정을 이야기했다면 이미 우리사회는 공정해졌어야 한다. 그럼에도 불구하고 우리사회가 공정해지지 않았다면 크게 두 가지의 경우를 생각해볼 수 있다. 사람들 스스로가 공정하지 않았거나, 법이 공정하지 않은 것이다. 여기에서의 법은 입법, 행정, 사법 모두를 통칭하는 개념이다. 즉, 법이 공정하지 않은 경우라면 입법이 공정하지 않거나, 행정권을 통한 법집행이 공정하게 이루어지지 않거나, 사법부에 의한 법의 해석 및 판단이 공정하지 않은 경우이다. 아니면 이 모두가 공정하지 않은 경우일 것이다.

법은 저절로 공정해지는 것도 아니며 본질적으로 완벽하게 공정한 것도 아니다. 대체로 법은 공정하기 위해서 제정하고 공정하기 위해 집행되나, 법을 구성하는 수많은 요소에서 불공정성을 내포하고 있다. 그리고 그 불공정성은 우리가 법을 어떻게 활용하는가에 따라 크게 작용할 수도 있고, 작은 흠에 불과한 정도로 남을 수도 있다. 우리의 법은 공정한가? 결국 좋은 법을 만들려는, 제대로 준수하려는, 잘 판단하려는 사람들의 몫이다. 그들이 법을 어떻게 사용하느냐에 따라 법은 공정할 수도 공정하지 않을 수도 있다.

참고문헌

김세원 외. 2011. 『페어 소사이어티』. 서울: 한국경제신문.

김영란. 2016. 『열린 법이야기』. 서울: 풀빛.

김은주. 2013. "공생발전을 위한 이론적 토대, 환경정의론: 미국에서의 이론과 법제도를 중심으로." 『공법연구』 41권3호, 317-339.

김병관. 2011. "한국사회의 공정성 문제: 원인과 과제." 『지식의 지평』 11호, 194-216.

서성아. 2011. 『공정성 실태조사를 위한 기초연구보고서』. 서울: 한국행정연구원.

신중섭. 2011. "'공정사회'의 새로운 지평." 『지식의 지평』 11호, 114-130.

최승필. 2015. "공공행정/규제개혁 분야 글로벌 법제 이슈 및 동향 분석." 『2015 Global Legal Issues』, 133-191. 서울: 한국법제연구원.

_____. 2016. 『법의 지도: 세상의 질서를 찾아가는 합의의 발견』. 성남: 헤이북스.

_____. 2018. "금융소비자보호의 공법적 기초: 보호법리와 조직법적 쟁점을 중심으로." 『외법논집』 42권 1호, 191-216.

최지연. 2017. "알고리즘 중립성 보장을 위한 법제연구." 한국법제연구원 편. 『디지털사회 법제연구』, 서울: 한국법제연구원.

하정철. 2015. "재판의 공정성을 의심할 만한 사정의 존부 판단에 의한 제척이유의 실질화." 『서울법학』 22권 3호, 631-660.

한국행정연구원. 2017. 『사회통합실태조사』.

행정안전부. 2017. 『2016년도 정보공개연차보고서』.

OECD. 2015. "Gallup World Poll, A Justice You Can Trust?: Percentage of Citizens Confident with the Judicial System(2014)."

Foo Yun Chee. 2017. "EU Fines Google Record $2.7 Billion in First Antitrust Case." Reuters(June 27), https://www.reuters.com/article/us-eu-google-antitrust-idUSKBN19I1108.

Rawls, John. 1971. *A Theory of Justice*. Cambridge: Belknap Press of Harvard University Press.

6 장

행정기관의 구성과 공정성

이현수

행정조직원리와 공정성

공정(公正)이라는 말은 일상생활에서 뿐 아니라 법령문언에서도 자주 사용되고 있는 말이다. 대표적으로 「민사소송법」은 "법원은 소송절차가 공정하고 신속하며 경제적으로 진행되도록 노력하여야 한다"라고 선언하여 절차의 공정성이 민사소송의 이념 가운데 하나임을 밝히고 있다(동법 제1조 제1항). 또한 "당사자는 법관에게 공정한 재판을 기대하기 어려운 사정이 있는 때에는 기피신청을 할 수 있다"고 규정함으로써 재판받는 자가 재판하는 자를 소극적으로나마 선택할 여지를 부여하고 있다(동법 제43조 제1항).[1] 소송법 영역 이외에도 공정 또는 불공정이라는 말이 사용되고 있는 실정법으로는 「공공기관의 정보공개에 관한 법률」을 들 수 있다. 동법에서는 공공기관이 보유·관리하는 정보를 예외적으로 비공개할 수 있는 사유들 가운데 하나로서 업무의 공정한 수행을 들고 있다. 즉, 감사·감독·검사·시험·규제·입찰계약·기술개발·인사관리에 관한 사항이나 의사결정 과정 또는 내부검토 과정에 있는 사항 등으로서 공개될 경우 업무의 '공정한' 수행에 현저한 지장을 초래한다고 인정할 만한 상당한 이유가 있는 정보는 비공

1) 법관에 대한 기피사유인 공정한 재판을 할 것이라고 기대하기 어려운 사정이란 당사자가 불공정한 재판이 될지도 모른다고 추측할 만한 주관적인 사정이 있는 때를 말하는 것이 아니고, 통상인의 판단으로서 법관과 사건과의 관계로 보아 불공정한 재판을 할 것이라는 의혹을 갖는 것이 합리적이라고 인정될 만한 객관적인 사정이 있는 때를 말한다는 것이 판례와 학설의 입장이다. 대법원 1966. 4. 4. 자 64마830 결정; 1967. 3. 28. 자 67마89 결정; 1987. 10. 21. 자 87두10 결정 참조.

개대상이 된다(동법 제9조 제1항 제5호). 그 밖에도 '공정'이라는 말이 널리 사용되고 있는 영역이 바로 공적 주체의 의사를 결정하거나 또는 그러한 의사결정 과정에 다양한 모습으로 관여하는 회의체의 조직을 규율하는 법령들이다. 이 글의 말미에서 제시하고 있는 <붙임>에서 알 수 있듯이 대한민국의 많은 현행법령들에서는 각종 위원회의 설치와 관련하여 제척, 기피, 회피사유를 규정하면서 위원회의 구성원이 '공정'한 심의 · 의결을 하기 어렵다거나 또는 '불공정'한 심의 · 의결을 할 우려가 있다고 인정할 만한 상당한 사유가 있을 때를 기피신청사유로 규정하고 있다. 이 위원회들은 각종 분쟁조정위원회처럼 대립되는 이해관계를 가진 양 당사자의 존재를 전제로 하여 이들 양 당사자로부터 독립된 제3자로서 분쟁해결의 임무가 부여된 경우가 있는가하면, 징계위원회나 과징금부과위원회처럼 사인의 의무위반행위에 대한 불이익부과를 결정하는 경우도 있으며 더 나아가 도시계획위원회처럼 미래지향적인 계획행정의 일환으로서 계획재량을 행사하는 기관들도 있다. 또한 이들 위원회들은 국토, 교육, 인사, 경제, 환경, 문화, 사회보장 등 거의 모든 행정분야에 걸쳐 등장하고 있다.

이러한 위원회들의 구성과 관련하여 보다 일반적인 규율을 담고 있는 법률이 「행정기관 소속 위원회의 설치 · 운영에 관한 법률」이다. 동법에서는 행정기관에 위원회를 설치하는 경우에는 설치목적 · 기능 · 성격, 위원회의 구성 및 임기, 존속기한 등을 법령에 명시하여야 한다고 하면서, 특히 위원의 제척 · 기피 · 회피에 관한 규정은 '국민의 권리 · 의무와 관련되는 인 · 허가, 분쟁 조정 등 특히 공정하고 객관적인 심의·의결이 필요한 경우에 한정'하여 두는 것으로 못박고 있다(동법 제6조).

　이처럼 여러 법령들에서 '공정'이라는 용어가 사용되고 있는데 그 맥락에는 다소간의 차이가 있음을 알 수 있다. 즉, 법령이 공적 주체가 내리는 결정의 실질이 '공정'할 것을 요구하는 경우도 있지만 다른 한편으로는 어떠한 공적 결정의 내용을 묻기 이전에 먼저 결정을 내리는 자 자체가 '공정'한 결정을 내리지 못할 것으로 여겨지는 경우를 상정하고 이러한 자들을 공적 의사결정과정에서 배제하기 위하여 '공정'이라는 말을 사용하기도 한다. 그렇다면 공정하지 못한 결정을 내릴 가능성이 있어서 결정절차에서 배제되어야 할 자들과 그렇지 않은 자들을 분별할 기준은 어디에서 발견될 수 있을까? 막상 실제 사안에서 공정한 심의·의결을 하기 어려운 사정이 있다고 우려하여 절차의 당사자가 특정인에 대해 기피신청을 한다면 이러한 신청을 받아들일지 아니면 받아들이지 않을지를 결정해야 하는 일은 참으로 판단하기 매우 어려운 일이 된다. 무엇보다도 '공정'이라는 말은 워낙 추상적이고 불확정적이라서 '정의'라는 말과 유사하게, 그 안에 무엇을 내용으로 담아야 하는지에 대하여 견해가 일치하기 어렵기 때문이다. 또한 만약 불공정한 결정을 내릴 우려가 있는 자가 심의·의결과정으로부터 미처 배제되지 못하고 그가 포함된 채로 결정이 내려진 경우, 해당 결정의 법적 운명은 어떻게 되는지에 대해서도 불분명한 점이 있다. 공정한 결정을 내릴만한 입장에 서 있지 못하다고 볼만한 상당한 이유 있는 자가 단 한 사람이라도 참여하여 내린 결정은 그 내용의 적법·타당성과 무관하게 주체의 하자가 있다고 볼 것인가? 아니면 결정의 실질적 내용에 영향을 미친 정도가 미미한 경우라면 결정의 효력에는 아무런 문제가 없다고 하여야 할 것인가? 결정의 실질적 내용에 영향을 미친 정도가 상당한지 아니면 미미한지를 판단하는 기준은 무엇인가? 등의 문제가 연속적으로 제기될 수밖에 없다. 예컨대 재판 활동의 영역에서는 법관에게 제척·기피사유가 있음에도 불구하고 당사자가 해당 법관을 배제해달라는 신청을 하지 아니하였다든지, 신청을 하였으나 긴과된 채로 판결에 나아가게 되면 낭해 판결이 확정 전이냐 확정 후냐에 따라 상소나 재심의 사유로 하고 있는데, 이러한 틀을 과연 행정 활동의 영역에도 그대로 차용할 수 있겠는가의 문제가 발생한다. 이하에서는 합의제 행정기관 구성과 관련한 다양한 우리나라의 판례를 살펴보고 외국의 입법례를 검토한 후, 결정주체의 공정성 내지 불편부당성에 관한 인접학문의 견해들을 살펴봄으로써 수많은 법령들에서 상정하고 있는 공정한 결정을 내릴 자 또는 불공정한 결정을 내릴 우려가 있는 자를 어떤 기준으로 판별할 것인지에 대한 시사점을 얻기로 한다.

합의제 기관의 구성과 그 하자

기관구성상의 하자를 인정한 사례

일반적으로 행정행위는 주체, 절차, 형식 및 내용에 있어서 흠이 없어야 온전하게 그 법적 효력이 발생하게 된다. 주체, 절차, 형식 및 내용에 있어서 하자가 있는 경우 당해 행정행위는 그 효력이 온전하게 발생하지 못하게 되어 법원이나 행정 스스로에 의하여 취소되거나 또는 그 하자가 중대하고 명백한 경우에는 무효임을 확인받게 된다. 특히 합의제 행정기관의 행위에 있어서 회의체가 적법하게 소집되지 않았다거나 의사정족수나 의결정족수에 미달이 있었거나 또는 결격자가 참여한 경우에는 당해 기관 구성에 중대한 흠이 있게 된다. 더 나아가 이러한 구성상 흠이 있는 합의제기관의 행위는 원칙적으로 무효라는 것이 판례의 입장이기도 하다.

구 폐기물처리시설 설치촉진 및 주변지역지원 등에 관한 법률(2004. 2. 9. 법률 제7169호로 개정되기 전의 것, 이하 '폐촉법'이라 한다) 제9조 제3항의 위임에 의한 폐촉법 시행령 제7조는 [별표 1]에서, 지방자치단체의 장이 설치하고자 하는 폐기물처리시설의 경우 입지선정위원회의 구성은 입지선정지역이 1개 시ㆍ군ㆍ구인 경우 위원의 정원은 11인 이내로, 위촉 기준은 시ㆍ군ㆍ구 의회 의원 2인, 시ㆍ군ㆍ구 공무원 2인, 시ㆍ군ㆍ구 의회에서 선정한 주민대표 3인, 시장ㆍ군수ㆍ구청장이 선정한 전문가 2인, 주민대표가 추천한 전문가 2인으로 하되, 전문가는 전문대학 이상의 환경관련 학과의 조교수 이상 또는 국ㆍ공립연구기관의 선임연구원 이상의 자격 보유자로써 위촉하도록 규정하고 있고, 폐촉법 시행령 제11조 제2항은 입지선정위원회의 회의는 재적위원 3분의 2 이상의 참석과 참석위원 과반수의 찬성으로 의결하도록 규정하고 있는바, 위 각 규정들에 의하면, 입지선정위원회는 폐기물처리시설의 입지를 선정하는 의결기관이라고 할 것이고, 입지선정위원회의 구성방법에 관하여 일정 수 이상의 주민대표 등을 참여시키도록 한 것은 폐기물처리시설 입지선정 절차에 있어 주민의 참여를 보장함으로써 주민들의 이익과 의사를 대변하도록 하여 주민의 권리에 대한 부당한 침해를 방지하고 행정의 민주화와 신뢰를 확보하는 데 그 취지가 있는 것이므로, 주민대표나 주민대표 추천에 의한 전문가의 참여 없이 이루어지는 등 입지선정위원회의 구성방법이나 절차가 위법한 경우에는 그 하자 있는 입지선정위원회의 의결에 터잡아 이루어진 폐기물처리시설 입지결정처분도 위법하게 된다 할 것이다…원심은, 폐촉법 시행령이 입지선정위원회의 구성방법에 관하여 시장·군수·구청장이 선정하는 2인과 주민대표가 추천한 2인의 전문가들을 참여시키도록 한 입법 취지는, 전문적인 식견을 갖춘 전문가로 하여금 폐기물처리시설 설치에 따라 예상되는 여러 문제점들을 사전에 심도 있고 공정하게 검토하여 이를 구체적으로 제시하게 함으로써, 전체 주민의 이익과 의사를 대변하도록 하여 주민 참여를 보다 실질적인 것이 되도록 하고, 지방자치단체의 전횡이나 소수 주민대표의 경솔한 결정으로 인한 주민의 권리에 대한 부당한 침해를 방지하여 행정의 민주화와 신뢰를 회복하는 데 있다 할 것이므로, 이러한 취지에 비추어 입지선정위원회에 전문가 4인, 특히 주민대표가 추천한 전문가 2인의 참여는 필요불가결한 요소라고 할 것이므로, 이 사건에서 적용법령을 그르쳐 폐촉법 시행령에 의한 구성방법에 따라 입지선정위원회를 구성하지 않은 채 임의의 입지선정위원회를 구성하면서 군수와 주민대표가 선정, 추천한 각 2인의 전문가를 포함시키지 않은 하자는 중대한 것이고 객관적으로도 명백하다고 보아야 하고, 따라서 이 사건 처분의 하자는 무효사유에 해당한다고 판단하였다. 앞의 법리와 기록에 비추어 살펴보면, 원심의 이러한 판단은 옳은 것으로 수긍이 가고, 거기에 상고이유의 주장과 같은 행정처분의 무효사유에 관한 법리오해 등의 위법이 있다고 할 수 없다.[2]

2) 대법원 2007. 4. 12. 선고 2006두20150 판결.

기관구성상의 하자를 부인한 사례

이처럼 우리 대법원은 합의제 행정기관을 구성함에 있어서 필수 불가결한 요소를 결한 경우에는 그 하자가 중대하고 명백하여 당해 합의제 행정기관이 내린 결정은 무효가 된다는 입장을 취하고 있다. 이러한 판결을 보면 대법원이 합의제 행정기관 구성에 있어서 적법성을 상당히 엄격한 잣대로 판단하고 있는 것으로도 볼 수 있다. 그러나 이하에서 살펴보는 민사사건에서 대법원은 징계 결정을 내리는 위원회에 징계 대상인 교원과 사실상 적대관계가 뚜렷한 자가 참여하여 결정을 내렸다 하더라도 징계위원회의 구성에 하자가 없다는 결론을 내린 바 있다. 문제되었던 사건의 사실관계를 간략하게 소개하면 다음과 같다. 한 사립중고등학교 교원들이 교사의 신분보장과 학교의 운영 등에 관한 시정요구를 하고 교육위원회에 특별감사를 실시해 줄 것을 진정하는 한편 철야 농성 시위를 계속하자, 이에 자극을 받은 학생들이 동조·합세하여 수업을 받지 않고 시위하는 사태에 이르게 되었다. 그러자 이들 교원들이 학기 중에 교장실을 무단 점거하여 장기간에 걸쳐 남녀 구별 없이 철야로 농성한 행위가 품위유지의무 위반에 해당한다는 이유로 징계절차가 개시되어 징계위원회가 소집되었는데, 이 위원회에는 당해 학교장과 그의 처가 위원으로 참여하였다. 그런데, 당해 학교장은 바로 교원들의 진정에 기하여 실시된 교육위원회의 감사 결과 학교법인에 공납금 임의유용, 교원채용 및 학생 입·퇴학과 관련한 금품수수 등 학사운영과 회계정리상의 하자가 발각되면서 이러한 비리에 상응하는 조치로서 파면의 행정지시를 받게 된 당사자였다. 이러한 사안에서의 대법원의 견해는 다음과 같다.

> 사립학교법 제63조[3] 및 피고 법인의 정관 제46조는 교원징계위원회
> 위원은 그 자신에 관한 징계사건을 심리하거나 피징계자와 친족관계
> 가 있을 때에는 당해 징계사건의 심리에 관여하지 못한다고 규정하고
> 있는바, 소론과 같이 이 사건 징계의결을 한 징계위원회의 위원장인 소
> 외 1은 경상남도교육위원회의 피고 법인에 대한 감사 결과 그의 비위
> 사실이 밝혀져 파면의 행정지시를 받고 있었고 징계위원인 소외 2는
> 위 소외 1의 처로서 피징계자인 원고들과 대립되는 관계에 있었다 하
> 더라도, 그러한 사정만으로는 위 사립학교법 제63조 및 피고 법인의 정
> 관 제46조 소정의 제척사유가 된다고 할 수 없고, 그것이 위 징계위원
> 들에 대한 기피사유가 된다고 하더라도 원고들이 징계절차에서 그 징
> 계위원들에 대한 기피신청을 제기한 바 없는 이상 그들이 징계절차에
> 서 당연히 배제되는 것이라고 할 수 없으며, 또한 원고들이 그 이후 재
> 심위원회의 재심결정을 받음으로써 징계절차상의 하자는 치유되는 것
> 이므로, 이 사건 징계위원회의 구성에 하자가 있었다고 할 수 없다.[4]

그러나 교사들의 폭로와 항의로 말미암아 교육당국으로부터 파
면의 행정지시를 받게 된 학교장과 그 처는 교사들의 행위가 징계
를 받을만한 정도의 품위훼손에 해당하는지 여부, 또 품위훼손에
해당한다면 어느 수위의 징계가 합당한지를 중립적이고 객관적인

---

3) 구 「사립학교법」[법률 제4376호, 시행 1991. 5. 31.] 제63조 (제척사유) 교원징
   계위원회위원은 그 자신에 관한 징계사건을 심리하거나 피징계자와 친족관계
   가 있을 때에는 당해 징계사건의 심리에 관여하지 못한다.
4) 대법원 1994. 11. 18. 선고 94다8266 판결.

입장에서 판단하기 어려울 것임은 쉽게 헤아려볼 수 있다. 그럼에도 불구하고 명명백백하게 교사들과 대립관계에 있었던 학교장이 해당 교사들에 대한 징계위원회의 구성원이 된다 하더라도 그 구성에 하자가 있었다고 볼 수 없다는 위 판결의 결론은 결정주체의 공정성에 대하여 합의하기가 얼마나 어려운지를 잘 보여준다. 마찬가지로 민사사건이기는 하나 이와 유사한 사례는 더 발견된다. 피징계자가 유인물을 통하여 甲의 이름을 거명하여 비난하는 등 인신공격행위를 하였는데, 이것이 원인이 되어 징계절차가 개시된 사안에서 甲이 징계위원으로서 징계사건의 심리와 의결에 관여하였다. 이 사건에서의 하급심법원의 의견은 다음과 같다.

> 사립대학교 교원징계위원회의 해임의결 당시 학교법인의 정관에 징계위원회 위원의 제척에 관한 규정이 없었다 하더라도 위원의 제소에 관한 규정은 있었고, 해임처분확정 후 정관을 개정하여 위원의 기피에 관한 규정을 신설하였다면, 징계에 관한 일반적 법리에 비추어 볼 때, 피징계자와 이해관계가 대립되거나 적대감이 있는 사람이 징계위원으로 선정되어서는 징계절차의 공정성이 보장될 수 없으므로 그러한 사람은 징계위원에서 제외되어야 한다. 징계위원회의 위원 전원이 해임 이상의 중징계 의견을 표시하여 해임의결이 된 후 위 의결에 관여한 위원 중 1인에게 기피사유가 있었음이 판명된 경우, 그 위원의 의견을 제외시키더라도 징계의결 요건을 충족한다면 그 절차의 위법이 징계의결에 영향을 미쳤다고 볼 수 없으므로 이에 기하여 이루어진 해임처분은 유효하다.[5]

---

5) 서울고등법원 1992. 12. 3. 선고 91나54451 제8민사부판결.

위 법원은 공정한 심의와 의결을 내릴 것인지에 관하여 합리적인 의심이 가는 위원이 참여하여 이루어진 징계의결이라 하더라도 해당 위원의 의견을 제외한 나머지 위원들의 의견만으로도 징계의결요건을 충족한다면, 주체의 하자가 징계의결에 영향을 미쳤다고 볼 수 없다는 입장을 취하고 있다. 그러나 이러한 법원의 논증에 대해서는 다음과 같은 의문을 제기할 수 있다. 법원은 해당 위원의 의결을 제외하더라도 의결정족수가 충족되었다면 그러한 구성상의 위법이 징계결정의 하자로 이어지지 않는다고 보았는데, 가령 해당 위원이 심의에 참여하여 다른 위원들과 의견을 나누는 과정에서 다른 위원들의 의사결정에 적지 않은 영향을 미쳤다고 한다면 그러한 경우도 구성상의 하자가 징계결정에 아무런 영향을 미치지 않았다고 말할 수 있을 것인가? 위원회 구성상의 하자가 징계의결에 영향을 미쳤는지 여부를 판단하는 기준은 무엇인가? 보다 근본적으로는, 위원회 구성상 하자가 징계의결의 독자적 위법사유는 아니라고 보는 근거는 무엇인가? 등이 그것이다. 또한 폐기물 처리시설 입지선정위원회의 구성과 관련한 보다 엄격한 입장과 교원징계위원회의 구성과 관련한 보다 너그러운 입장을 단지 공법사건과 민사법사건의 차이로만 설명할 수 있는지도 의문이다. 물론 위 판결들은 이러한 의문들을 풀어줄만한 자세한 논증을 하고 있지는 않고 이러한 의문들을 다룬 선행 연구들도 쉽게 발견되지 않는다. 위와 같은 의문들에 대해서 서둘러 해답을 제시하기 보다는 답을 찾아가는 과정의 일환으로서 아래에서는 합의제 행정기관의 공정성 내지 불편부당성을 기하기 위하여 외국에서는 어떠한 법률

규정을 두고 있는지를 살펴보고 뒤이어 공정한 결정자 또는 불편부당한 결정자 모델을 제시하기 위한 인접 학문의 노력을 살펴보기로 한다.

비교법적 고찰

우리나라

우리의 「행정절차법」상으로는 행정절차 전반을 아우르는 제척이나 기피, 회피에 관한 규정은 마련되어 있지 않다. 다만 청문절차와 관련하여 청문주재자의 제척 · 기피 · 회피에 관한 규정은 마련하고 있는데 제척사유로는 자신이 당사자등이거나 당사자등과 「민법」 제777조 각 호의 어느 하나에 해당하는 친족관계에 있거나 있었던 경우, 자신이 해당 처분과 관련하여 증언이나 감정(鑑定)을 한 경우, 자신이 해당 처분의 당사자등의 대리인으로 관여하거나 관여하였던 경우, 자신이 해당 처분업무를 직접 처리하거나 처리하였던 경우를 들고 있다(「행정절차법」 제29조 제1항 제1~4호). 청문주재자의 기피사유는 청문주재자에게 공정한 청문 진행을 할 수 없는 사정이 있는 경우이며 당사자가 기피신청을 하면 행정청은 청문을 정지하고 그 신청이 이유가 있다고 인정할 때에는 청문주재자를 지체 없이 교체하여야 한다(동법 제29조 제2항). 더 나아가 청문주재자는 스스로에게 제척 · 기피사유가 있을 때 행정청의 승인을 얻어 스스로 청문의 주재를 회피할 수 있다(동법 제29조 제3항).

청문 이외에도 공청회와 관련하여 행정청은 공청회의 주재자 및 발표자를 지명 또는 위촉하거나 선정할 때 공정성이 확보될 수 있도록 하여야 한다거나(동법 제38조의3 제3항), 공청회 주재자는 공청회를 공정하게 진행하여야 한다는 규정(동법 제39조 제1항)도 두고 있는데 이들 공청회 주재자와 관련한 규정들도 행정절차 내에서 행정을 위하여 행위하는 자들의 공정성, 불편부당성을 기하기 위한 조항으로서의 역할을 수행하고 있다. 그 밖에도「행정기관 소속 위원회의 설치·운영에 관한 법률」에서는 국민의 권리·의무와 관련되는 인·허가, 분쟁 조정 등 특히 공정하고 객관적인 심의·의결이 필요한 경우에는 위원의 제척·기피·회피에 관한 규정을 두어야 한다고 규정하고 있음은 앞서 살펴본 바와 같다(동법 제6조). 그러나「행정절차법」은 이상의 제척·기피·회피 관련 규정에 위반하여 청문이 주재되었거나 또는 해당 청문조서에 토대하여 처분이 내려진 경우, 해당 처분의 하자 여부에 대해서는 직접적인 규율은 두고 있지 아니하며 실무상으로도「행정절차법」제29조의 적용 여부가 쟁송의 쟁점이 되었던 사례는 행정심판이나 행정소송상으로도 거의 발견하기 어려운 실정이다.

독일

이해충돌은 행정절차의 진행과정뿐 아니라 절차의 결과물인 결정 자체에도 부정적인 영향을 끼칠 수 있기 때문에 독일은 연방이나 각 주에서 행정절차법률들이 제정되기 이전에도 이미 편견이 있는 자는 절차에서 배제되어야 한다는 것이 법치국가원리로부터 도출되는, 일반적으로 승인된 법원칙이라고 이해하여 왔다(Wolf et al., 2017, § 59, Rn. 13). 독일의 '연방행정절차법(Verwaltungs-verfahrensgesetz)'에서는 우리의 경우처럼 청문주재자와 관련하여 서만 제척·기피·회피 등 배제사유를 규정하고 있는 것은 아니며, 동법이 적용되는 영역 전반에 걸쳐 행정을 위하여 행위하는 자의 배제사유를 규정하고 있다. 어떤 사람이 절차의 당사자인 경우, 당사자와 친척관계에 있는 자인 경우, 법률규정 등에 의해 당사자를 대표하는 자인 경우, 절차에서 당사자를 대표하는 자의 친척인 경우, 당사자에게 고용되어 그로부터 보수를 받는 자인 경우 등에는 행정청을 위하여 행위하여서는 아니되며 더 나아가 문제의 절차 내에서의 활동이나 절차를 통해 내려진 결정으로 인하여 직접적인 이익이나 불이익등을 받을 수 있는 자도 마찬가지로 제척됨을 규정하고 있다. 또한 여기서의 친척의 범위에 대해서는 동법 제20조 제5항에서 상세히 규율하고 있다.

한편 이러한 결정주체의 공정성에 대한 우려는 행정소송의 맥락에서도 당연히 제기되기 마련인데, 독일의 '연방행정법원법 (Verwaltungsgerichtsordnung)'에서는 행정법관의 제척(Ausschlie-ßung)·기피(Ablehnung)에 관하여 독자의 규정을 마련하기 보다는 '연방민사소송법(Zivilprozeßordnung)' 상의 법관의 제척 및 기피사유에 관한 규정을 준용하고 있다(동법 제54조 제1항). 연방민사소송법에서는 법관이 제척사유가 있는 경우는 물론이고 편견·편파의 우려(Besorgnis der Befangenheit)를 이유로 하여서도 기피될 수 있다고 규정하고 있는데, 편파성의 우려란 법관의 공정성 또는 불편부당성(Unparteilichkeit)에 대한 불신을 뒷받침하는 상당한 이유가 있을 때를 의미한다(동법 제42조 제1항, 제2항).

이처럼 재판 영역에서도 기피사유로 규정되어 있는 공정성 기준은 행정활동의 영역에서도 채용되고 있다. 즉, 연방행정절차법 제21조에서는 행정절차에서의 기피에 관해 규정하고 있는데, "행정절차 내에서 행정을 위하여 행위하는 자에게, 그가 공정하게 직무수행을 할 것이라고 믿지 못할만한 사유가 있거나 또는 일방 당사자가 그러한 사유가 있다고 주장하는 경우에는 당해 행정을 위하여 행위하는 자는 이를 행정청의 장이나 그 대리인에게 보고하여야 하며 행정청의 장이나 그 대리인의 명이 있는 경우, 절차에의 참여를 삼가하여야 한다"라고 규정하면서 "편견의 우려가 행정청의 장에게 있는 경우, 당해 행정청의 장이 스스로 절차에의 참여를 삼가하지 않는다면 감독관청이 해당 명을 내린다"라고 규정하고 있다.

이러한 제척과 기피 관련 규정은 세 가지 기능을 수행하고 있는데 첫째, 행정결정의 영향을 받게 되는 시민의 관점에서는, 편견 있는 자가 자신의 일에 관한 절차에 끼어들지 못하게끔 한다는 점에서 시민의 이익에 봉사한다. 둘째, 공행정 스스로 이해충돌로부터 보호가 되며, 셋째로는 개별 공무수행자들 자신들도 이해충돌로부터 보호된다(Wolf et al., 2017, § 59, Rn. 13).

그런데 연방행정절차법에서는 이처럼 어떤 사람에게 제척사유가 있을 때 그는 행정청을 위하여 '행위하여서는 아니 된다(nicht tätig werden soll)'라고 규정하고 있을 따름이어서 그 의미가 정확히 무엇인지에 대해서는 논란이 있다. 제척사유 있는 자는 결정 그 자체에만 참여하면 안된다는 것인지 아니면 결정과 관련된 여타의 절차에서 전반적으로 모두 배제되어야 한다는 것인지가 불분명하다. 그리하여 독일의 학계에서는 배제의 범위는 해석을 통하여 밝혀져야 한다고 보고 있는데 일단 시간적 관점에서는 직접 관련된 준비단계, 예컨대 비공식적 사전절차를 포함하여 행정절차의 전 단계 모두가 금지된다고 보고 있다. 또한 내용적 관점에서는 상이한 사례군마다 차별화된 접근을 해야 한다고 보고 있는데, 직접 준비과정에 참여하거나 결정에 참여하는 것 이외에도 상담, 조언 등의 역할을 하는 것도 금지된다고 보고 있다. 그러나 순전히 소극적인 행태로는 충분치 않으며 결정에 직접 관여하지 않는 의장의 경우에는 영향을 미치는 조치를 할 가능성이 있다는 점만으로도 배제되기에 충분한지에 대해서는 논란이 있다(Wolf et al. 2017, § 59, Rn. 17).

한편 배제사유가 있는 경우에는 해당 직무수행자를 대체하거나 또는 해당 직무수행자를 참여로부터 배제하여야 한다고 법문이 규정하고 있어서 만약 대체나 배제가 이루어지지 않은 채 절차가 진행되어 결정이 내려진 경우 그 법적 귀결이 무엇인지에 대해서는 논란이 있다. 법문 자체에서는 이처럼 제척이나 기피규정에 위반된 절차 내지 결정과 관련하여 명시적인 규정은 두고 있지 않기 때문이다. 그리하여 학설상으로는 연방행정절차법 제20조 제1항 제2호에서 제6호까지의 사유에 해당할 때에는 원칙적으로 취소사유인 단순위법에 불과하지만 동조 동항 제1호 사유가 있을 때에는 중대하고 명백한 위법이 있어 무효사유가 있다고 추정되며 또한 제2

호에서 제6호의 사유에 해당하더라도 그 밖의 중대한 상황에서는 무효가 되는 것이 불가능하지는 않다는 견해가 제시되고 있다 (Wolf et al. 2017, § 59, Rn. 18).

이처럼 독일의 연방행정절차법에서는 행정절차 내에서 제척되어야 할 사람의 범위와 제척되어야 할 사유를 우리법에 비하여 더 넓게 규정하고 있다. 특히 제척사유를 비교적 상세하게 예시하면서도 당해 행정절차에서의 활동이나 결정으로 인하여 직접적인 이익이나 불이익을 받을 가능성이 있는 경우도 제척사유라고 규정함으로써 입법자 스스로 제척사유가 인정될 여지를 열어놓는, 개방적 구조를 취하고 있는 점이 특징이다. 또한 우리의 법제가 대부분 합의제 기구와 관련하여서만 기피사유를 두고 있고 기피신청에 대한 결정을 해당 위원을 배제한 나머지 구성원들의 회의체가 내리도록 하고 있는 것과는 달리, 독일은 기피신청에 대한 배제명령을 행정청의 장의 권한으로 하고 있으며, 해당 행정청의 장에게도 편파의 우려가 있을 때에는 관할 감독관청이 배제명령을 내릴 수 있도록 하고 있다. 소송법이나 행정절차법상의 편파성을 판단함에 있어서 사실상의 편파성은 필요하지 않으며 "나쁜 외관(der böse schein)", 즉 객관성이 결여되었다는 인상을 줄 가능성(der mögliche Eindruck mangelnder Objektivität)만으로 충분하다는 것이 판례의 입장이다.[6]

---

6) BVerwGE 46, 34 [41]; BVerfG, Beschl. v. 25.7.2012 − 2 BVR 615/11 − juris; BVerwG, Beschl. v. 8.3.2011 − 4 VR 2/10 − juris; BGH, Beschl. v. 14.3.2003 − IX a ZB 27/03 − NJW−RR 2003, 1220; Beschl. v. 2.10.2003 − V ZB 22/03 − NJW 2004, 164.

예를 들어 학교행정의 영역에서 연방행정절차법 제21조에 따른 기피 사유가 적용되었던 예를 찾아보면 다음과 같다. 즉, 행정절차의 일방당사자와 행정을 위하여 행위하는 자가 교우관계나 적대관계에 있다든지, 선발에 관여하였다든지, 직업상의 긴밀관계(예를 들면 비교적 오랜 기간 동안 프로젝트나 과제를 함께 수행하였다든지, 다수의 논문을 공동으로 발표하였다든지, 사무실을 같이 쓰는 관계였다든지, 식사를 같이 하는 관계 등의 개인적 접촉관계), 또는 박사논문지도교수와 제자의 관계에 있었다면 이는 기피사유로 인정될 수 있다. 반면 사무나 프로젝트를 같이 하거나 사무실을 같이 쓰는 것이 단기간에 걸친 것이었다면 이것만으로는 기피사유가 되기에는 충분치 않으며 동일한 과/부처/동아리 등에 속하였던 것도 그 자체로는 아무런 긴밀한 관계를 맺는 데로 이어지지 않았다면 기피사유로는 충분치 않다고 한다.

프랑스

프랑스의 최고행정법원은 이미 20세기 초의 몇몇 판결들을 통하여 행정의 공정성 또는 불편부당성 원칙(le principe d'impartialité)이 배심원과 공무원에 대한 징계위원회에 적용된다고 선언한 바 있으며 1949년에는 행정의 공정성 원칙이 법의 일반원칙의 지위에 있다고 판시함으로써 그 적용범위를 크게 확대하기도 하였다.[7] 이처럼 판례를 통해 인정된 행정의 공정성원칙은 다시 실정

---

7) CE 4 mars 1949, Trèbes, S. 1950, III, p. 21; CE Sect. 29 avril 1949, Bourdeau, Leb. p. 488; CE Ass. 27 avril 1951, Mélamède, Leb. p. 226(Mitard 1999, 478 재인용).

법의 여러 규정들에도 자리를 잡게 되었다. 예를 들면 기존의 분산된 여러 행정재판 관련 법률들을 통합하여 2000년에 제정된 '행정재판법(Code de Justice Administrative)'에서는 행정법원의 구성과 행정소송의 절차에 관하여 규율하면서 법관의 공정성에 대하여 의심을 할만한 진지한 이유가 있는 때에는(une raison sérieuse de mettre en doute son impartialité) 당사자의 신청에 기하여 해당 법관의 기피를 선언한다고 규정하고 있다. 또한 동법은 최고행정법원인 꽁세유 데따(Conseil d'Etat)의 구성원들에 관해서는 보다 특별한 규정을 두어서 꽁세유 데따의 법관들은 직무수행에서 있어서 독립성, 품위, 공정성, 청렴 및 성실함을 갖추어야 할 의무가 있음을 천명하고 있다.[8] 소송 차원에서 판단주체의 공정성을 기하기 위한 배제제도는 이미 오래전부터 법률에 규정을 두고 있었던 것과는 달리, 행정절차에 있어서의 행정의 공정성에 관한 일반적 조항은 비교적 최근에야 법률에 자리잡게 되었다. 즉, 2016년 발효된 '공중과 행정의 관계에 관한 법전(Code des relations entre le public et l'administration)'은 행정절차와 더불어 정보공개, 행정심판이나 조정, 화해와 같은 분쟁해결절차 등에 관한 규정을 망라하고 있는데, 이 법전에서는 행정절차상의 제척이나 기피 등에 관한 개별규정은 두고 있지 않으나, 총칙적 규정으로서 행정의 공익성, 합법성

---

8) 프랑스의 각급 행정법원들은 사법부 소속 기관들이 아니며 행정권력의 일부를 이루고 있다는 점에서 우리나라와는 다른, 독특한 권력분립관을 채택하고 있기에 행정법관의 공정성은 넓은 의미에서는 행정의 공정성이라는 맥락 안에 자리매김할 수 있다.

및 중립성, 세속성, 평등성 및 공정성을 선언하고 있다. 행정의 공정성 원칙은 법의 일반원칙이므로 이에 위배되는 결정은 월권소송을 통하여 취소될 수 있다.[9]

행정법원 판례들을 살펴보면 행정의 공정성원칙은 특히 독립행정청(autorités administrative indépententes)이나 행정청에게 전문가적 자문의견을 제시하는 기관의 구성과 관련하여 문제되고 있음을 알 수 있다. 특히 은행, 증권, 보험 등 금융시장과 관련하여 금융업 종사자들의 의무위반에 대하여 징계 및 제재권한을 행사하는 금융시장청(Autorité des marchés financiers) 산하 제재위원회(commission des sanctions)의 구성,[10] 또는 정수 관련 제품의 시판을 허가하는 보건부장관의 권한행사에 앞서 당해 장관에게 당해 제품의 잠재적인 보건상 위험에 대하여 전문가적 의견을 제시한 기관인 프랑스 식품안전청(l'Agence française de sécurité sanitaire des aliments) 내 소관위원회의 구성[11], 또는 보험 관련 요율 등을 결정하는 독립행정청인 중앙보험청(Bureau central de tarification) 내 소관위원회의 구성 등이 그러하다.[12] 첫 번째 언급한 사건, 즉 금융시장청 산하 제재위원회가 특정 투자회사에게 한 제재처분과 관련하여 최고행정법원은 당해 제재위원회의 위원들 가운데 어떤 위원이 한 프랑스 은행그

---

9) CE 28 octobre 2002, M. Laurent, n° 222188; CE 26 juillet 2007, M.P., n° 293908; CE 11 février 2011, Société Aquatrium, n° 319828; TA Paris, 9 novembre 2015, SCI Nefertari, n° 1405923.

10) CE 26 juillet 2007, M.P., n°293908.

11) CE 11 février 2011, Société Aquatrium, req. n° 319828.

12) Tribunal administratif de Paris, 9 novembre 2015, SCI Nefertari, n° 1405923.

룹의 이사진이었고 그 은행그룹의 자회사들 가운데 한 회사가 제재결정의 상대방이었던 투자회사와 금융상 분쟁관계에 있었다는 사실을 인정한 다음, 이러한 상황은 동 제재위원회의 공정성에 대한 의심을 불러일으킬 만한 것이므로 당해 위원이 제재결정에 참여하는 것은 법의 일반원칙인 행정의 공정성원칙 위반이면서 동시에 유럽인권협약(European Convention on Human Rights) 제6조 제1항에도 위반되는 것이라고 판시하고 문제의 제재처분을 취소하였다. 두 번째 사건에서는 프랑스 식품안전청이 정수 관련 제품의 안전성 실험을 수행하고 그 결과에 입각하여 동 안전청의 소관위원회가 제시한 전문가적 의견에 따라 보건부장관이 당해 제품의 시판을 불허한 것이 문제되었는데, 최고행정법원은 프랑스 식품안전청 내 소관위원회들에게도 행정의 공정성원칙이 마땅히 적용됨을 확인한 후, 소관위원회의 위원 가운데 두 사람이 실험결과 및 전문가의견의 내용에 대해 이해관계가 있는 기업과 직접적 또는 간접적으로 그 공정성에 영향을 미칠 정도의 긴밀한 관계에 있다면 이는 행정의 공정성원칙을 침해한 것으로 그에 토대한 시판허가 거부결정 역시 위법하여 취소한다라고 판시하고 있다.

더 나아가 학계에서는 행정의 공정성 내지 불편부당성을 두 개의 차원으로 나누어 고찰하고 있다. 즉 한편으로 행정의 공정성은 행정이 준수해야 할 의무로서의 공정성원칙(règle de déontologie administrative)으로 나타나는데, 이는 행정이 공정성 의무를 위반한 경우 모종의 제재를 받게 됨을 의미한다. 다른 한편으로는 행정의 공정성은 행정이 준수해야 할 윤리칙(règle d'éthique)을 의미하는 경우도 있다. 더 나아가 의무칙으로서의 공정성은 객관적 공정성과 주관적 공정성으로 나누어지는데, 전자는 조직이나 기능의 관점에서 볼 때의 공정성으로서 결정을 내리는 행정기관의 조직이나 결정에 이르는 절차단계에서의 공정성을 의미하는 반면 후자는 행위자 개인 차원의 공정성을 의미하는 것으로서 공무원의 행태나 자질에 주목하는 개념이다. 즉 전자는 행정기관의 기능수행상 원칙이며 후자는 공무원의 직무수행상 원칙으로서의 위상을 가진다 (Mitard 1999, 479-484). 법령이나 판례에서 직접 행정의 공정성이나 공직자의 공정성이라는 말을 사용하고 있지는 않으나 많은 법령들에서 사용되고 있는 문구, 예컨대 자문기구의 구성원들은 '문제된 사안에 대해 개인적 이익이 있을 때에는 심의에 참여하여서는 아니된다(ne peuvent prendre part au délibérations lorsque'ils ont un intérêt personnel à l'affaire qui en fait l'objet)'와 같은 문구는 행정의 주관적 공정성 요청을 암묵적으로 표현하고 있는 것으로 이해되고 있다.[13] 또한 행정의 평등원칙, 중립성원칙 및 독립성원칙(les principes d'égalité, de neutralité et d'indépendence)이라는 세 가지 법원칙을 통해서도 공직자의 공정성의무가 간접적으로나마 확보되고 있다(Mitard 1999, 481).

다른 한편, 행정의 객관적 공정성은 행정기관의 기능상 원칙으로서 오히려 주관적 공정성보다 더 잘 정착되어 있다는 평가를 받

---

13) 그러한 예로는 l'article 13 du décret du 28 novembre 1983; l'article R.414-15 de l'ancien Code des communes à propos des conseils de discline communal; l'article 2122-26 du Conseil général des collectivités territoriales(Mitard 1999, 481 재인용).

고 있다. 또한 행정의 객관적 공정성은 행정이 내리는 결정의 성질에 따라 요구되는 정도가 차이가 날 수밖에 없는데, 특히 행정이 최종적인 결정을 내리기에 앞서 자문이나 조사 절차를 거치는 현상이 증가하면서 행정의 객관적 공정성의 적용영역도 확대되기에 이르렀다. 즉 최종적인 결정을 내리는 기관뿐 아니라 자문의견이나 조사를 수행하는 기관도 공정하고 불편부당한 수행을 담보할 수 있어야 한다는 것이다. 행정의 기능수행이 "공정성을 보장하는지"를 법관은 체크할 수 있다는 최고행정법원의 판시는 공정성의 객관적 측면에 대해 법관이 통제할 수 있음을 선언한 것이다.[14]

이상 우리나라뿐 아니라 독일, 프랑스와 같은 대륙법계 국가들의 공법질서에서도 행정결정을 내리는 자가 편파적이지 않고 공정한 입장에서 결정을 내려야 한다는 규범적 요청을 제척 · 기피 · 회피에 관한 실정법 규정으로 구체화하거나 또는 판례를 통하여 행정의 공정성원칙이 법의 일반원칙임을 선언하고 있으며, 그러한 공정성이 담보되지 못한 채 이루어진 공적인 결정에 대해서는 행정쟁송을 통하여 다툴 수 있는 길을 열어두고 있음을 확인하였다. 그런데, 이처럼 법학의 관점에서는 행정의 공정성 내지 행정의 불편부당성에, 행정이 준수해야 할 법의 일반원칙으로서의 위상을 부여한다든지, 행정의 공정성요청이 실현될 수 있는 제도적 수단을 실정법령에 마련한다고 하여도 공정성 내지 불편부당성의 내용이 무엇이냐라는 질문은 여전히 남는다. 이러한 질문에 대해서는

---

14) CE 26 décembre 1925, Rodière(Mitard 1999, 482 재인용).

오로지 법학적 관점만을 동원해서는 결코 만족스러운 답을 얻을 수 없음은 너무나 자명하다. 공정성의 실체에 대한 탐구는 법학의 인접학문 영역에서도 활발히 이루어졌음을 알 수 있는데, 이하에서는 이러한 인접학문의 논의를 간략하게 살펴보고 이로부터 법학적 논의에서의 시사점을 찾아보기로 한다.

인접학문의 논의

롤즈의 정의관

무엇이 공정한 것인가, 공정한 것과 공정하지 않은 것을 무엇을 기준으로 분별할 수 있는가라는 근원적인 질문을 통해 동시대와 후속 세대의 정치철학자들과 법철학자들에게 심대한 영향을 끼친 대표적인 학자로 롤즈(John Rawls)를 들 수 있다(정태욱 2016, 11). 롤즈에게 있어서 사회적 정의란, 이미 어떠한 실체적 내용으로 채워질 수 있는 문제, 즉 최대 다수의 최대 행복의 문제라거나(공리주의적 정의관) 옳은 것의 문제(윤리적 정의관)라기 보다는 주요 사회제도들(social institution)이 어떤 경로를 거쳐 사회 구성원들 각각에게 자유와 의무를 나누어 주기로 할 것인지, 사회적 협력의 성과인 이익의 배분을 어떻게 결정할 것인지의 문제였다. 즉 롤즈의『정의론(Theory of Justice)』에서는 정의를 사회적 합의의 대상이라고 보기 때문에 관심의 초점을 합의의 주체와 합의의 과정에 두게 된다. 그러면 누가 사회적 합의를 하는 주체가 되어야 하느냐라는 문제에 대해서 롤즈는 무지의 베일(veil of ignorance)을 쓰고 원초적 입장(original position)에 있는 자를 가정하고 있다.

롤즈에 따르면 시민들은 정의의 원칙에 합의하기 앞서 먼저 그 자신이 일정한 상태가 되어야 하는데, 그 상태는 바로 초연과 무지의 상태이다. 이는 시민들이 자신이 몸바치고 있는 윤리나 의무, 공동체적 연계, 그리고 세계관으로부터 자신을 떼어놓아야 하고 더 나아가 사람들을 갈라놓고 편견에 좌우되게끔 하는 우연적 사건들, 예컨대 사신과 상대방의 연령, 인종, 성별 및 부유함의 정도 등에 대해서도 모르는 상태임을 의미한다. 롤즈는 이러한 상태를 무지의 베일을 쓴 원초적 상태라고 표현하고 있는데, 자신의 정체도 모르고 은밀히 소망하는 바도 없고, 그 누군가의 관계에서 영향을 받지도 않는 이러한 불확실한 상황에 처해 있는 사람은, 합의 이후에 알게 될 자신의 처지가 사회에서 가장 열악한 상황에 놓여 있는 최소수혜자(the least favored)일 수도 있다라는 점을 감안하여 합의에 임하게 된다고 롤즈는 가정하고 있다(박찬권 2015, 89). 즉 이러한 상황에서 사람들은 위험회피적으로 선택을 할 것이고 혹시 자신이 가장 열악한 상황에 처한 사람일 수도 있으므로 그러한 경우의 자신에게 가장 나은 결과를 추구하려 할 것이라는 것이다. 이처럼 롤즈는 정의에 관한 원칙의 합의의 장에 참여할 수 있는 자는 초연하고 무지한 상태라야 하고 그러한 상태에서는 최소수혜자라 하더라도 인간다운 삶을 누릴 수 있는 여건의 극대화를 도모하는 내용으로 합의하게 될 것이라고 하면서 이를 최소극대화 규칙(maximin rule)이라고 부르고 있다(정태욱 2016, 20).

더 나아가 롤즈는 시민들간의 합의에 지침이 되어야 할 두 가지 정의원칙을 제시하는데 하나는 평등한 자유의 원칙이고, 다른 하나는 기회균등과 차등의 원칙이다. 전자의 내용은 각자는 타인의 자유와 양립가능한 한도 내에서 가장 큰 자유를 평등하게 누린다는 것이고(the liberty principle), 후자의 내용은 사회, 경제적 차등은 인정되기는 하지만 그 차등적 지위는 모든 이들에게 개방되어 있어야 하고 그러한 차등적 지위가 해당 공동체 내에서 가장 열악한 상태에 있는 자에게 유리한 것이라 허용된다는 것이다(the difference principle)(정태욱 2016, 19-20; 박찬권 2015, 89-90).

롤즈는 자신이 말하는 사회제도들은 정치 제도(political constitution)와 경제사회적 장치들(economic and social arrangements)을 의미한다고 하면서 그 예로 사상과 양심의 법적 보호, 경쟁적 시장, 생산수단인 사유재산 및 일부일처혼 등을 들고 있다(Rawls 1971, 7).

롤즈는 법의 지배와 관련하여서도 논하고 있는데, 그는 법의 지배란 공동체의 원칙들을 일관되게 적용한다는 것이라고 이해하면서도 일관성뿐 아니라 공정성 내지 불편부당성도 필요하다고 보았다. 즉 법집행 당국들은 "개별 사건을 다루는 데 있어서 개인적인, 금전적인 또는 기타의 관련성 없는 고려사항들"에 영향을 받아서는 안 되며 법의 지배를 유지하기 위해서는 판관들(judges)은 "독립적이고 공정해야(independent and impartial)"한다는 것이다(Rawls 1971, 59, 239). 롤즈가 말하는 결정주체의 공정성 내지 불편부당성은 공리주의에서 말하는 공정한 동정적 관찰자이론(impartial sympathetic observer theory)에 대한 비판에서 보다 정교하게 소개되고 있다.[15] 공리주의에서는 무엇이 정의로운 것인지에 관한 결정에 가장 효과적으로 도달하는 길은 합리적인 관찰자로 하여금 상반된 이해관계를 가지고 있는 자들 각각의 입장에 서보게끔 하는 것이라고 한다. 즉 합리적이면서도 타자들이 처한 상황에 그 타자 자신만큼이나 공감하고 있는, 동정심 깊은 관찰자가 각 관련자들의 입장을 헤아리도록 한 후, 각각의 모든 선호들을 내면에 축적하여 나온 결정이 공정한, 정의로운 결정이라는 것이다 (Jacobs 2014, 551). 그러나 자유주의자인 롤즈는 동정심을 정의의 기준으로 채택하는 데 반대한다. 그가 보기에는 동정심을 정의의 기준으로 채용한다는 것은 무엇이 좋은 것인지에 대한 특정 견해를 취한 후 이를 다른 이들에게 강요하는 것에 다름 아니기 때문이다. 또한 롤즈는 공리주의에서는 무엇보다도 관련자들의 선호가 충돌하는 경우를 어떻게 해결할지에 대해 아무런 이야기를 하지 않는다고 비판하였다. 오히려 롤즈가 보기에는 동정심에 충만한 자보다는 무관심하고 사심 없는 자(disinterest)가 편파적이지 않게 결정할 자이다(Jacobs 2014, 552). 물론 결정주체가 다른 이의 관점을 취할 수 있는 능력, 즉 남의 입장이 되어 볼 수 있는 상상력은 중요하지만 그것은 이해관계자에 대한 투사(projection)를 통해서가 아니라 '무지의 베일', 즉 자신의 정체를 완전히 떼어낸 결과이어야 한다는 것인데, 이러한 관점에서는 결정의 공정성을 기하는 방도는 초연함과 거리두기(abstraction and distance)인 것이 된다. 요컨대

---

15) 플레밍(Alexander Fleming), 비커리(William Vickrey), 하사니(John Harsanyi) 등의 동정적 관찰자 이론에 대한 소개로는 모러(Moreh 1985, 137-159) 참조.

롤즈의 견해에 따른다면, 그가 말하는 주요 사회제도들 가운데 하나인 법원이나 행정청과 같은 공적 조직들에서 결정을 내리는 데 주체로서 참여하는 자는 무지의 베일을 쓴 원초적 입장에 서 있어야 한다.

공동체주의자들의 비판

롤즈의 『정의론』이 출판된 이후 그의 이론이 당대와 후세대의 학문적 논의에 끼친 영향의 폭과 깊이에 비례하여 그의 이론에 대한 비판적 견해들도 다양한 시각에서 제기되었다. 특히 공동체주의자(communitarians), 맥락주의자(contextualists), 페미니즘 이론가들 및 담론 이론가(discourse theorists)들이 선두에 섰다. 주된 공격 포인트는 '무지의 베일'을 쓴다는 게 과연 있을법한 일인가이다. 샌델(Michael Sandel), 매킨타이어(Alasdair MacIntyre), 테일러(Charles Taylor), 웅거(Roberto Unger) 등의 공동체주의자들은 현대의 자유주의적 정의론이 공동체의 가치 또는 중요성을 충분히 인식하고 있지 못한다고 비판하면서 공동체 내의 인간이 자신이 누구인지를 정의하는 데에는 공동체, 성품, 우정이 꼭 필요하다고 주장한다(박찬권 2015, 93). 이들의 주장을 살펴보기에 앞서 먼저 공동체주의의 인간관, 사회관, 국가 및 법을 바라보는 시각을 자유주의자들의 시각과 대비하여 살펴보는 것은 정의에 관한 공동체주의자들의 관점을 이해하는 데 도움이 된다. 홉스(Thomas Hobbes), 로크(John Locke), 벤담(Jeremy Bentham), 밀(John Stuart Mill), 칸트(Immanuel Kant)로 이어지는 자유주의적 관점은 인간을 개별적이고 이기적이며 자율적 존재라고 보고 이러한 인간들이 자신의 개인적 행복과 자율적 삶의 안정적 유지와 극대화를 위한 전제로서 사회를 구성한다고 본다. 그러나 이와는 대조적으로 공동체주의적 관점에서는 인간은 이미 주어진 가치체계 내에서 이해하고 판단하며 행동하는 존재이며 공동체가 요구하는 역할, 공동체가 지향하는 목표, 가치들의 영향 하에 있는 존재이다. 롤즈가 자신의 이론에서 채용하고 있는 인간관인 초연한 자아상은 공동체적 존재로서의 인간이라는 측면을 간과하고 있다는 것이다(박찬권 2015, 93).

이로부터 공동체주의자들은 자아에 대한 상호주관적 관념(inter-subjective conception of self)으로부터 연원하는, 좋은 삶에 대한 미리 존재하는 신념을 고려하지 않고서 정의에 관한 여러 가지 개념들 중에 하나를 선택하는 것은 불가능하다고 지적한다(박찬권 2015, 94). 웅거는 자신의 논거를 인간이란 역사적으로 규정된 존재(historically conditioned being)라는 헤겔적인 인간관으로부터 도출하고 있으며 테일러의 경우에는 자신과 자신이 속한 공동체를 위해 무엇이 좋은 것인가에 대한 이해를 공유하는 것이 정의 관념의 기본이라고 하는 아리스토텔레스적인 관념에 바탕을 두고 있다고 한다(Gutmann 1985, 308). 특히 롤즈의 인간관에 대해 비판적 입장을 취하고 있는 자로 샌델을 들 수 있는데, 그는 롤즈의 자유주의를 의무론적 자유주의(deontological liberalism)라고 부르면서 이는 인간의 현실을 무시하는 잘못된 인간관에 토대하고 있다고 지적하고 있다. 롤즈는 개인의 자아가 외부적인 요소에 의해 규정되어서는 안 되고 특히 국가와 사회는 개인의 정체성 형성에 간섭해서는 안 된다고 본다. 무엇이 좋은 것이냐에 대한 관념을 형성해 나가는 것은 개인의 문제이기 때문에 국가는 중립적인 입장을 취하여야 한다는 것이다(박찬권 2015, 93-94). 그러나 샌델은 실제의 인간은 이미 외부에서 주어진 가치들의 맥락 속에서 이해하고 판단하고 행위한다고 주장한다. 인간이란 다양한 사회적 관계들에 의하여 규정되는 존재이므로 사회에 뿌리를 내리지 않은 인간, 사회적 관계로부터 초연한 인간이 있다면 그는 "전적으로 성품이 없는 존재이고 윤리적 깊이를 전혀 갖추지 못한 존재"로서, 롤즈의 인간관은 현실의 사람은 사회 내에서 수행하는 역할이 그의 인격의 일부분을 이루고 있다는 사실을 도외시하고 있는, 동의할 수 없는 인간관이라는 것이다(Sandel 1998, 63; 179). 또한 매킨타이어는 아리스토텔레스에서 중세 기독교를 거쳐 근대의 도덕 및 정치 철학에 이르는 다양한 덕(virtue)의 개념을 고찰함으로써 자신의 공동체주의적 주장을 펼치고 있는데, 그에 따르면 인간의 자아는 '서사적 자아(narrative self)'로서, 개인의 정체성은 그가 정초하고 있는 관계들로부터 분리·독립되어 있는 것이 아니라 그것들의 '복잡다단한 상호결합'에 의해 '구성'될 따름이라고 한다(박찬권 2015, 95; 양천수 2014, 210). 결국 '나'는 태어날 때부터 규정된 상황 속에서 다양한 상황들을 경험하면서 삶을 영위하는 것이지 홀로 독자적인 개체로서 존재하는 것이 아니며, '나'의 선은 언제나 공동체 선의 이야기와 연관되어서만 존재할 수 있게 된다는 것이다(박찬권 2015, 95). 요컨대, 공동체주의는 법적인 결정을 내리는 자들의 역할과 관련하여서도 공동체와 그 공동체가 공유하고 있는 규범들뿐 아니라 위와 같은, 한 사람을 형성시켜주는, 공동체와의 연결고리들 (constitutive attachment)의 중요성을 강조하고 있다.

맥락주의에서의 비판

롤즈에 대한 비판은 맥락주의에서도 제기되고 있다. 공동체주의나 맥락주의나 공동체를 강조하고 있다는 점은 공통적이지만 공동체주의에서는 공동체가 그 구성원인 개인의 자아를 형성해내는 역할을 하고 있다는 점에 초점을 두고 있는 반면 맥락주의자들은 정의 원칙 자체가 특정 공동체내에 자리잡고 있는 공유된 이해 (shared understanding)에 의존하고 있다고 주장한다. 대표적으로 마이클 왈처(Michael Walzer)의 견해를 들 수 있는데, 그는 정의라는 것은 무엇이 좋은 것인지에 대한 지역마다의 이해에 좌우되고 있고 그렇기 때문에 정의는 본질적으로 다원적이라고 본다. 따라서 그가 보기에는 정의로 인도하는 보편적인 원칙을 발견하는 것은 불가능한 일이며 정의원칙을 만들어낼 유일한 방도는 각 공동체가 무엇이 배분되어야 할 선인지 또 가장 정의롭게 선을 배분하는 방법은 무엇인지에 대해 구성원들이 공유하고 있는 이해를 알아내는 것이다. 그러나 이러한 왈처의 맥락주의적 정의관에 대해서는 정의의 보편성을 부인하고 지나치게 맥락에 의존하고 있다는 비판이 제기되고 있다. 문화상대적인 도덕관 및 이러한 상대성을 가져온 역사적 · 문화적 특수성을 문화창조적 존재인 인간의 산물로 설명하는 것은 도덕 · 규범들이 정의원칙과 구체적으로 어떤 관계에 있는가에 대한 설명으로는 불충분하며, 또한 상이한 사회적 가치의 영역의 분배원칙이 상호 충돌하였을 경우 어느 가치를 우선적으로 고려해야 하는지에 대한 실천적 문제에 대한 해결방안도 제시하고 있지 못하다는 것이다(Jacobs 2014, 558).

여성주의자들의 비판

공동체주의나 여성주의나 인간은 자아를 스스로를 형성해 내는 존재라기 보다는 형성 당하는 존재이며 자율적 존재라기 보다는 연계된(connected) 존재라고 보는 점에서 공통적이다. 그러나 페미니즘에서는 롤즈의 정의관에서 말하는 이성과 욕망의 구분을 보다 심각하게 주목하고 있다. 롤즈가 상정한 결정주체는 자신으로부터 욕망이나 애정 그리고 신체로부터도 떨어져 나와 있는 이성적인 존재이다. 즉 공정한 결정주체는 이성적 존재라는 것인데 전통적으로 이성적이라는 속성은 여성이 자라나는 과정에서 꼭 갖추도록 장려되는 속성이라기보다는 훨씬 더 강하게 남성에게 장려되는 속성이라는 점을 페미니즘 학자들은 간파한다. 여성은 돌봄과 같은, 다른 누군가와의 관계에 토대한 윤리를 통하여 형성되는 연계된 존재로 자리매김되어 왔는데, 이러한 돌봄을 매개로 하는 연계적 존재는 롤즈가 말하는 초연하고도 이성적인 존재의 대척점에 서게 된다. 돌봄이나 타자와의 관계에서 주목되는 속성인 애정, 정서, 유대감 등은 객관적인 합리성의 세계에서는 우려의 대상이 되고 이러한 속성들이 섞여 있는 논증과정은 거부의 대상이 되기 때문에 기실 이러한 속성들이 판단에 필요한 가치 있는 통찰력을 줄 수 있음에도 불구하고 공론의 장에서는 배제되어 사적인 영역으로 한정되어 버리고 만다고 이들 페미니즘 학자들은 주장한다. 요컨 대 롤즈의 관점에 따르면 여성성은 공적인 결정자로서의 자질과는 거리가 멀다는 결론으로 쉽게 도달될 수 있다는 것이다(Jacobs 2014, 559).

결정영역의 특성과 행정조직의 공정성

이상에서 공정하고 불편부당한 공적인 결정을 내릴 수 있는 자 란 누구인가, 또는 역으로 공적인 결정으로부터 배제되어야 할 자 는 누구인가라는 질문으로부터 시작하여, 우리나라를 비롯한 일 부 대륙법계 국가들이 채택하고 있는 행정절차법령들상의 배제사 유들을 검토하고 더 나아가 서구의 철학적 논의에서의 공정성 개 념을 제한된 지면하에서 간략하게나마 살펴보았다. 이로부터 개인 의 자율성과 독립성을 논의의 전제로 하는 자유주의적 관점에 입 각하여 이해관계로부터 초연한 자가 정의롭고 불편부당한 결정을 내릴 수 있다고 보는 관점과, 공동체의 가치와 목표, 공동체가 부여 하는 역할로부터 초연한 인간은 관념의 세계가 아닌 현실의 세계 에서는 발견할 수 없음을 전제로 하여 롤즈가 상정하는 바와 같은 초연하고 무심한 결정자는 허구에 불과하다고 주장하는 견해들도 있음을 살펴보았다. 앞서 살펴본 여러 이론가들이 행정의 의사결 정과정에 참여하는 자들의 공정성 내지 불편부당성에 대하여 직접 언급하고 있지는 않으나 이들의 인간관으로부터 공적 결정에 참여 하는 자들, 특히 합의제 행정기관을 구성하는 위원의 자격 및 선정과 관련하여서도 일정한 시사점을 얻을 수 있는 반면, 이들 인접학문에서 이루어지는 공정한 결정 내지 결정자에 관한 논의를 행정조직 구성에서의 공정성이라는 주제에 직접 응용하기 어렵게 만드는 한계도 발견된다. 무엇보다도 인접 학문에서의 논의는 결정 주체, 즉 결정에 참여하는 자에 주안점을 두고 있을 뿐, 결정의 대상, 즉 이들 참여자들이 결정을 내려야 하는 사안의 속성에 대해서는 고려하고 있지 않다는 점이 그러하다. 결정자의 불편부당성이 모든 행정결정과정에서 동일한 수준으로 요구된다고 보는 것은 합당하지 않다. 공정성 또는 불편부당성은 편(偏)과 당(黨)의 존재, 즉 관점, 목표, 또는 이해가 상충하는 자들 사이의 갈등이 전제되는 상황에서 결정자가 갖추어야 할 자질인만큼 갈등의 수위가 높아지면 높아질수록 결정자의 중립성이나 공정성에 대한 요청도 높아진다고 볼 수 있다. 반면 갈등의 밀도가 그리 높지 않은 문제 또는 갈등이 전제되지 않은 상황에서 결정에 참여하는 자들에게는 불편부당성보다는 전문성이나 민주적 대표성과 같은 요청이 보다 비중 있게 고려되어야 할 수도 있다. 즉, 결정참여자의 불편부당성이 필요한지, 필요하다면 어느 정도의 수위로 필요한지는 무엇보다도 그가 참여하는 결정의 속성에 따라 가늠되어야 한다고 볼 것이다. 한편으로는 몰자아적 결정자가 적합한 맥락이 있고 다른 한편으로는 이른바 동정적 결정자가 적합한 맥락이 있을 수 있는데, 합의제 행정기관의 구성을 규율하는 입법실무에서 과연 당해 행정기관이 내리는 결정의 속성에 따른 섬세한 차별화가 이루어지고 있는지에 대해서는 의문이 제기된다. 각종 분쟁조정위원회의 구성과 각종 계획수립 관련 위원회의 구성이 동일한 원칙하에 두어지는 것은 바람직하지 않다. 자칫 공적 결정에 참여하는 자들이 무지의 베일을 썼다고 인정될 정도로 초연하고 사심 없는 상태일 것을 요구하는 것이 말 그대로 전문성이 결여된 무지한 자들의 결정으로 이어질 우려도 있는 것이다. 물론 합의제 행정기관의 바람직한 구성방안을 사안에 따라 섬세하게 차별화하는 작업은 법학과 인접학문과의 협력을 통하여서만 가능하다는 점을 지적하며 이 영역에서의 학제간 연구기 보다 활성화되기를 기대해 본나.

참고문헌

박찬권. 2015. "현대 법철학에서 자유주의와 공동체주의의 내용 및 위상에 관한 소고." 『연세법학』 25호, 85-103.

양천수. 2014. "자유주의적 공동체주의의 가능성." 『법철학연구』 17권 2호, 205-242.

정태욱. 2016. "존 롤즈의 정의론과 재산소유 민주주의론." 『법학연구』 27권 3호, 11-41.

Gutmann, Amy. 1985. "Communitarian Critics of Liberalism." *Philosophy & Public Affairs* 14(3): 308-322.

Jacobs, Laverne. 2014. "From Rawls to Habermas: Toward a Theory of Grounded Impartiality in Canadian Administrative Law." *Osgoode Hall Law Journal* 51(2): 543-594.

Mitard, Eric. 1999. "L'impartialité administrative." *AJDA*, 478-495.

Moreh, J. 1985. "Utilitarianism and the Conflicts of Interest." *Journal of Conflict Resolution* 29(1): 137-159.

Rawls, John. 1971. *A Theory of Justice*. Cambridge: Belknap Press of Harvard University.

Sandel, Michael J. 1998. *Liberalism and The Limits of Justice*. New York: Cambridge University Press.

Wolff, Hans J., Otto Bachof, Rolf Stober and Winfried Kluth. 2017. *Verwaltungsrecht* I. München: C. H. Beck.

〈붙임〉

합의제 행정기관의 구성과 관련하여 위원의 제척·기피·회피 규정을 두고 있는 입법례

법령명(해당 법조항, 해당 위원회명)

개인정보 보호법(제42조, 분쟁조정위원회)

게임산업진흥에 관한 법률(제17조의2, 게임물관리위원회)

공간정보의 구축 및 관리 등에 관한 법률 시행령(제20조의2, 중앙지적위원회)

공익사업을 위한 토지 등의 취득 및 보상에 관한 법률(제57조, 토지수용위원회)

공항시설법 시행령(제11조, 기술심의위원회)

교육공무원임용령(제9조의3, 교원특별채용위원회)

국가공무원법(제14조, 소청심사위원회)

국가를 당사자로 하는 계약에 관한 법률 시행령(제76조의7, 과징금부과심의위원회)

국가유공자 등 예우 및 지원에 관한 법률(제74조의14, 보훈심사위원회)

국가인권위원회법(제38조, 국가인권위원회)

국토의 계획 및 이용에 관한 법률 시행령(제114조, 중앙도시계획위원회), 중앙도시 계획위원회 운영세칙(국토부훈령 제8조의2)

금융위원회의 설치 등에 관한 법률 시행령(제18조, 분쟁조정위원회)

농수산물 유통 및 가격안정에 관한 법률 시행령(제35조의2, 분쟁조정위원회)

도로법 시행령(제9조, 도로정책심의위원회)

독점규제 및 공정거래에 관한 법률(제44조, 공정거래위원회)

문화재위원회 규정(제10조, 문화재위원회등)

방송통신위원회의 설치 및 운영에 관한 법률(제14조, 방송통신위원회)

부동산 가격공시에 관한 법률 시행령(제72조, 제74조, 중앙(지방)부동산가격공시 위원회)

부패방지 및 국민권익위원회의 설치와 운영에 관한 법률(제18조, 국민권익위원회)

사립학교법(제63조(제척사유), 교원징계위원회)

사립학교법 시행령(제24조의10(위원의 기피등), 교원징계위원회)

사립학교법 시행령(제9조의7, 분쟁조정위원회)

사회기반시설에 대한 민간투자법 시행령(제34조의12, 분쟁조정위원회)

소비자기본법(제64조, 소비자분쟁조정위원회)

수자원의 조사ㆍ계획 및 관리에 관한 법률(제30조, 국가수자원관리위원회)

식품위생법 시행령(제10조의2, 안전성심사위원회)

약사법 시행령(제14조의3, 중앙약사심의위원회)

여객자동차 운수사업법(제71조의2, 공제분쟁조정위원회)

영유아보육법 시행령(제10조의2, 보육정책위원회)

원자력안전위원회의 설치 및 운영에 관한 법률(제14조, 원자력안전위원회)

인터넷주소자원에 관한 법률(제17조, 인터넷주소분쟁조정위원회)

일제강점하 반민족행위 진상규명에 관한 특별법(제11조, 친일반민족행위진상규명
위원회)

자동차관리법(제47조의10, 자동차안전ㆍ하자심의위원회)

자연공원법 시행령(제5조의2, 국립공원위원회)

잡지 등 정기간행물의 진흥에 관한 법률 시행령(제15조, 등록ㆍ신고취소심의위원회)

장애인활동 지원에 관한 법률 시행령(제11조, 장애인활동지원 수급자격심의위원회)

전기사업법 시행령(제39조의3, 전기위원회)

전기용품 및 생활용품 안전관리법 시행령(제2조, 제품안전심의위원회)

정보보호산업의 진흥에 관한 법률(제27조, 분쟁조정위원회)

정신건강증진 및 정신질환자 복지서비스 지원에 관한 법률(제58조, 정신건강심사
위원회)

제약산업 육성 및 지원에 관한 특별법 시행령(제5조, 제약산업육성ㆍ지원위원회)

주거기본법시행령(제6조, 주거정책심의위원회; 제11조, 시ㆍ도 주거정책심의위원회)

주민등록법 시행령(제12조의12, 변경위원회)

주택법시행령(제34조, 공동위원회)

지방공무원법(제10조의2, 인사위원회)

지방자치단체를 당사자로 하는 계약에 관한 법률 시행령(제92조의7, 과징금부과
심의위원회; 제107조, 계약심의위원회)

지역문화진흥법시행령(제10조, 문화도시심의위원회)

지역방송발전지원 특별법 시행령(제7조, 지역방송발전위원회)

지적재조사에 관한 특별법 시행령(제20조, 중앙지적재조사위원회)

진실ㆍ화해를 위한 과거사정리 기본법(제11조, 과거사위원회)

집합건물의 소유 및 관리에 관한 법률(제52조의4, 집합건물분쟁조정위원회)

초ㆍ중등교육법 시행령(제59조의5, 운영위원회)

콘텐츠산업 진흥법(제31조, 분쟁조정위원회)

특허법(제150조, 특허심판관)

하도급거래 공정화에 관한 법률(제24조, 하도급분쟁조정협의회)

학교안전사고 예방 및 보상에 관한 법률 시행령(제27조, 심사위원회)

학교폭력예방 및 대책에 관한 법률 시행령(제26조, 자치위원회)

항공보안법 시행령(제2조의2, 보안협의회)

항만법 시행령(제3조의2, 중앙항만정책심의위원회)

해양사고의 조사 및 심판에 관한 법률(제15조, 심판관)

해외자원개발 사업법 시행규칙(제4조의3, 융자심의위원회)

행정심판법(제10조, 행정심판위원회)

행정절차법(제29조, 청문주재자)

형의 집행 및 수용자의 처우에 관한 법률(제111조, 징벌위원회)

화재예방, 소방시설 설치·유지 및 안전관리에 관한 법률 시행령(제7조의3, 소방
특별조사위원회; 제18조의6, 소방기술심의위원회)

화학물질관리법 시행규칙(제7조의2, 화학물질정보공개심의위원회)

화학물질의 등록 및 평가 등에 관한 법률 시행령(제5조의2, 화학물질평가위원회)

환경분쟁 조정법(제12조, 환경분쟁조정위원회)

환경오염피해 배상책임 및 구제에 관한 법률(제31조, 구제급여심사위원회).

7 장

절차적 공정: 행정절차를 중심으로

임현

절차적 공정의 의미

절차적 공정(procedural fairness)을 법적 절차와 관련하여 논의할 때는 자연적 정의(natural justice), 적법절차(due process) 등과 같은 의미로 일반적으로 이해한다.[1] 자연적 정의는 판례법인 보통법(common law)의 기본원리이며, 영국의 경우 이러한 자연적 정의의 원칙에 근거하여 행정절차가 발전해왔다. 자연적 정의의 원칙은 '누구도 자신의 사건에 대해 심판관이 될 수 없다(nemo iudex in causa sua)'는 편견배제의 원칙(rule against bias)과 '양 당사자로부터 들어야 한다(audi alteram partem)'는 공정한 심리 또는 청문의 권리(right to fair hearing)를 그 핵심내용으로 한다(Zubair and Khattak 2014, 69). 절차적 공정은 이러한 자연적 정의의 원칙을 구성하는 하나의 내용으로도 이해될 수 있으나, 절차적 공정 역시 편견배제 및 공정한 심리를 그 핵심내용으로 하고 있으며, 일반적으로 양자는 같은 내용으로 설명되고 있다(Robinson 2003, 2). 편견배제의 원칙은 모든 당사자를 공정하고 평등하게 대우함으로써 공정성과 불편부당성이 준수되어야 한다는 것을 뜻한다(Zubair and Khattak 2014, 69). 편견배제의 원칙은 '정의는 행해지는 것만으로 충분하지 않고, 명백하고 의심의 여지없이 정의가 행해진 것으로 보여져야 한다'는 명제와 관련되며,[2] 결정권자는 자신이 이해관

---

1) 절차적 공정은 법적 절차와 관련된 논의 외에 사회심리학 또는 사회학적 측면, 조직심리학적 측면에서 주로 논의된다.

2) R v Sussex Justices, Ex parte McCarthy([1924] 1 KB 256, [1923] All ER Rep 233)는

계가 있는 사안에 대해 결정하여서는 안 된다는 것을 의미한다 (Zubair and Khattak 2014, 69). 공정한 심리 또는 청문의 권리는 개인의 권익에 영향을 주는 모든 행정적·사법적 결정에 있어 요청되는 것으로, 한 연구는(Zubair and Khattak 2014, 70-71) 이를 다음의 여섯 가지 내용으로 설명하였다: ① 결정 전 사전통지를 받을 권리, ② 대응을 준비할 합리적 시간에 대한 권리, ③ 구술 또는 서면심리에 대한 권리, ④ 결정권자에게 불리한 증언을 할 수 있는 사람에 대한 반대 신문 권리, ⑤ 법적 대리에 대한 권리, ⑥ 결정의 이유제시에 대한 권리. 그러나 공정한 심리 또는 청문의 권리는 형식적이고 고정된 내용이 아니며, 실질적이고 유동적인 개념이다 (Robinson 2003, 1, 3). 즉 공정한 심리의 요청은 개별 사안에 따라 다양한 내용을 담게 된다.

이 글은 이러한 절차적 공정의 내용을 행정절차의 공정성에 관한 논의를 통해 보다 구체적으로 살펴보고자 한다. 이를 위해 먼저 행정절차의 공정성의 의미와 그 법적 근거를 살펴보고, 몇 가지의 중요한 이슈들을 고찰해보고자 한다. 이러한 검토를 통해 행정절차에 있어 공정성의 의미와 공정성의 타당한 실현 정도에 대해 생각해보고, 행정의 다른 가치들과 행정절차의 공정성이 어떻게 조화롭게 실현되어야 하는지 그 방향성을 찾아보고자 한다.

불편부당성과 법관의 당해 사안에서의 자격(recusal)에 관한 영국의 판결이다.

행정절차의 공정성

　미국의 행정절차는 수정헌법 제5조와(Amendment V in the Bill of Rights) 제14조에(Fourteenth Amendment to the United States Constitution) 규정된 적법절차조항에 근거하여 수많은 판례를 통해 발전해왔다. 행정결정과정의 공정성을 중시하는 것은 미국 법체계의 특징이며, 공정성을 실현하기 위한 가장 기본적인 절차는 자신의 이해관계에 실질적으로 영향을 주는 결정이 있기 전에 적정한 통지와 의미 있는 청문이 이루어지는 것이라고 본다(Gellhorn and Levin 2006,[3] 4-5). 물론 적법절차원리에 따른 행정절차가 사전통지와 청문에 그치는 것은 아니며, 이의 내용에는 다양한 행정절차가 포함되게 된다. 또한 어떠한 정도로 절차가 행해져야 하는지에 관한 많은 논의가 있어 왔다. 독일의 행정절차에 있어서 절차의 공정성(Prinzip der Fairness im Verfahren)은 법치국가원리(Rechtsstaatsprinzip)의 한 내용으로 이해되며, 행정결정의 이유제시, 재량판단절차 등 다양한 행정절차의 근거로 제시된다(Kopp und Ramsauer 2005, 654; 729).

　우리 헌법상 적법절차의 근거조항은 제12조에서 찾을 수 있다. 헌법재판소는 헌법 제12조 제3항 본문과 동조 제1항은 적법절차원리의 일반조항에 해당하는 것으로서, 형사절차상의 영역에 한정되지 않고 입법, 행정 등 국가의 모든 공권력 작용에 적용된다고 보았

---

3) 이 책은 행정절차에 있어 중요한 공공가치로 공정성(Fairness), 결정의 정확성(Accuracy), Efficiency(효율성), 수용성(Acceptability)을 들었다(Gellhorn and Levin 2006, 4-7).

다. 또한 적법절차조항은 절차상의 적법성뿐만 아니라 법률의 구체적 내용이 합리성과 정당성을 갖춘 실체적인 적법성이 있어야 한다는 적법절차의 원칙을 헌법의 기본원리로 명시한 것이라고 판시하였다.[4] 이러한 적법절차원리의 내용은 행정절차의 공정성에 그대로 투영되며, 따라서 행정절차의 공정성은 절차와 실체, 형식과 내용 모두에 있어 공평성과 정당성을 요구한다. 이러한 관점에서 볼 때 행정절차의 공정성에는 형식적·절차적 내용 외에 비례성 원칙, 비교형량, 재량결정과정에 있어서의 공정성까지 포함될 수 있다(홍준형 2011, 366). 행정절차에 관한 일반법인「행정절차법」은 몇 개의 조문에서 '공정'을 직접 언급하고 있다. 먼저「행정절차법」은 동법이 행정절차에 관한 공통적인 사항을 규정하여 국민의 행정 참여를 도모함으로써 행정의 공정성·투명성 및 신뢰성을 확보하고 국민의 권익을 보호함을 목적으로 한다고 규정하고 있다(제1조). 또한 청문주재자와 공청회 발표자 및 주재자의 선정이 공정하게 이루어져야 하며(제28조 제1항, 제38조의3 제2항), 공청회가 공정하게 진행되어야 함을(제39조 제3항) 명시하였다. 그 외 공정을 직접적으로 언급하고 있는 조항으로는 전자적 정책토론의 패널구성과 운영에 있어서의 공정에 관한 규정이다(제53조 제2항, 제3항). 그러나 행정절차가 공평하고 정당하게 이루어져야 한다는 공정성은 법령에 명시적 규정이 있는 경우에 국한되지 않고, 행정절차 전반에 있어 그 이념적 정당성의 핵심을 이루는 요소이다(홍준형 2011, 345).

---

4) 헌법재판소 1992. 12. 24. 92헌가8 결정.

그렇다면, 행정절차의 공정성은 개별 사안에 있어 어떠한 정도로 실현되어야 하는가? 성문법주의를 취하고 있으며, 절차 하자의 독자적 위법성을 인정하고 있는 우리의 경우에는 해당 행정절차의 근거법령의 내용이 일차적인 기준이 될 것이다. 「행정절차법」은 절차적 공정, 자연적 정의의 원칙 및 적법절차의 중심적 내용인 부담적 처분의 사전통지절차(제21조), 청문절차(제22조, 제27조-제37조), 이유제시절차(제23조) 등에 대한 규정을 두고 있다. 그러나 행정절차의 근거법령에서 절차의 실시나 생략에 대해 행정청에게 재량을 부여하고 있는 경우에는[5] 무엇이 적법하고 공정한 절차이며 좋은 행정을 실현하는 것인지에 대한 고민이 필요하게 된다.

몇 가지 쟁점들

의견수렴절차

행정절차에 있어 의견수렴절차는 일반적인 의견제출, 정식청문, 공청회 절차이다.

의견수렴절차와 관련하여 논의하고 싶은 첫 번째 쟁점은 청문주재자의 선정에 관한 내용이다. 앞서 언급한 것처럼 「행정절차법」은 청문주재자의 선정이 공정하게 이루어져야 함을 규정하고 있다. 이는 자연적 정의의 원칙의 핵심내용인 편견배제의 원칙에 해당하며,

---

[5] 예컨대, 「행정절차법」에 따를 때 처분의 사전통지의 생략(제21조 제4항), 청문의 실시(제22조 제1항 제2호), 이유제시의 예외(제23조 제1항 제3호) 등에 있어 행정청의 재량이 인정된다.

공정한 청문의 이행을 위한 필수적 전제라고 할 수 있다. 좀 더 자세히 살펴보면 현행 우리 「행정절차법」은 청문은 행정청이 소속 직원 또는 대통령령으로 정하는 자격을 가진 사람 중에서 선정하는 사람이 주재하되, 행정청은 청문주재자의 선정이 공정하게 이루어지도록 노력하여야 한다고 규정하고 있다(제28조 제1항). 그러나 청문의 공정성을 보장하기 위해서는 행정청으로부터 독립되고 전문성을 갖춘 자로 정하는 것이 필요한데, 현행과 같이 독립성을 보장하기 위한 충분한 담보장치 없이 행정청의 소속 직원을 청문주재자로 선정하는 것은 타당하지 않다(사법정책연구원 2017, 221).

청문주재자의 선정과 자격에 관한 논의에 있어 미국의 행정법판사(administrative law judge)제도로부터 그 시사점을 찾기도 한다(김춘환 2017; 양승업 2010). 미국의 행정법판사는 행정청과 행정청의 결정 및 집행에 영향을 받은 당사자 간의 분쟁을 해결하기 위한 행정적 심판을 주재하는 공무원으로서, 사실심리를 주재하고 1차적 결정(재결)을 하는 자를 말한다(사법정책연구원 2017, 8). 미국 '연방행정절차법(Administrative Procedure Act)'은 연방의 행정법판사에 대한 구체적 규정을 두고 있는데, 동법에 따를 때 행정법판사는 선서를 주관하고 소환장을 발부하며, 증거 채택여부를 결정하고, 1차적 결정을 하거나 행정청의 결정을 권고하는 등의 임무를 수행한다(제556조 (c)). 행정법판사에게는 변호사의 자격이 요구되며, 사법부의 법관과 유사한 기능을 수행하나 행정청의 소속 공무원으로서의 지위를 갖는다. 행정법판사가 직무의 수행에 있어 어느 정도의 독립성을 갖는지에 대해서는 미국에서도 논의가 있는데, 이들은 연방헌법 제3조에 근거한 법관이 아니며, 따라서 법관과 동일한 정도의 독립성이 보장되지는 않는다. 그렇지만 행정법판사의 독립성을 보장하기 위한 다수의 장치들을 두고 있는데, 먼저 행정법판사는 윤번제로 사건을 배당받게 되고, 상당한 이유가 있는 경우에만 해임되며, 보수는 소속 행정청이 아닌 인사위원회(Civil Service Commission)에서 정하고, 미국 인사관리처(Office of Personnel Management)가 정한 후보자 목록에서 선정해서 임명하게 된다는 점이다(Hall 2006, 198). 청문주재자와 행정법판사 양자 모두 당사자의 의견을 듣고 증거조사를 한다는 점에서는 유사한 역할을 한다고 볼 수 있으나, 청문주재자의 경우 반드시 증거 채택에 따른 사실심리와 공식적인 기록에 의한 판단을 통해 사실관계를 확정하고 재결문을 작성하는 것은 아니므로 양자는 차이가 있다(사법정책연구원 2017, 209). 그러나 청문주재자가 갖추어야 할 전문성과 독립성은 행정법판사와 본질적으로 다르지 않으며, 이는 공정한 청문의 진행을 위한 필수적 전제이다. 이러한 측면을 고려할 때, 현행 「행정절차법」이 행정청의 소속 직원을 청문주재자로 선정할 수 있도록 규정하고, 이들의 행정청으로부터의 독립성을 담보할 수 있는 장치를 충분히 마련하고 있지 않은 점은 문제가 있다. 행정청으로부터 독립되고 전문성을 갖춘 사람을 청문주재자로 선정하여 공정한 청문절차가 이루어질 수 있도록 「행정절차법」과 동법 시행령의 개정이 필요하다고 생각된다. 이를 위해서는 청문주재자를 외부 전문가 중에서만 선정하도록 하는 방법을 생각해볼 수 있고, 행정청의 소속 직원을 청문주재자로 하는 경우에는 이들이 직무수행에 필요한 독립성을 충분히 갖출 수 있도록 정교한 제도적 보완이 필요하며, 미국의 행정법판사제도는 시사점을 줄 수 있다고 생각된다.

두 번째 쟁점은 의견수렴결과의 행정결정에의 반영문제이다. 「행정절차법」은 의견수렴결과의 행정결정에의 반영에 관한 몇 가지 규정을 두고 있는데, 그 구체적인 내용은 다음과 같다: ① 행정청은 처분을 할 때에 당사자등이 제출한 의견이 상당한 이유가 있다고 인정하는 경우에는 이를 반영하여야 한다(제27조의2), ② 행정청은 처분을 할 때에 청문조서, 청문주재자의 의견서, 그 밖의 관계 서류 등을 충분히 검토하고 상당한 이유가 있다고 인정하는 경우에는 청문결과를 반영하여야 한다(제35조의2), ③ 행정청은 처분을 할 때에 공청회, 전자공청회 및 정보통신망 등을 통하여 제시된 사실 및 의견이 상당한 이유가 있다고 인정하는 경우에는 이를 반영하여야 한다(제39조의2). ④ 행정청은 해당 입법안에 대한 의견이 제출된 경우 특별한 사유가 없으면 이를 존중하여 처리하여야 하며, 의견을 제출한 자에게 그 제출된 의견의 처리결과를 통지하여야 한다(제44조 제3항, 제4항). 즉 「행정절차법」은 의견수렴절차를 통해 제시된 의견을 상당한 이유가 있다고 인정하는 경우 반영하도록 하는 의무규정을 두고 있으나, 입법예고절차를 제외하고는 제시된 의견을 미반영한 경우 처리절차에 대해서는 규정하고 있지 않다. 절차를 통해 제시된 의견이 최종적인 행정결정에 반영되고, 반영되지 않을 경우 그 이유를 상대방이 알 수 있도록 하는 것은 행정절차의 공정성을 넘어 행정결정의 공정성을 보장하기 위해 필요한 내용이다. 따라서 의견제출, 청문 및 공청회 절차에 있어서도 당사자의 의견을 미반영했을 경우에는 당사자의 요청이 있는 경우 설명의무 등을 규정하는 방안을 생각해볼 수 있다. 또한 당사자 등이 제출한 의견에 관한 것은 아니지만 청문에 있어 청문주재자의 의견에 법적인 하자가 없다면 행정청은 이에 기속되어야 한다는 견해도 제시되고 있는데(양승업 2010, 258), 이는 앞서 언급한 청문주재자의 독립성과 전문성 등이 충분히 확보되는 것과 연결하여 검토될 문제이다.

세 번째 쟁점은 공청회 절차에 관한 것이다. 현행 「환경영향평가법」은 행정기관의 장의 개발기본계획 수립시 작성하는 전략환경영향평가서의 초안, 사업자가 작성하는 환경영향평가서 초안에 대해 설명회나 공청회를 통해 주민의 의견을 수렴하도록 규정하고 있다(제13조, 제25조). 또한 「환경영향평가법 시행령」은 설명회나 공청회가 주민 등의 개최 방해 등의 사유로 개최되지 못하거나(공청회의 경우 2회 이상) 개최되었더라도 정상적으로 진행되지 못한 경우 설명회나 공청회를 생략할 수 있도록 하고 있다(제18조 제1항, 제41조 제1항). 그리고 이러한 사유로 설명회나 공청회가 생략된 경우 설명회나 공청회가 생략된 사유, 설명자료 열람방법, 의견제출의 시기와 방법 등을 일간신문과 지역신문에 공고하고, 설명회나 공청회 외의 방법으로 주민 등의 의견을 듣도록 노력하여야 함을 함께 규정하고 있다(제18조 제2항, 제41조 제2항). 행정절차는 공정성과 행정결정의 정확성을 증진해서 행정작용의 상대방인 시민의 권리를 보호하는데 그 궁극적인 목적이 있다고 볼 수 있으나,

행정의 효율성 역시 행정절차가 고려해야 하는 중요한 가치이다. 행정절차에 있어 참여, 정보의 수집 및 그에 대한 평가를 확대할수록 이에 소요되는 시간과 비용 역시 증가된다(Gellhorn and Levin 2006, 5-6). 앞서 살펴 본 설명회 및 공청회 절차의 생략에 대한 「환경영향평가법」의 규정은 절차로 인해 행정결정이 장기간 지연되는 것을 방지하기 위한, 즉 행정의 효율성을 고려한 내용이라고 볼 수 있다. 이러한 「환경영향평가법」상 규정내용을 행정절차에 관한 일반법인 「행정절차법」에도 마련하는 방안을 적극 검토할 필요가 있다. 즉 공청회 개최의 생략이 허용되는 사유, 공청회를 생략했을 경우의 처리방법 등에 대한 규정을 현행 「행정절차법」은 담고 있지 않고 있는데, 「환경영향평가법」의 규정들은 좋은 참고가 될 수 있을 것이라 생각된다.

다음으로는 실제 이와 관련한 판례를 살펴보도록 하자.

[판례 1] 구 환경영향평가법 시행령 제9조 제4항은 "공청회가 사업자가 책임질 수 없는 사유로 2회에 걸쳐 개최되지 못하거나 개최는 되었으나 정상적으로 진행되지 못한 경우에는 공청회를 생략할 수 있다. 이 경우 사업자는 공청회를 생략하게 된 사유와 공청회시 의견을 제출하고자 한 자의 의견제출의 시기 및 방법 등에 관한 사항을 제2항의 규정을 준용하여 공고하고, 다른 방법으로 주민의 의견을 듣도록 노력하여야 한다"고 규정하고 있다. 위 규정은 천재지변이나 사업을 반대하는 세력에 의한 공청회의 개최 또는 진행 방해 등 사업자가 책임질 수 없는 사유로 인해 공청회를 개최 또는 진행하는 것이 불가능할 경우에는 공청회를 생략하고, 다른 방법으로 주민의 의견을 들을 수

있도록 하는 데 그 취지가 있다. 그러므로 1회의 공청회가 개최 또는 정상 진행되지 못한 경우에도 공청회가 개최 또는 진행되지 못한 사유 등에 비추어 차후의 공청회 역시 개최 또는 정상 진행되지 못할 것이 확실한 경우에는 위 규정의 취지에 비추어 반드시 2회 공청회를 개최할 필요는 없다. 원심이 인정한 사실 및 기록을 종합하면, 참가인이 2003. 1. 15. 개최한 공청회가 주민들의 반대로 정상적으로 진행되지 못하였으며, 차후 다시 공청회를 개최하여도 같은 사유로 공청회가 정상적으로 진행되지 못할 것으로 인정되고, 한편 위 공청회 이후 주민들은 수회에 걸쳐 자신들의 의견을 제출하였음을 알 수 있다. 원심의 표현은 적절하지 아니하나, 이 사건 사업에 대한 환경영향평가협의에 절차적 하자가 없다는 판단은 결과적으로 정당하다. 거기에 상고이유와 같은 환경영향평가협의절차에서의 공청회 개최에 관한 법리오해 등의 위법이 없다.[6]

[판례 2] 전원개발사업에 관한 환경영향평가에 있어서, 전원개발사업자가 전원개발사업에 관한 환경영향평가서 작성을 위한 설명회 및 공청회에 일부 주민들의 참가·출입을 제한하거나 참가 주민들의 이견 등으로 공청회 절차가 정상적으로 진행되지 않았다는 등의 하자가 있다고 하더라도, 원자력발전사업에 관해 이해관계가 대립할 수밖에 없는 지역 주민들의 의견수렴과정과 환경영향평가의 내용상 한계가 있는 과학적·기술적 특성 등을 고려할 때 의견수렴절차 및 영향평가의 내용은 어느 정도 유연하게 평가함이 상당한 점 등에 비추어, 그 부실의 정도가 환경영향평가제도를 둔 입법 취지를 달성할 수 없을 정도에 이른다고 볼 수 없다.[7]

6) 대법원 2009. 4. 23. 선고 2007두13159 판결.
7) 부산지방법원 2006. 4. 13. 선고 2005구합1153 판결.

[판례 1]은 1회의 공청회 개최 이후 차후에 공청회 개최를 시도하여도 정상적으로 진행되지 못할 것이 인정되는 경우에 공청회 개최를 생략한 경우 절차적 하자가 인정되지 않는다고 판단한 판례이다. 앞서 살펴 본 바와 같이 행정절차법 시행령은 공청회의 경우 2회 이상 개최되지 못하거나 개최되더라도 정상적으로 진행되지 못한 경우를 그 생략사유로 규정하고 있으나, 이 사안에서는 1회의 공청회가 정상적으로 진행되지 못하였고 차후에도 그러할 것이라고 판단하여 공청회를 생략하였고, 법원은 이를 적법하다고 본 것이다. [판례 2]는 공청회에 일부 주민의 참가를 제한하거나 공청회가 정상적으로 진행되지 않은 경우에 관한 것이며, 법원은 이러한 공청회 절차에 하자가 있더라도 의견수렴절차는 유연하게 운영되어야 하며, 이 때의 하자가 환경영향평가제도를 둔 입법취지를 달성할 수 없게 하는 정도에는 이르지는 않았다고 판단하였다. 이러한 법원의 입장은 행정절차를 이행함에 있어 간과할 수 없는 가치인 효율성에 대한 고려로 이해할 수 있다. 그러나 절차의 근거법령인 「환경영향평가법」에서 이미 설명회 및 공청회의 생략사유를 규정함으로써 절차를 통한 공정성 및 권리보호의 측면과 행정의 효율성 측면의 조화를 고려하고 있는데, 법원이 법령에서 정한 기준에 비해 보다 완화된 심사기준을 적용하여 절차의 하자를 인정하지 않은 점은 타당하지 않다고 생각된다. 행정절차가 행정의 효율성을 고려하고 실질적이고 유연하게 운영되는 것이 필요하다는 점은 충분히 인정되는 바이나, 법령에서 정하고 있는 절차의 기준과 내용은 준수되어야 하며, 절차가 행정작용에 정당성을 부여하기

위한 형식적 통과의례로 전락하지 않도록 운영되는 것이 필요하다.

행정결정과정의 지연과 신속화

적정한 기간 내에 행정결정이 처리되는 것 역시 적법절차의 한 내용으로 이해할 수 있다.[8] 그러나 행정실무에 있어서는 업무량 등의 문제로 인해 처리의 지연이 흔히 발생하게 된다. 2016년부터 정부(법제처)는 인허가제도 및 신고제도의 합리화를 위해 법률개정을 추진하고 있다. 법제처는 인ㆍ허가 간주, 인ㆍ허가 투명화, 협의 간주, 신고의 수리 간주, 신고의 수리 명확화 등을 추진하고 있으며, 현재 법제처를 통해 개정된 내용 중 국회의 입법절차를 거친 경우도 있고 국회에 계류 중인 법안도 있다. 2018년 법제처 업무계획에 따르면 신고의 수리 명확화와 수리 간주 등 신고제 합리화 정비대상 법령은 96개이며, 이 중 81개의 법률이 국회에 제출되어 있는 상황이다(법제처 2018, 5).

그 중 하나의 법안을 예로 들어보자. 수산업법 개정안은 어업면허 연장신청의 처리기간을 해양수산부령으로 규정하도록 하고, 이 기간 내에 허가여부 또는 처리기간의 연장을 신청인에게 통지하지 않으면 허가를 한 것으로 간주하는 규정을 신설하였다.[9] 구

---

8) 행정결정과정에서 필요한 의견수렴 등 절차적 사항 외에 실체적 요건 등에 관한 판단이 이루어지는 부분까지 이 글의 주제인 행정절차의 문제로 볼 수 있는지에 대해서는 논의가 있을 수 있으나, 행정작용의 '결정과정'이라는 측면에 주안점을 두어 이 글의 검토대상으로 삼았다.

9) 국회 의안정보시스템 홈페이지 참고(http://likms.assembly.go.kr/bill/billDetail.do?billId=ARC_X1P7F0B8Y2Q8N1Y7Z2P3A1J3L6A7H5).

체적인 규정내용을 정리하면 다음과 같다: 시장·군수·구청장은 어업면허 유효기간의 연장허가 신청을 받은 날부터 해양수산부령으로 정하는 기간 내에 허가여부를 신청인에게 통지하여야 한다. 시장·군수·구청장이 이 기한 내에 허가 여부 또는 민원 처리 관련 법령에 따른 처리기간의 연장을 신청인에게 통지하지 아니하면 그 기간이 끝난 날의 다음 날에 허가를 한 것으로 본다(수산업법 개정안 제14조 제4항, 제5항).

이러한 정부의 입법노력은 공직사회에 적극행정 문화를 정착시키고 더 신속한 민원 서비스를 제공하기 위한 조치로서의 의미를 갖는다. 즉 정부의 개정취지는 행정에 보다 적극적인 업무처리를 의무지우고 민원인의 편의를 보다 보장하기 위한 것으로 이해할 수 있다. 이러한 취지로 일부 법률의 개정이 이미 이루어졌고, 향후 많은 법률의 개정이 예정되고 있는 현 시점에서 그 방향성에 대한 신중한 재검토가 이루어지는 것이 필요하다고 생각된다. 구체적으로는 적극행정과 신속한 민원 서비스의 제공이라는 가치를 실현하기 위해 규제의 필요성이라는 공익적 측면, 제3자 보호의 측면이 다소 간과될 위험이 있는 것은 아닌지, 현재의 법률개정이 정부의 주도로 이루어지고 있지만 이러한 내용이 법률에 담김으로써 결과적으로는 의회가 제정한 법률에 의해 행정청의 규제권한이 과도하게 제한되는 것은 아닌지 등의 문제가 검토되어야 할 것이라고 생각된다.

특히 개정안이 채택한 '간주'는 일반적으로 '의제'와 같은 의미로 이해되며, 공법상 법률의제는 입법자의 광범위한 형성의 자유의 범위 내에서 매우 다양한 목적과 형태로 활용되고 있다. 행정법상 법률의제의 주요 목적은 개별법상 실체적 목표 달성, 절차신속화, 행정간소화, 존속보장 등이다(박종준 2014, 122-128). 의제는 이미 존재하는 상태(의제대상)를 이러한 상태가 존재하지 않는(또는 존재하는) 요소(의제기초)에 최종적으로 관련시키는 것의 결과라고 할 수 있으며, 이러한 관련지움은 동일하지 않은 것으로 인식된 것을 의도적으로 동일화하는 것을 통하여 이루어지게 되고, 또한 최종적이라 함은 법적으로 반증을 허용하지 않는다는 것을 뜻한다(박종준 2014, 16). 이러한 측면에서 간주 내지 의제제도의 도입은 신중한 접근을 필요로 한다. 즉 개정안과 같이 기한 내에 '검토'가 이루어지지 않은(연장허가 여부 또는 처리기간의 연장이 통지되지 않은) 경우를 검토를 거친 허가와 동일하게 보도록 한 규정의 문제점이 없는지 살펴볼 필요가 있다. 이는 개정안의 취지에 나타난 바와 같이 적극행정 문화를 조성하고 민원인의 불편을 없애고자 하는 목적을 가진다. 그러나 이러한 가치를 구현하기 위해 간주제도를 도입함으로써 간과되는 다른 가치들은 없는지, 그러한 가치들에 대한 고려가 법률 내에서 충분히 이루어지고 있는지에 대한 검토가 필요하다. 즉 추구하는 목적 달성을 위해 법률의제가 적합한 수단인지 여부가 확정될 필요가 있으며, 법률의제의 핵심요소인 의제기초와 의제대상 간의 납득가능성 및 적절한 관련성이 제시될 수 있어야 한다. 법률의제규정의 합헌성을 평가하기 위한 기준은 개별적인 의제규범의 대상과 목적에서부터 찾아야 하며, 개별 의제규정의 구체적인 평가에 있어 헌법상 원칙들은 중요한 의의를 갖는다. 이 때 권력분립원칙과 국민의 기본권 보장이 중요한 의미를 갖게 되는데, 개별 사안의 타당성을 확보해야 하는 행정주체의 결정권한이 입법자에 의해 과도하게 축소되는 것은 지양하여야 하며, 이는 시민의 기본권 보호와 상충될 수 있다는 점을 유념해야 한다. 또한 허가간주를 통해 행정청의 책임이 면책될 수 있는 위험 역시 존재한다(김중권 2001, 169). 시민의 권리보호와 행정능률의 실현을 중요한 이념으로 하는 행정법의 영역에 있어 개별 사안에서의 정당성이 충분하게 확보되기 위해서는 다양한 공익과 사익 간의 구체적이고 개별적인 이익형량이 반드시 보장되어야 할 필요가 있으며, 이는 절차의 충실하고 적정한 이행을 통해 보장될 수 있다.

현행 「수산업법」은 어업면허 연장신청의 허가를 결정함에 있어 동법은 우선순위 배제사유 유무(제13조 제7항), 공익상 필요에 의한 어업면허의 제한사유(제34조 제1항), 총 연장허가기간 등을 검토하도록 규정하고 있다(제14조 제2항). 이러한 사항들을 일정 기간 내 허가여부 또는 처리기간의 연장을 통지하지 않았다는 이유로 검토하지 않고 허가한 것으로 간주하는 것이 타당한지는 의문이다. 사전적으로 충분히 검토되지 않은 행정결정은 그 상대방에게도 결과적으로 불리하게 작용될 수 있으며, 공익과 제3자 보호의 문제를 낳을 수 있다. 즉 이처럼 절차가 생략된 행정결정은 공정성, 공익 보호의 문제를 야기하게 되므로 그 인정여부를 신중하게 판단하는 것이 필요하다.

변호사의 조력을 받을 권리

행정절차에서의 변호사의 조력은 사법절차에서만큼 일반화되어 있지는 않다.[10] 우리 「행정절차법」은 행정절차의 당사자 등은 대리인을 선임할 수 있으며, 이 때의 대리인에는 변호사가 포함된다고 규정하고 있다(제12조 제1항). 또한 대리인은 그를 대리인으로 선정한 당사자 등을 위하여 행정절차에 관한 모든 행위를 할 수 있다(제12조 제2항, 제11조 제4항). 이처럼 행정절차에 있어 대리인에 관한 규정내용이 포괄적이어서 명확하지 않은 측면이 있으며, 예컨대, 당사자 등이 징계절차와 같은 행정절차에 대리인인 변호사와 함께 참여하여 조력을 받을 수 있는지에 대해서는 논의가 있을 수 있다. 이에 대해서는 대리인을 선임하였다고 해서 당사자 등이 행정절차에서 배제되는 것은 아니며, 절차에 함께 참여하여 대리인의 조력을 받거나 대리인의 행위를 수정할 수 있다고 보는 것이 타당할 것이다(홍준형 2011, 370-371; 임현 2017, 161). 미국 연방행정절차법은 행정기관이나 그의 대표자 앞에 직접 출석해야 하는 자는 행정기관 또는 자격있는 대표자의 허가를 받아 변호사를 동반하거나 변호사에게 대리하게 하거나 조언을 받을 수 있다고 규정하여(제555조 (b)), 행정절차에서 변호사의 조력을 받을 권리의 내용을 구체화하고 있다(임현, 2017, 165). 독일의 경우 당사자가 행정절차에 있어 변호사에 의해 조력을 받을 권리는 법치국가원리의 당연한 귀결이며, 법치국가원리의 내용인 무기대등의

---

10) 변호사의 조력을 받을 권리에 관한 이 글의 내용은 임현(2017)과 그 취지 및 일부 검토대상 판례가 동일함.

원칙, 절차의 공정성 및 사안에 관련된 기본권으로부터 도출된다고 본다(Kopp und Ramsauer 2005, 254; 임현 2017, 161). 독일 '연방행정절차법(Verwaltungsvefahrensgesetz)'상 대리인에 관한 규정은 우리 「행정절차법」과 유사한데, 당사자는 대리권이 부여된 자에 의하여 대리될 수 있으며, 대리권은 그 내용을 다르게 정하지 않는 한 모든 행정절차에 인정된다고(제14조 제1항) 그 내용을 포괄적으로 규정하고 있다. 또한 독일 연방행정절차법은 우리와 달리 보조인에 대한 규정도 두고 있는데, 당사자는 절차와 협의에 보조인과 함께 참여할 수 있으며, 보조인에 의해 제시된 의견은 당사자가 즉시 이의를 제기하지 않는 한 당사자의 의견으로 본다는 것이 그 내용이다(제14조 제2항).

실제로는 주로 공무원에 대한 징계절차에 변호사가 참여할 수 있는지가 문제되었는데, 이에 관한 몇 가지 사례를 살펴보도록 하자. 첫 번째 사례의 내용은 다음과 같다. 소방공무원이 품위유지의무 위반 등을 이유로 자신에 대한 징계절차가 진행되자 변호사를 대리인으로 선임하고 함께 징계위원회에 참석하고자 하였으나, 담당 직원에게 문의한 결과 부정적인 답변을 듣게 되었다. 이에 소방공무원은 담당변호사의 징계위원회 참여를 포기하고 징계위원회에 출석하였고, 징계위원회의 심의 · 의결을 거쳐 도지사는 그에 대해 해임처분을 하였다. 이 사례는 공무원이 자신에 대한 징계절차에서 변호사의 조력을 받을 권리가 인정되는지에 대한 문제이다. 실제 이 사안에 대해 1심 법원은 공무원이 자신의 징계절차에서 변호사의 조력을 받을 권리가 인정되는지 여부에 대해 적극적인 판단을 하지 않았다. 판례의 내용을 살펴보면, 원고의 변호인이 원고와 함께 징계위원회에 참석할 수 있는지 여부를 피고의 담당 직원에게 전화로 문의한 결과 부정적인 답변을 듣고 참석하지 않았으며, 이는 정식으로 변호사 선임계를 피고에게 제출하고 실제로 징계위원회에 참석하려고 하였으나 피고에게 거부당한 것이 아니라, 변호사 선임을 입증할 수 있는 정식 문서를 제출하지도 않은 상태에서 막연히 전화를 걸어 절차에 관하여 한 번 문의를 하여 안내 답변을 들은 것에 불과하고 실제로 징계위원회에는 참석하려고 구체적인 시도조차 하지 않은 것이므로, 이것만 가지고는 원고가 변호인의 조력을 받을 권리 내지 방어권을 침해받았다고 볼 수 없다는 것이다.11) 이러한 판례의 입장은 소방공무원이 자신에 대한 징계절차에서 변호사의 조력을 받을 권리가 인정되나 그러한 권리의 침해를 논할 단계에 이르지 않았다는 내용으로 이해될 수도 있으나, 명확한 입장을 제시한 것이라고는 보기 어렵다. 이후 동 판결에 대한 항소심에서 법원은 「소방공무원징계령」은 변호사의 조력을 받을 권리를 별도로 규정하고 있지 않으며, 따라서 소방공무원에 대한 징계절차에서 변호사의 조력을 받을 권리가 인정된다고 보기는 어렵다고 판시하였다.12)

유사한 하급심 법원의 판례도 찾아볼 수 있는데, 국가정보원 직원이 「보안업무규정」 위반 혐의로 국가정보원 직원으로부터 조사를 받게 된 상황에서 변호사의 조사절차에의 참여 등 변호사의 조

11) 청주지방법원 2011. 1. 13. 선고 2010구합1762 판결.
12) 대전고등법원 2011. 9. 28. 선고 2011누144 판결.

력을 받을 권리를 주장했고, 이에 조사담당 직원은 이는 단순히 징계절차를 위한 행정조사에 불과해 변호사의 조력을 받을 권리가 인정되지 않는다고 이를 허용하지 않았으며, 국가정보원은 「보안업무규정」위반 등을 이유로 원고를 파면한 사건이다. 이 사안에 대해 법원은 헌법상 법치국가원리, 적법절차원칙에서 인정되는 변호사의 조력을 받을 권리는 국가권력의 일방적인 형벌권 행사에 대항하기 위한 피의자·피고인의 권리이므로 일반적으로 공무원의 징계절차에서는 변호사의 조력을 받을 권리가 당연히 보상된다고 할 수는 없다는 입장을 취하였다.[13]

「행정절차법」상 대리인에 대한 규정이 있음에도 불구하고 이처럼 공무원 징계절차에서 변호사의 조력을 받을 권리가 인정하지 않는 것은 적법하고 공정한가? 이에 대한 답을 찾기 위해 먼저 우리의 현행법제에서 과연 공무원에게 징계절차에서 변호사의 조력을 받을 권리가 인정될 수 없는 것인지 살펴보도록 하겠다. 우리 「행정절차법」은 동법이 행정절차에 관한 일반법임을 규정하는 한편(제3조 제1항), 적용배제사유를 광범위하게 규정하고 있다(동법 제3조 제2항, 동법 시행령 제2조). 그리고 이러한 적용배제사유에는 '…… 공무원 인사 관계 법령에 따른 징계와 그 밖의 처분, …… 등 해당 행정작용의 성질상 행정절차를 거치기 곤란하거나 거칠 필요가 없다고 인정되는 사항과 행정절차에 준하는 절차를 거친

---

13) 서울행정법원 2013. 7. 26. 선고 2012구합24344 판결. 사적 영역의 근로자의 징계절차에서 변호사의 조력을 받을 권리를 인정한 판례로는 서울동부지방법원 2007. 10. 19. 선고 2007가합4668 판결.

사항으로서 대통령령으로 정하는 사항(제3조 제2항 제8호, 동법 시행령 제2조 제3호)'이 포함되어 있다. 따라서 이러한 규정들에 따를 때 공무원의 징계처분에 대해서는 「행정절차법」의 적용이 배제될 여지가 있다. 그러나 공무원 인사 관계 법령에 따른 징계와 그 밖의 처분에 대해 「행정절차법」의 적용을 무조건 배제하는 것이 타당한지에 대해서는 의문이 있다. 징계처분은 아니지만 별정직공무원에 대한 직권면직처분에 있어 사전통지를 하지 않고 의견제출의 기회를 주지 않은 사안에 대해 대법원은 다음과 같이 판시하였다.

[판례 3] 행정의 공정성, 투명성 및 신뢰성을 확보하고 국민의 권익을 보호함을 목적으로 하는 행정절차법의 입법 목적에 비추어 보면, 공무원 인사관계 법령에 의한 처분에 관한 사항이라 하더라도 전부에 대하여 행정절차법의 적용이 배제되는 것이 아니라, 성질상 행정절차를 거치기 곤란하거나 불필요하다고 인정되는 처분이나 행정절차에 준하는 절차를 거치도록 하고 있는 처분의 경우에만 행정절차법의 적용이 배제되는 것으로 보아야 하고, 이러한 법리는 '공무원 인사관계 법령에 의한 처분'에 해당하는 별정직 공무원에 대한 직권면직 처분의 경우에도 마찬가지로 적용된다.[14]

즉 우리 「행정절차법」의 규정을 해석해볼 때, 공무원 인사 관계 법령에 따른 징계와 그 밖의 처분의 경우에도 그러한 처분이 해당 행정작용의 성질상 행정절차를 거치기 곤란하거나 불필요하다고

14) 대법원 2013. 1. 16. 선고 2011두30687 판결.

인정되는 사항과 행정절차에 준하는 절차를 거친 사항에 해당하지 않는 한「행정절차법」이 원칙적으로 적용되어야 한다. 공무원의 징계처분은 성질상 행정절차를 거치기 곤란하거나 불필요하다고 인정되는 처분이라고 보기는 어렵다(임현 2017, 166). 또한 행정절차에 준하는 절차를 거쳤는지 여부와 관련하여, 징계절차에 관한 개별 법령에서 변호사의 조력을 받을 권리에 대해 아무런 규정도 두고 있지 않다면, 변호사의 조력을 받을 권리를 인정할 수 없는 것이 아니라 행정절차에 관한 일반법인「행징절차법」의 적용이 가능할 것이다. 즉 개별 법령에서 절차적 보장을 보다 강화하고 있거나, 변호사의 조력을 받을 권리를 명시적으로 배제하고 있지 않다면 원칙적으로「행정절차법」이 적용된다고 보는 것이 타당하다(임현 2017, 159). 이러한 관점에서 볼 때 앞서 살펴 본 항소심 법원의 판례에서「소방공무원징계령」이 변호사의 조력을 받을 권리를 별도로 규정하고 있지 않기 때문에 소방공무원에 대한 징계절차에서 변호사의 조력을 받을 권리가 인정되지 않는다고 본 것은 수긍하기 어렵다.

최근 대법원은 육군3사관학교 사관생도의 징계절차에서 변호사의 징계위원회 참석을 거부하고 행한 퇴교처분의 위법성에 대해 판단하였다. 동 판결에서 대법원은 앞서 살펴 본 [판례 3]의 법리, 즉 공무원 인사 관계 법령에 따른 징계와 그 밖의 처분의 경우에도 그러한 처분이 해당 행정작용의 성질상 행정절차를 거치기 곤란하거나 거치기 곤란하거나 불필요하다고 인정되는 사항과 행정절차에 준하는 절차를 거친 처분에 대해서만「행정절차법」의 적용이 배제되어야 한다는 법리를 적용하였다. 판례의 중요 내용을 요약하면 다음과 같다.

> [판례 4]「행정절차법」……에 따르면, 당사자 등은 변호사를 대리인으로 선임할 수 있고, 대리인으로 선임된 변호사는 당사자 등을 위하여 행정절차에 관한 모든 행위를 할 수 있다고 규정되어 있다. 위와 같은 행정절차법령의 규정과 취지, 헌법상 법치국가원리와 적법절차원칙에 비추어 징계와 같은 불이익처분절차에서 징계심의대상자에게 변호사를 통한 방어권의 행사를 보장하는 것이 필요하고, 징계심의대상자가 선임한 변호사가 징계위원회에 출석하여 징계심의대상자를 위하여 필요한 의견을 진술하는 것은 방어권 행사의 본질적 내용에 해당하므로, 행정청은 특별한 사정이 없는 한 이를 거부할 수 없다고 할 것이다.
> 2011두30687 판결의 법리는 육군3사관학교 생도에 대한 퇴학처분에도 마찬가지로 적용된다.
> 육군3사관학교의 사관생도에 대한 징계절차에서 징계심의대상자가 대리인으로 선임한 변호사가 징계위원회 심의에 출석하여 진술하려고 하였음에도 불구하고, 징계권자나 그 소속 직원이 변호사가 징계위원회의 심의에 출석하는 것을 막았다면 징계위원회 심의·의결의 절차적 정당성이 상실되어 그 징계의결에 따른 징계처분은 위법하여 원칙적으로 취소되어야 한다.[15]

이 판례를 통해 대법원은 앞서 살펴 본 하급심 판례들에서 논의

---

15) 대법원 2018. 3. 13. 선고 2016두33339 판결.

되었던 공무원의 징계절차에 있어 변호사의 조력을 받을 권리가 인정되는지의 문제를 해결하였다. 즉 공무원에 대한 징계처분이나 그 밖의 불이익처분을 위한 의견진술 내지 청문절차에서 변호사의 참여를 거부하는 것은 허용되지 않으며, 그렇게 할 경우 원칙적으로 해당 처분을 취소하여야 할 절차적 하자가 인정된다는 법리가 선언되었다는 점에서 의의가 있다. 그러나 대법원은 최종적으로는 당해 징계처분의 위법성을 인정하지 않았다. 그 이유는 이 사건의 원고가 동일한 사유에 근거한 종전처분의 취소소송에서 현재의 대리인을 소송대리인으로 선임하여 소송을 수행하였고, 이 때 취소소송 재판절차에서 사실관계와 법적용에 관하여 각종 주장을 충분히 개진하였다는 것이다. 따라서 재처분절차의 징계위원회 심의에 대리인의 출석을 허용하지 않은 것이 원고의 방어권 행사에 지장을 초래하여 재처분절차의 절차적 정당성을 상실하게 하여 퇴교처분을 또 다시 취소하고 새로이 징계절차를 거치도록 하여야 할 정도는 아니라고 판시하였다. 이러한 대법원의 입장은 종합적 사정을 고려한 합리적인 판단이라고 이해할 수도 있다. 그러나 동 판결이 예외적인 고려사유를 인정함으로써 앞으로의 판례에 있어 이러한 예외가 적용될 수 있는 여지를 남기고 있으며, 공무원에 대한 징계처분 또는 불이익처분에 있어서도 변호사의 조력을 받을 권리가 원칙적으로 인정됨을 선언한 의의가 약화될 수 있는 우려가 있다. 앞으로의 유사 판결에서 예외적 고려사유는 최대한 엄격하게 판단하는 것이 필요하다고 생각된다.

징계처분에 의한 불이익은 당사자의 권익에 매우 중대한 영향을 미치며, 따라서 징계절차에서 당사자의 진술권은 충분히 보장될 필요가 있다. 「행정절차법」 역시 신분상 불이익이 당사자의 권익에 미치는 영향을 고려하여, 당사자의 신청에 의한 정식청문의 실시사유에 '신분·자격의 박탈'을 규정하고 있다(제22조 제1항 제3호). 징계처분의 절차가 충실히 이행됨으로써 절차에서 중요한 쟁점의 소명이 충분히 이루어져 처분에 대한 당사자의 수용가능성을 제고하는 것은 중요한 의미를 가진다(임현 2017, 166; 169).

좋은 행정과 절차적 공정

지금까지 행정절차에 있어 공정의 문제를 몇 가지 이슈를 중심으로 살펴보았다. 행정작용의 당사자들이 단순한 행정작용의 객체의 지위를 갖는 것이 아니라 행정과정에 적극적으로 참여하고자 하는 경향은 계속해서 강화될 것이라 전망되며 또 필요한 일이라고 생각된다. 따라서 행정절차가 지향하여야 하는 바는 행정작용의 당사자들이 행정과정에 참여할 수 있는 가능성을 보장하고, 이를 통하여 행정작용이 보다 공정하고 올바른 내용으로 형성될 수 있는 조건을 마련하는 것이다(류지태 1996, 27). 앞서 언급한 바와 같이 절차적 공정은 형식적이고 고정된 내용이 아니며, 개별 사안에 있어 실질적이고 유동적인 내용을 갖게 된다. 따라서 행정절차의 공정성을 적정하게 실현하기 위해서는 개별 행정영역에 대한 세심한 검토가 필요하다. 절차적 공정성 내지 적법절차가 논의되는 행정의 사안들은 대부분 행정작용이 시민의 권익에 영향을 주는 경우를 의미하며, 권익에 대한 영향이 클수록 절차를 통한 보호의 요청도 커지게 된다. 따라서 입법자는 개별 행정영역 및 행정작용의 성격을 고려하여 그에 부합하는 절차의 적정한 수준을 제도화하는 것이 필요하다.

또한 행정 또는 행정절차가 추구하는 다양한 가치들간의 적정한 조화가 요구된다. 공정성과 조화를 이루어야 하는 행정의 가치들에는 앞서 언급한 정확성, 효율성, 수용가능성 등을 들 수 있다 (Gellhorn and Levin 2006, 4-7). 이러한 행정의 가치들 중 절차의 공정성과 조화되기 가장 어려운 가치는 효율성이라고 할 수 있다. 절차의 공정성 개념만큼 절차의 효율성 역시 개념적 추상성으로 인해 다양한 내용으로 해석될 수 있으나, 법적인 관점에서는 '법에 의하여 행정기관에게 주어진 또는 적어도 인정된 목적들을 가능한 한 경제적이고 적절한 수단들을 사용함으로써 달성하도록 하는 요청'을 의미한다고 이해할 수 있다(류지태 · 박종수 2016, 483). 또한 행정의 효율성은 그 자체가 목적인 것이 아니라 법에 의하여 주어진 행정절차의 목적들과의 관련성 하에서만 인식될 수 있다 (Schenke 1982, 313-315; 류지태 · 박종수 2016, 483). 다양한 행정 또는 행정절차의 가치들을 조화롭게 운영하는 것은 매우 어려운 문제일 것이다. 그러나 행정작용의 당사자와 시민들이 공정하게 참여하고 보다 신뢰할 수 있는 행정절차 운영의 원칙적인 방향성이 항상 고려되어야 할 것이다.

참고문헌

김중권. 2001. "건축법상의 건축신고의 문제점에 관한 소고." 『저스티스』 34권 3호, 150-169.

김춘환. 2017. "행정절차법상 청문주재자에 관한 연구." 『법학논총』 24권 1호, 305-336.

류지태. 1996. "행정작용 당사자의 법적 지위보장을 위한 제도개선논의 －현행 행정절차법안과 행정정보공개법안의 문제점을 중심으로－." 『법학논집』 32집, 27-52.

류지태 · 박종수. 2016. 『행정법신론』. 서울: 박영사.

박종준. 2014. "행정법상 법률의제에 관한 연구." 고려대학교 박사학위논문.

법제처. 2018. "2018년 법제처 업무계획."

사법정책연구원. 2017. 『미국 행정법판사제도에 관한 연구』. 일산: 사법정책연구원.

양승업. 2010. "미국 행정법판사의 독립성론에 관한 고찰 － 우리 청문주재자와의 독립성 비교를 중심으로." 『공법학연구』 11권 4호, 243-269.

임현. 2017. "행정절차에 있어 변호사의 조력을 받을 권리." 『특별법연구』 14권, 152-170.

홍준형. 2011. 『행정법』. 파주: 법문사.

Gellhorn, Ernest and Roland M. Levin. 2006. *Administrative Law and Process*. St. Paul: Thomson/West.

Hall, Daniel E. 2006. *Administrative Law*. Upper Saddle River: Pearson Prentice Hall.

Kopp, Ferdinand O. und Ulrich Ramsauer. 2005. *Verwaltungsverfahrensgesetz Kommentar*. München: C. H. Beck.

Robinson, Mark A. 2003. "Practical Justice and Procedural Fairness." Paper presented at the PAVE Peace Group in Sydney, Australia. December.

Schenke, Wolf-Rüdiger. 1982. "Das Verwaltungsverfahren zwischen Verwaltungseffizienz und Rechtsschutzauftrag." Verwaltungsblätter für Baden-Württemberg 3: 313-326.

Zubair Muhammad and Sadia Khattak. 2014. "The Fundamental Principles of Natural Justice in Administrative Law." *Journal of Applied Environmental and Biological Sciences* 4(9): 68-72.

8 장

계약과 공정: 공사법 구별의 관점에서

김대인

계약에서 공정성의 문제

계약(contract)은 당사자간의 의사합치에 의한 법적 구속력 있는 합의를 말한다. 계약은 사적 자치의 원리가 지배하는 민법의 핵심적인 제도를 구성하고 있다. 계약형식은 이처럼 민법과 같은 사법(private law)분야에서만 사용되는 것은 아니다. 공법(public law)분야에서도 행정주체 상호간 또는 행정주체와 사인 상호간에 체결되는 '공법상 계약(행정계약이라고도 한다)'이 존재한다.[1]

계약을 지배하는 기본원칙은 '합의는 지켜져야 한다(pacta sunt servanda)', 즉 당사자간에 의사가 합치된 내용은 양 당사자를 법적으로 구속한다는 원칙이다. 계약당사자의 실질적인 지위가 평등하다면 이러한 원칙을 그대로 유지하는 것에 아무런 문제가 없을 것이다. 그러나 계약당사자들의 지위가 실질적으로 평등하지 않은 경우가 많기 때문에 사적 자치의 원리에 입각해서만 계약을 규율하는 데에는 한계가 있다.[2]

이러한 이유로 계약의 공정성을 확보하기 위한 다양한 법들이 마련되어 있다. 「약관의 규제에 관한 법률」(이하 '약관규제법'), 「이자제한법」, 「독점규제 및 공정거래에 관한 법률」(이하 '공정거래법'), 「가맹사업거래의 공정화에 관한 법률」, 「하도급거래 공정

---

1) 공법상 계약의 대표적인 예로는 계약직 공무원의 채용계약을 들 수 있다. 대법원 2001. 12. 11. 선고 2001두7794 판결 참조.
2) 영국의 대표적인 계약법학자인 어티야(Atiyah 1979, 716)는 계약 자체의 쇠퇴, 자유선택과 동의(consent) 사상의 쇠퇴, 이익(benefit)과 신뢰(reliance)에 기반한 책임사상의 회복 등을 계약자유사상이 쇠퇴하게 된 원인으로 분석하고 있다.

화에 관한 법률」(이하 '하도급법'), 「근로기준법」 등이 계약의 공정성을 확보하기 위한 법률들이라고 할 수 있다. 이들 법률들은 계약체결여부의 자유, 계약내용결정의 자유를 제한하는 다양한 규정들을 두고 있다.

이외에도 계약의 공정성을 확보하기 위한 대표적인 법으로 국가가 필요로 하는 물품, 서비스, 공사를 조달하는 '공공조달계약(public procurement contract)'에 적용되는 「국가를 당사자로 하는 계약에 관한 법률」(이하 '국가계약법')을 들 수 있다. 이 법에서는 일반경쟁입찰을 원칙으로 함으로써 계약상대방선택의 자유를 제한하고 있으며, 계약위반 등 일정한 비위행위가 있는 사업자에 대해서는 일정 기간 동안 입찰참가자격을 제한하는 등 계약의 공정성을 확보하기 위한 제도들을 구비하고 있다.

그동안 계약의 공정성에 대해서는 다양한 연구가 이루어져 왔는데, 이는 민법과 같은 사법분야에서의 연구[3]와 행정법과 같은 공법분야의 연구[4]로 나누어볼 수 있다. 아쉬운 점은 '계약'이라는 법형식의 동질성에도 불구하고 '계약의 공정성'의 본질이 무엇인지에 대해서 공법과 사법을 아우르는 통합적인 관점에서의 글을 찾아보기 힘들다는 점이다.[5]

이러한 점은 우리나라가 대륙법계국가로서 공법과 사법을 구별

---

3) 권오승(1987), 백경일(2014a) 이호정(1973), 지원림(2002) 등 참조.
4) 강기홍(2012), 김대인(2007), 박정훈(2005), 최인호(2011) 등 참조.
5) 상호보완적인 통합질서로서 공법과 사법의 관계를 다루고 있는 문헌으로 Hoffmann-Riem et al.(1996) 참조.

하고 있다는 점,[6] 공법학계와 사법학계가 거의 교류를 하고 있지 않은 점 등과 연관성이 있다고 보여진다. 그러나 실제 우리나라의 실무를 보면 공법과 사법의 구별기준이 명확하게 정립되어 있다고 보기 힘들다. 예를 들어 우리나라 판례에서 공공조달계약은 '사법 상의 계약'으로,[7]「사회기반시설에 대한 민간투자법」(이하 '민간 투자법')에 따른 실시협약은 '공법상의 계약'으로 보고 있으나,[8] 이 러한 차이를 두는 이유에 대해서 충분한 설명이 이루어지지 못하 고 있다. 이러한 실무상의 난맥상은 '계약의 공정성'을 어떻게 이해 할 것인지에 대한 공법과 사법을 아우르는 통합적인 시각이 부재 한 데에서 기인하는 측면도 있는 것으로 보인다. 이러한 이유로 이 글에서는 '계약과 공정'이라는 주제를 공법과 사법 두 가지 측면을 모두 고려하여 접근해보고자 한다.

이하에서는 우선적으로 계약의 공정성의 헌법적 기초에 관해 서 검토해보도록 한다. 다음으로 계약의 공정성과 관련된 주요법 령과 판례들을 살펴보도록 한다. 이어서 계약의 공정성을 공법과 사법의 총체적 관점에서 어떻게 이해해야 할 것인지를 보도록 한 다. 마지막으로 이상의 내용을 토대로 일정한 결론을 제시해보도 록 한다.

---

6) 민사사건을 다루는 일반법원과 행정사건을 다루는 서울행정법원이 분리되어 있는 점이 대표적인 예이다.
7) 대법원 2001. 12. 11. 선고 2001다33604 판결.
8) 서울고등법원 2004. 6. 24. 선고 2003누6483 판결.

계약의 공정성의 헌법적 기초

계약의 공정성의 헌법적 기초를 논의함에 있어서 사법상 계약과 공법상 계약을 나누어서 살펴볼 필요가 있다. 두 가지의 계약은 체결주체가 달라짐으로 인해 헌법적인 논증이 달라지는 측면이 있기 때문이다.

사법상 계약

계약은 사법의 대표적인 법형식이라고 할 수 있다. 그런데 사법상 계약은 공법과도 밀접한 관계를 가지게 되는데 바로 헌법과의 관계에서 그러하다. 대법원은 헌법상의 기본권이 사법에도 영향을 미친다는 점을 다음과 같이 밝히고 있다.

> 헌법상의 기본권은 제1차적으로 개인의 자유로운 영역을 공권력의 침해로부터 보호하기 위한 방어적 권리이지만 다른 한편으로 헌법의 기본적인 결단인 객관적인 가치질서를 구체화한 것으로서, 사법을 포함한 모든 법 영역에 그 영향을 미치는 것이므로 사인간의 사적인 법률관계도 헌법상의 기본권 규정에 적합하게 규율되어야 한다. 다만 기본권 규정은 그 성질상 사법관계에 직접 적용될 수 있는 예외적인 것을 제외하고는 사법상의 일반원칙을 규정한 민법 제2조, 제103조, 제750조, 제751조 등의 내용을 형성하고 그 해석 기준이 되어 간접적으로 사법관계에 효력을 미치게 된다.9)

---

9) 대법원 2010. 4. 22. 선고 2008다38288 전원합의체 판결. 이러한 전제하에 대법원은 종교의 자유라는 기본권의 침해와 관련한 불법행위의 성립 여부도 위와 같은 일반규정을 통하여 사법상으로 보호되는 종교에 관한 인격적 법익침해 등의

학계에서도 위 대법원 판례와 마찬가지로 기본권의 대사인효가 사법에도 미친다고 보는 것이 일반적이지만(김선택 2002; 임건면 2013), 사법의 독자성을 강조하는 견해도 제시되고 있다(백경일, 2014b). 후자의 입장에서는 사법관계는 수평적 대등당사자의 관계인 데 반해, 공법관계는 수직적 공권력의 관계라고 할 수 있으므로 사법관계에 대한 헌법의 개입은 최소화되어야 한다고 본다(백경일 2014b, 142).

수직적 공권력의 관계가 전통적인 공법관계를 형성한 것은 사실이나, 오늘날의 공법관계는 이러한 수직적 공권력 관계에 머무르지 않고 있다. '통치(government)로부터 거버넌스(governance)로의 변화'로 인해 공공부문과 민간부문의 협력이 강화되고 있고,[10] 공법상 계약이 이러한 맥락에서 등장하고 있기 때문이다. 이러한 공법관계의 변화를 고려하면 수직적 공권력관계만이 공법관계를 구성하는 것으로 이해하고 이러한 전제하에 헌법과 사법질서의 단절을 주장하는 것은 더 이상 설득력을 갖기 힘들다.

대법원은 계약의 자유의 제한과 관련하여 다음과 같이 판시하고 있다.

> 헌법 제23조 제1항 전문은 "모든 국민의 재산권은 보장된다"라고 규정하고, 헌법 제119조 제1항은 "대한민국의 경제질서는 개인과 기업의 경제상의 자유와 창의를 존중함을 기본으로 한다"고 규정함으로써, 우리 헌법이 사유재산제도와 경제활동에 관한 사적자치의 원칙

형태로 구체화되어 논하여져야 한다고 판시했다.

10) 이에 관해 자세히는 김유환(2006) 참조.

을 기초로 하는 시장경제질서를 기본으로 하고 있음을 선언하고 있다. 이는 국민 개개인에게 자유스러운 경제활동을 통하여 생활의 기본적 수요를 스스로 충족시킬 수 있도록 하고 사유재산의 자유로운 이용·수익과 그 처분을 보장해 주는 것이 인간의 자유와 창의를 보전하는 지름길이고 궁극에는 인간의 존엄과 가치를 증대시키는 최선의 방법이라는 이상을 배경으로 하고 있는 것이다. 그러나 한편, 헌법 제119조 제2항은 "국가는 … 시장의 지배와 경제력의 남용을 방지하기 위하여 … 경제에 관한 규제와 조정을 할 수 있다"고 규정함으로써, '독점규제와 공정거래유지'라는 경제정책적 목표를 개인의 경제적 자유를 제한할 수 있는 정당한 공익의 하나로 하고 있다. 이는 경제를 자유방임 상태에 둘 경우 경제적 자유에 내재하는 경제력집중적 또는 시장지배적 경향으로 말미암아 반드시 시장의 자유가 제한받게 되므로 국가의 법질서에 의하여 공정한 경쟁질서를 형성하고 확보하는 것이 필요하고, 공정한 경쟁질서의 유지가 자연적인 사회현상이 아니라 국가의 지속적인 과제라는 인식에 그 바탕을 두고 있다.

다시 말하면 사유재산제도와 경제활동에 관한 사적자치의 원칙에 입각한 시장경제질서를 기본으로 하는 우리나라에서는 원칙적으로 사업자들에게 계약체결 여부의 결정, 거래상대방 선택, 거래내용의 결정 등을 포괄하는 계약의 자유가 인정되지만, 시장의 지배와 경제력의 남용이 우려되는 경우에는 그러한 계약의 자유가 제한될 수 있다 할 것이고, 이러한 제한 내지 규제는 계약자유의 원칙이라는 시민법 원리를 수정한 것이기는 하나 시민법 원리 그 자체를 부정하는 것은 아니며, 시민법 원리의 결함을 교정함으로써 그것이 가지고 있던 본래의 기능을 회복시키기 위한 것으로 이해할 수 있다.[11]

---

11) 대법원 2007. 11. 22. 선고 2002두8626 전원합의체 판결.

위 판례에서 적시하고 있듯이 계약의 자유는 헌법 제23조의 재산권조항과 제119조 제1항의 경제활동에 대한 사적 자치의 원칙으로부터 헌법적 근거를 찾을 수 있다. 또한 계약의 자유의 헌법적인 근거는 헌법상의 행복추구권으로부터 도출되는 일반적 행동자유권에서 찾을 수 있다고 보는 것이 헌법재판소의 태도이다.[12] 이러한 계약의 자유는 헌법 제37조 제2항에 의해 공공복리 등의 사유로 제한을 받는 것이 가능하다. 그리고 이러한 계약의 자유를 제한할 때에는 비례원칙 등과 같은 기본권제한의 법리의 적용을 받음은 물론이다. 또한 제119조 제2항에 의해 균형있는 국민경제의 성장 및 안정, 적정한 소득의 분배 유지, 시장의 지배와 경제력의 남용 방지, 경제주체간의 조화를 통한 경제의 민주화 등도 사법상 계약의 공정성을 추구할 수 있는 헌법적 근거가 될 수 있다.

물론 판례에서는 기본권의 대사인효가 「민법」상의 일반조항들(제2조, 제103조 등)을 통해서 간접적으로 영향을 미친다고 보고 있기 때문에 이러한 한도 내에서는 사법질서의 자율성을 어느 정도 존중하려는 모습도 함께 보이고 있다고 볼 수 있다.

공법상 계약

행정주체가 일방당사자가 되는 공법상 계약의 경우에는 헌법적 근거를 달리 검토할 필요가 있다. 이 경우 공법상 계약을 체결하는 '행정주체'의 행위는 계약의 자유를 실현하는 행위로 보는 것은 곤

---

12) 헌법재판소 2011. 7. 28. 2010헌바115 결정.

란하다. 왜냐하면 행정주체는 원칙적으로 헌법상 기본권의 주체가 된다고 보지 않기 때문이다. 따라서 공법상 계약을 체결하는 '행정주체'의 행위는 '행정권한의 행사'라는 관점에서 볼 필요가 있다.

그런데 이러한 행정주체의 공법상 계약과 관련한 행정권한의 행사는 계약상대방의 계약상의 자유를 제한하게 되는 경우가 발생하기 때문에 이 역시 헌법 제37조 제2항에 따른 기본권제한의 법리를 따르게 된다. 또한 이러한 행정권한의 행사는 헌법 제119조 제2항에 따른 경제에 관한 규제와 조정의 일환으로 이루어지는 것도 가능하다.

이러한 점에서 보면 공법상 계약의 공정성을 추구하는 헌법적인 근거는 사법상 계약의 그것과 유사한 것으로 볼 수 있다. 이러한 헌법적인 논의는 계약의 공정성 면에서 공사법을 아울러 통합적으로 보는 데 주요한 기초가 되는 것으로 볼 수 있다. 그런데 사법상 계약과 공법상 계약의 공정성의 헌법적 근거를 이처럼 동일하게 볼 수 있는 측면이 있지만, 그렇게만 볼 수 없는 측면도 동시에 존재한다. 그 이유는 크게 두 가지로 나누어서 볼 수 있다.

첫째, 공법상 계약의 경우에는 국가의 재정이 사용되는 경우가 많기 때문에 이러한 점에서 '재정의 효율성'이 공정성의 근거로 작동하게 된다. 또한 민간사업자를 동등하게 취급해야 한다는 점에서 '평등원칙'도 추가적인 공정성의 근거로 작동하게 된다.[13] 현재 국가재정이 사용되는 대표적인 계약인 공공조달계약을 사법상 계

---

13) 이에 관한 독일에서의 논의를 소개하고 있는 문헌으로 Bungenberg et al.(2011) 참조.

약으로 보는 것이 전통적인 판례의 태도이나, 최근에는 이러한 태도에 변화가 감지되고 있다.[14] 공공조달계약의 공정성을 확보하는 근거가 일반적인 사법상의 계약과는 다르다는 점을 고려하면 공공조달계약을 공법상 계약으로 이해하고 공정성도 이 관점에서 보는 것이 바람직하다고 할 것이다. 이러한 이유로 이하에서는 공공조달계약을 공법상 계약의 일환으로 설명하도록 한다.

둘째, 앞서 보았듯이 '행정주체'가 공법상 계약을 체결하는 행위를 '계약의 자유'의 관점에서 보는 것은 곤란하며 '행정권한의 행사'라는 관점에서 보는 것이 필요하다. 이렇게 볼 경우 헌법 제37조 제2항 등에 의한 행정권한의 행사에 대한 통제가 보다 직접적인 방식으로 이루어지는 것이 가능하며, 계약의 공정성에 대한 요구도 사법상 계약의 그것에 비해 상대적으로 더 강해질 수 있다.

계약의 공정성에 관한 주요법제

계약의 자유는 크게 세 가지로 나누어서 설명하는 것이 일반적

---

14) 국책사업인 '한국형 헬기 개발사업(Korean Helicopter Program)'에 개발주관사업자 중 하나로 참여하여 국가 산하 중앙행정기관인 방위사업청과 '한국형헬기 민군겸용 핵심구성품 개발협약'을 체결한 갑 주식회사가 협약을 이행하는 과정에서 환율변동 및 물가상승 등 외부적 요인 때문에 협약금액을 초과하는 비용이 발생하였다고 주장하면서 국가를 상대로 초과비용의 지급을 구하는 민사소송을 제기한 사안에서, 대법원은 위 협약의 법률관계는 공법관계에 해당하므로 이에 관한 분쟁은 행정소송으로 제기하여야 한다고 하였다(대법원 2017. 11. 9. 선고 2015다215526 판결). 위 협약은 국가계약법도 적용되는 공공조달계약으로서의 성격도 가지고 있음에도 불구하고 대법원이 공법상 계약으로 이해했다는 점이 주목할 만한 점이다.

이다. 1) 계약체결여부결정의 자유, 2) 계약상대방선택의 자유, 3) 계약내용결정의 자유가 그것이다. 계약의 공정성과 관련된 법제들을 보면 이러한 세 가지 자유를 제한하는 방식으로 구축되는 것이 일반적이다. 이러한 점은 공법상 계약, 사법상 계약 모두 동일하다고 할 수 있다. 이하에서는 위 세 가지 측면으로 나누어서 계약의 공정성에 관한 대표적인 법제들을 살펴보도록 한다.

계약체결여부결정의 공정성

계약체결여부결정의 공정성과 관련된 대표적인 법제로는 공정거래법을 들 수 있다. 공정거래법에서는 부당한 거래거절행위를 '시장지배적 지위의 남용행위' 또는 '불공정거래행위'로 보아 이를 규제하고 있다(동법 제3조의 2 제1항 제3호, 제23조 제1항 제1호). 대법원 다수의견은 거래거절행위가 시장지배적 지위의 남용행위에 해당하는지 여부가 문제된 사안에서 다음과 같이 판시한 바 있다.

> 거래거절행위가 독점규제 및 공정거래에 관한 법률 제3조의2 제1항 제3호의 시장지배적 사업자의 지위남용행위에 해당하려면 그 거래거절행위가 다른 사업자의 사업활동을 부당하게 어렵게 하는 행위로 평가될 수 있어야 하는바, 여기에서 말하는 '부당성'은 같은 법 제23조 제1항 제1호의 불공정거래행위로서의 거절행위의 부당성과는 별도로 '독과점적 시장에서의 경쟁촉진'이라는 입법목적에 맞추어 독자적으로 평가·해석하여야 하므로, 시장지배적 사업자가 개별 거래의 상대방인 특정 사업자에 대한 부당한 의도나 목적을 가지고 거래거절을 한 모든 경우 또는 그 거래거절로 인하여 특정 사업자가 사업

활동에 곤란을 겪게 되었다거나 곤란을 겪게 될 우려가 발생하였다는 것과 같이 특정 사업자가 불이익을 입게 되었다는 사정만으로는 그 부당성을 인정하기에 부족하고, 그 중에서도 특히 시장에서의 독점을 유지·강화할 의도나 목적, 즉 시장에서의 자유로운 경쟁을 제한함으로써 인위적으로 시장질서에 영향을 가하려는 의도나 목적을 갖고, 객관적으로도 그러한 경쟁제한의 효과가 생길 만한 우려가 있는 행위로 평가될 수 있는 행위로서의 성질을 갖는 거래거절행위를 하였을 때에 그 부당성이 인정될 수 있다.[15]

위와 같이 사법상 계약관계에서의 거래거절로 특정사업자가 불이익을 입게 되었다는 점만으로는 부당성을 인정하기 힘들고, 경쟁제한의 효과가 생길 만한 우려가 있는 행위이어야 부당성을 인정하고 있음을 볼 수 있다. 이는 헌법 제119조 제1항과 제2항을 조화롭게 해석하기 위한 노력으로 이해할 수 있다.

위와 같은 공정거래법의 계약체결여부결정의 공정성과 관련된 규정은 공공조달법제에도 적용이 이루어질 수 있다. 공기업, 준정부기관 등 공공기관이 체결하는 공공조달계약에도 공정거래법이 원칙적으로 적용되는 것으로 보아야 하기 때문이다.[16]

---

15) 대법원 2007. 11. 22. 선고 2002두8626 전원합의체 판결.
16) 공정거래법 제58조는 "이 법의 규정은 사업자 또는 사업자단체가 다른 법률 또는 그 법률에 의한 명령에 따라 행하는 정당한 행위에 대하여는 이를 적용하지 아니한다."고 규정하고 있다. 대법원은 "여기서 말하는 '정당한 행위'란 당해 사업의 특수성으로 경쟁제한이 합리적이라고 인정되는 사업 또는 인가제 등에 의하여 사업자의 독점적 지위가 보장되는 반면 공공성의 관점에서 고도의 공적규제가 필요한 사업 등에 관하여 자유경쟁의 예외를 구체적으로 인정하고 있는 법률 또는 그 법률에 의한 명령의 범위 내에서 행하는 필요·최소한의 행위를

계약상대방선택의 공정성

계약상대방선택의 공정성과 관련된 대표적인 법제로는 국가계약법을 들 수 있다. 국가계약법 제7조 제1항에서는 "각 중앙관서의 장 또는 계약담당공무원은 계약을 체결하려면 일반경쟁에 부쳐야 한다. 다만, 계약의 목적, 성질, 규모 등을 고려하여 필요하다고 인정되면 대통령령으로 정하는 바에 따라 참가자의 자격을 제한하거나 참가자를 지명하여 경쟁에 부치거나 수의계약을 할 수 있다"고 규정하고 있다. 즉, 계약방식으로 4가지(일반경쟁입찰, 제한경쟁입찰, 지명경쟁입찰, 수의계약)를 두고 이 중에서 일반경쟁입찰을 원칙으로 하고 있으며, 나머지 계약방식은 법률상 일정한 요건을 충족하는 경우에 한해서 실시하도록 하고 있다. 특히 계약상대방을 자유롭게 선택할 수 있는 수의계약방식은 예외적으로만 인정하고 있다(국가계약법 시행령 제26조).

이처럼 수의계약을 예외적으로만 인정하고 있는 것은 계약상대방선택의 자유를 현저하게 제한하는 내용으로 볼 수 있다. 이렇게 계약방식을 엄격하게 규제하고 있는 이유는 국가계약의 경우 국가재정이 사용됨으로 인해 계약상대방선택과정에서 공정성, 즉 경쟁성과 투명성을 확보하는 것이 중요하다고 보기 때문이다. 대법

말한다."라고 판시하고 있다(대법원 2011. 5. 26. 선고 2008도6341 판결). 대법원은 이러한 전제하에 지방공기업인 지하철공사가 공동수급체를 구성한 사안에 대해서 공정거래법 적용배제사유에 해당하지 않는다고 판시한 바 있다(대법원 2011. 5. 26. 선고 2008도6341 판결). 이러한 판례의 태도를 고려하면 공기업과 같은 준정부기관이 체결하는 계약에 대해서도 공정거래법이 원칙적으로 적용되는 것으로 볼 수 있다.

원은 현행 국가계약법의 전신인 구 예산회계법상 계약방식의 선택이 잘못된 경우에 대해서 다음과 같이 판시한 바 있다.

> 구 예산회계법(1995. 1. 5. 법률 제4868호로 개정되기 전의 것)이나 같은법시행령(1995. 7. 6. 대통령령 제14710호로 개정되기 전의 것)이 계약의 공정 및 경제성의 확보, 참가의 기회균등을 도모하기 위하여 일반경쟁입찰을 원칙적인 것으로 하고, 지명ㆍ제한경쟁 입찰계약이나 수의계약을 예외적인 것으로 규정하고 있는 점에 비추어 볼 때, 일반경쟁입찰에 부쳐야 할 것을 지명ㆍ제한경쟁 입찰계약이나 수의계약에 부친 경우에는 절차의 위법성이 문제될 수 있어도, 반대로 지명ㆍ제한경쟁 입찰계약이나 수의계약에 부칠 수 있는 것을 일반경쟁입찰에 부친 경우에는 특별한 사정이 없는 한 위법성의 문제가 생길 여지는 없다.[17]

이러한 대법원의 태도를 보면 일반경쟁입찰에 부쳐야 할 것을 수의계약으로 체결한 경우에는 위법성의 문제가 발생함을 알 수 있다.

또한 국가계약법 제7조 제3항에서는 국가계약을 체결하는 과정에서 다른 법률에 따른 우선구매 대상이 경합하는 경우에는 계약의 목적이나 규모, 사회적 약자에 대한 배려 수준 등을 고려하여 계약상대자를 결정하여야 한다는 규정을 두고 있다. 이 규정은 2017년 12월 19일에 신설된 규정이다. 현재 「중소기업제품 구매촉진 및

---

17) 대법원 2000. 8. 22. 선고 99다35935 판결.

판로지원에 관한 법률」, 「사회적기업 육성법」 등 다양한 법률에서 우선구매제도를 두고 있는데, 이러한 다양한 우선구매제도 상호 간의 관계정립의 문제가 실무상 발생하고 있는 것이 이 규정이 신설된 배경이 되었다.

이러한 공공조달계약에서의 우선구매제도들 역시 국가의 계약상대방선택의 권한을 제한하면서 경제의 균형발전이라는 공익을 추구한다는 점에서 계약의 공정성과 관련된 제도로 이해해볼 수 있다. 다만 우선구매제도가 과도할 경우에는, 적정한 가격에 최고가치의 제품을 구매함으로써 재정효율성을 달성하고자 하는 또 다른 공공조달계약의 공정성을 달성하는 데에 어려움을 겪을 수 있다. 이러한 점은 공공조달계약의 공정성에 속하는 서로 다른 가치 (중소기업보호, 재정효율성)가 모순충돌현상을 나타낼 수 있음을 잘 보여준다.

국가계약법 제27조에서 규정하고 있는 부정당업자제재제도도 계약상대방선택의 권한을 제한하는 제도로 볼 수 있다. 이는 일정한 비위행위가 있는 사업자에 대해서 일정한 기간 동안 입찰참가자격을 제한하는 제도인데, 이러한 제재제도가 존재함에도 불구하고 공공조달시장에 참가하는 사업자들의 준법(compliance)을 이끌어내지 못하고 있어서 여러 가지 문제점이 지적되고 있다.[18] 이는 '제재'위주의 제도로는 계약의 공정성을 확보하는 데에 한계가 있음을 잘 보여준다고 할 수 있다.

---

18) 두성규(2013) 참조.

계약상대방선택의 공정성과 관련된 또 다른 법제로 하도급법을 들 수 있다. 하도급법 제19조에서는 원사업자는 수급사업자 또는 조합이 일정한 행위[19]를 한 것을 이유로 그 수급사업자에 대하여 수주기회를 제한하거나 거래의 정지, 그 밖에 불이익을 주는 행위를 하여서는 아니 된다고 규정을 두고 있다. 이러한 하도급법의 보복조치 금지규정은 계약상대방선택의 자유를 제한하는 성격을 갖는 것으로 볼 수 있다.

하도급법은 대표적인 갑을관계로 평가되는 하도급관계의 공정성을 확보하기 위해서 위와 같은 보복조치 금지제도 이외에도 다양한 계약공정성 확보를 위한 제도를 두고 있다. 그러나 이러한 제도들은 실제적으로 갑을관계의 개선에 기여하지 못하고 있다는 비판을 받고 있다.[20] 특히 하도급법은 다단계에 걸쳐서 하도급이 이루어지는 건설계약에서 중요한 의미를 갖고 있는데, 건설계약에서 하도급계약이 갑을관계의 개선에 기여하지 못하고 있는 근본적인 원인으로는 원도급계약이 저가로 체결되는 경우가 많다는 점이 지적되고 있다.[21] 하도급계약의 공정성을 위한 제도가 제대로 작

---

[19] 1) 원사업자가 이 법을 위반하였음을 관계 기관 등에 신고한 행위, 2) 하도급법 제16조의2제1항 또는 제2항의 원사업자에 대한 하도급대금의 조정신청 또는 같은 조 제8항의 하도급분쟁조정협의회에 대한 조정신청, 3) 하도급법 제22조의2 제2항에 따라 하도급거래 서면실태조사를 위하여 공정거래위원회가 요구한 자료를 제출한 행위 등이 이에 해당한다.

[20] 하도급계약에 관한 선행연구들로 김기우·김규완(2010), 김두진(2015), 박정원 외(2007), 이봉근(2010), 이준현(2007), 주진열(2009) 등 참조.

[21] 건설공사에서의 하도급계약에 관한 선행연구들로 강운산(2011), 박광배(2014) 등 참조.

동하기 위해서는 원도급계약관계의 공정성이 전제가 되는 것이 필요함을 알 수 있다.

계약내용결정의 공정성

계약내용결정의 공정성과 관련된 대표적인 법제로는 「민법」 제104조를 들 수 있다. 「민법」 제104조에서는 "당사자의 궁박, 경솔 또는 무경험으로 인하여 현저하게 공정을 잃은 법률행위는 무효로 한다"고 규정하여 불공정한 계약에 대해서 효력을 부인할 수 있는 근거를 두고 있다. 그러나 위 규정은 추상적인 규정형식으로 되어 있기 때문에 계약내용의 공정성을 확보하는 데에는 한계가 존재한다.

이러한 맥락에서 불공정한 계약에 대한 실질적인 규제를 가능토록 하는 대표적인 법제로 약관규제법을 들 수 있다. 약관규제법 제6조 제1항에서는 "신의성실의 원칙을 위반하여 공정성을 잃은 약관 조항은 무효이다"라고 규정하고 있고, 동조 제2항에서는 약관에 다음 중 어느 하나에 해당하는 조항을 둘 경우에는 이 조항은 공정성을 잃은 것으로 추정하고 있다. 이에 해당하는 조항으로는 1) 고객에게 부당하게 불리한 조항, 2) 고객이 계약의 거래형태 등 관련된 모든 사정에 비추어 예상하기 어려운 조항, 3) 계약의 목적을 달성할 수 없을 정도로 계약에 따르는 본질적 권리를 제한하는 조항 등이 이에 해당한다.

예를 들어 대법원은 한국토지공사가 토지를 분양하면서 토지분양계약이 해제되었을 때 귀책사유의 유무를 불문하고 수분양자가 지급한 매매대금의 10%에 상당하는 계약보증금이 분양자인 한국토지공사에게 귀속되도록 정한 경우, 그 계약금 몰취 규정은 고객인 분양자에 대하여 일방적으로 부당하게 불리한 조항으로서 공정을 잃은 것으로 추정되어 신의성실의 원칙에 반하거나 또는 계약해제시 고객의 원상회복청구권을 부당하게 포기하도록 하는 조항으로서 약관규제법에 위반하여 무효라고 보았다.[22]

이 외에도 「이자제한법」, 「가맹사업거래의 공정화에 관한 법률」, 하도급법, 「근로기준법」 등도 계약내용의 공정성을 확보하기 위한 법제들로 볼 수 있다. 최근 사회의 다양한 측면에서 불균등한 관계, 소위 '갑을관계'의 개혁을 위한 노력이 이루어지고 있는데 위 법제들이 이와 관련된다고 할 수 있다.

또한 공정거래법에서도 계약내용의 공정성을 확보하기 위한 제도들을 두고 있다. 불공정거래행위의 일종으로 규제되고 있는 '부당한 지원행위'가 이에 해당하는 제도로 볼 수 있다(공정거래법 제23조 제1항 제7호). 대법원은 상품이나 용역의 거래계약도 이러한 지원행위에 해당할 수 있다고 보고 있기 때문이다.[23]

공공조달계약의 경우에도 계약내용의 공정성을 확보하기 위한 제도들이 존재한다. 국가계약법 제5조 제1항에서는 "계약은 서로 대등한 입장에서 당사자의 합의에 따라 체결되어야 하며, 당사자는 계약의 내용을 신의성실의 원칙에 따라 이행하여야 한다"라고 하여 국가에게만 일방적으로 유리한 내용의 계약이 체결되지 않도

22) 대법원 1999. 3. 26. 선고 98다33260 판결.
23) 대법원 2004. 10. 14. 선고 2001두2935 판결.

록 하고 있고, 동법 제5조의2 제1항에서는 각 중앙관서의 장 또는 계약담당공무원은 국가를 당사자로 하는 계약에 있어서 투명성 및 공정성을 높이기 위하여 입찰자 또는 계약상대자로 하여금 입찰·낙찰, 계약체결 또는 계약이행 등의 과정(준공·납품 이후를 포함한다)에서 직접적·간접적으로 금품·향응 등을 주거나 받지 아니할 것을 약정하게 하고 이를 지키지 아니한 경우에는 해당 입찰·낙찰을 취소하거나 계약을 해제·해지할 수 있다는 조건의 청렴계약을 체결하도록 하고 있다. 또한 공공조달계약에도 약관규제법에 의한 통제가 허용된다고 보는 것이 판례의 태도이다.[24]

그러나 현실에서는 공공조달계약의 내용에 대한 통제가 활발하게 이루어지고 있다고 보기는 힘들다. 기획재정부 회계예규의 형식으로 계약일반조건, 계약특수조건 등의 약관이 제정되어 있고 이러한 내용들은 계약상대방(민간사업자)에게 실질적으로 불리한 내용으로 정해져 있는 경우들이 많다. 그러나 이러한 회계예규는 법규성을 인정받고 있지 않은 관계로 규범통제소송의 적용을 받기가 쉽지 않고, 약관규제법에 의한 통제도 활발하게 이루어지지 못하고 있다. 이러한 이유는 국가에게 유리한 약관내용이 국가계약의 공익성, 특히 재정의 효율성이라는 관점에서 정당화되고 있는 데에서 근본적인 원인을 찾을 수 있다.[25] 그러나 계약의 공정

---

24) 대법원 2002. 4. 23. 선고 2000다56976 판결.
25) 또한 약관규제법의 집행을 담당하는 공정거래위원회가 국가계약 회계예규를 담당하는 기획재정부와 행정조직상 밀접한 관계를 맺고 있는 것과도 관련이 있는 것으로 보인다.

성을 이처럼 국가의 관점에서만 이해하는 것은 '공정성'에 대한 '공정한' 이해라고 보기는 힘들 것이다.

공사법 구별의 관점에서 본 계약의 공정성

이상에서 살펴본 내용을 토대로 공사법 구별의 관점에서 계약의 공정성의 내용을 정리해보고, 앞으로서의 개선방안을 제시해보도록 한다.

계약의 공정성의 헌법적 근거

사법상 계약과 공법상 계약을 불문하고 계약의 공정성의 공통적인 헌법적 근거로는 헌법 제37조 제2항, 제119조 제2항 등을 들 수 있다. 왜냐하면 양자의 경우 모두 행복추구권 등 국민의 기본권을 제한하는 측면이 발생하기 때문이다.

그러나 사법상 계약의 공정성과 공법상 계약의 공정성을 추구함에 있어서 다음과 같은 차이점도 존재한다. 첫째, 공법상 계약 중에서 국가재정이 사용되는 계약의 경우(공공조달계약이 대표적이다)에는 '재정효율성'이라는 관점 및 민간사업자를 동등하게 취급해야 하는 '평등원칙'의 관점에서 공정성을 추구해야 하기 때문에 이 점에 있어서 사법상 계약과 차이를 나타내게 된다.

둘째, 사법상 계약은 사법상 규정을 통한 헌법의 간접적인 적용이 이루어지는 반면, 공법상 계약은 헌법규정이 직접적으로 적용이 이루어진다는 점에서 차이점이 존재한다고 할 수 있다. 이는 사법

상 계약의 공정성은 계약의 자유의 제한이라는 측면에서만 보게
되지만, 공법상 계약의 공정성은 행정주체의 행정권한 행사의 제
한이라는 측면에서 보기 때문이다.

이처럼 계약의 공정성을 볼 때는 사법상 계약과 공법상 계약을
포괄하여 공통적으로 볼 부분과 사법상 계약과 공법상 계약을 분
리하여 볼 부분이 나누어진다고 할 수 있다. 이러한 공통점과 차이
점을 균형 있게 인식하는 것이 계약의 공정성을 총체적으로 이해
함에 있어서 중요하다고 할 수 있다.

계약의 공정성의 유형별 고찰

공법상 계약과 사법상 계약을 포괄하여 계약의 공정성을 유형
화해보면 크게 3가지로 나누어서 볼 수 있다. 계약체결여부결정의
공정성(제1유형), 계약상대방선택의 공정성(제2유형), 계약내용
결정의 공정성(제3유형)이 그것이다.

제1유형(계약체결여부결정의 공정성)과 관련된 대표적인 제도
로는 공정거래법상의 '부당한 거래거절행위'에 대한 규제를 들 수
있고, 제2유형(계약상대방선택의 공정성)과 관련된 대표적인 제도
로는 국가계약법상의 계약방식에 관한 제도를 들 수 있으며, 제3유
형(계약내용결정의 공정성)과 관련된 대표적인 제도로는 「민법」
제104조에 의한 규제, 약관규제법에 따른 약관규제, 공정거래법상
의 '부당한 지원행위'에 대한 규제 등을 들 수 있다.

사법상 계약의 경우에는 위 3가지 유형의 공정성 중에서 제1유
형과 제3유형, 특히 제3유형이 중점적으로 나타나고 있으며, 제2

유형의 비중은 상대적으로 적은 것으로 보인다. 이에 비해 공법상 계약(특히 공공조달계약)의 경우에는 제2유형이 가장 중점적으로 나타나고 있고, 제1유형이나 제3유형은 상대적으로 그 비중이 낮게 나타남을 볼 수 있다.

위와 같은 차이는 어디에서 연유하는 것으로 볼 수 있을까. 사법상 계약과 공법상 계약 모두 3가지 유형의 공정성이 모두 나타나고 있는 것은 기본적으로 헌법 제37조 제2항, 제119조 제2항과 같이 계약의 공정성에 공통적인 근거들이 존재하고 있기 때문으로 볼 수 있다. 그러나 공법상 계약의 경우 사법상 계약에 비해서 제2유형의 공정성이 상대적으로 더 강조되고 있는 것은 '재정의 효율성' 및 '평등원칙'이라는 사법상 계약과 차별화된 공정성 근거가 존재하고, 이를 위해서 경쟁성과 투명성 강화의 필요성이 강하게 대두되기 때문이다. 공공조달계약에서 활용되고 있는 우선구매제도도 제2유형의 공정성이 강조되는 모습으로 볼 수 있는데, 이는 경제사회정책적인 목표를 공공조달계약을 통해 추구할 필요성이 사법상 계약에 비해서 중시되기 때문이다.

제3유형이 공법상 계약의 경우 사법상 계약에 비해서 낮게 나타나는 이유는 국가에게 유리한 약관내용이 '공익성' 추구, 특히 재정의 효율성이라는 이유로 정당화되고 있기 때문으로 볼 수 있다. 그러나 국가에게만 지나치게 유리한 약관내용은 약관규제법의 관점에서 보면 불공정한 계약으로 인정될 여지가 있다.

계약의 공정성 확보를 위한 개선방안

사법분야에서는 계약의 공정성을 확보하기 위한 다양한 방안들이 논의되고 있다. 1) 「민법」 제104조를 개정하는 방안, 2) 약관규제법이나 「이자제한법」 등을 「민법」으로 편입하여 「민법」에서 계약의 공정성 문제를 일괄하여 규정하는 방안, 3) 거래계약에서 매우 빈번히 이용되고 그 공정성 여부도 논란이 되고 있으나 민법에서 규정하지 않은 계약유형을 민법의 전형계약으로 신설하여 규율하는 방안 등이 그것이다.[26] 공법분야에서도 계약의 공정성을 확보하기 위한 다양한 방안들이 논의되고 있다. 1) 독일과 마찬가지로 「행정절차법」에 공법상 계약에 관한 규정을 두는 방안,[27] 2) 부정당업자제재제도를 개선하는 방안[28] 등이 그것이다.

그러나 위와 같은 논의는 철저히 공법과 사법분야가 분리되어 개선방안이 제시되고 있다는 점에서 한계가 있다. 공법과 사법의 총체적인 관점에서 계약의 공정성을 검토해본 결과를 토대로 개선방안을 제시해보면 다음과 같다. 우선 양자의 공통점을 근거로 한 개선방안은 다음과 같다. 첫째, 공법상 계약에서 계약상대방선택의 자유를 제한함에 있어서 일반경쟁입찰과 같이 절차적인 공정성을 사법상 계약에 비해서 중시하고 있는 것은 사법상 계약에도 주는 시사점이 존재한다. 물론 앞서 보았듯이 이 점은 공법상 계약과

---

26) 이에 관해서 상세히는 김재형 외(2014, 176) 참조.
27) 이에 관해 상세히는 김병기(2013) 참조.
28) 이에 관해 상세히는 강운산(2010), 김대식(2016), 김대인(2015), 두성규(2013),
   박정훈(2005), 전현철(2017) 등 참조.

사법상 계약의 차이점, 즉 공법상 계약의 '재정적 효율성'을 추구한다는 점에서 연유한 것이기는 하지만, 양자의 공정성 개념의 공통점을 고려할 때 일정한 범위 내에서 사법상 계약에서 공법상 계약에서의 절차적 공정성을 유추하여 제도를 구상해보는 것이 충분히 가능하다.

실제로 공정거래법 시행령 별표 1의3에서는 특수관계인에게 부당한 이익을 귀속시키는 행위 중 하나로 "4. 합리적 고려나 비교 없는 상당한 규모의 거래"를 규정하면서 이를 "거래상대방 선정 및 계약체결 과정에서 사업능력, 재무상태, 신용도, 기술력, 품질, 가격, 거래규모, 거래시기 또는 거래조건 등 해당 거래의 의사결정에 필요한 정보를 충분히 수집 · 조사하고, 이를 객관적 · 합리적으로 검토하거나 다른 사업자와 비교 · 평가하는 등 해당 거래의 특성상 통상적으로 이루어지거나 이루어질 것으로 기대되는 거래상대방의 적합한 선정과정 없이 상당한 규모로 거래하는 행위"로 정의하고 있다. 이를 보면 거래상대방의 적합한 선정과정, 계약체결의 절차적 공정성을 중시하고 있음을 볼 수 있다.[29]

둘째, 사법상 계약에서 약관규제법을 통해서 일방에게 불리하지 않은 계약제도를 구축하려고 노력하고 있는 점은 공법상 계약에도 주는 시사점이 크다. 앞서 보았듯이 공공조달계약에도 약관

---

29) 최근 대기업의 하도급계약 실무에서는 위와 같은 공정거래법 시행령의 취지를 반영하여 국가계약법의 규정을 유추하여 경쟁입찰절차를 실시하는 경우가 나타나고 있는데 이러한 점은 절차적 공정성의 요구가 사법상 계약에도 관철될 가능성이 있음을 보여준다.

규제법이 적용된다고 보는 것이 판례의 태도이기는 하지만, 실제로 공공조달계약과 관련한 약관(계약일반조건, 계약특수조건 등)이 무효화된 경우는 찾아보기 힘들다. '계약'이라는 법형식의 본질을 고려할 때 '공익성'의 추구를 '행정주체의 우위성'과 동일시하는 것은 타당하다고 보기 힘들다. 이러한 점을 고려할 때 약관규제법의 취지를 보다 적극적으로 공법상 계약(특히 공공조달계약)에도 적용하려는 노력이 향후 필요하다.

다음으로 양자의 차이점을 근거로 한 개선방안을 제시해보면 다음과 같다. 첫째, 사법상 계약의 공정성을 확보하기 위해서 「민법」의 규율범위를 확대하고자 시도하는 것은 규율의 일관성을 확보한다는 점에서는 장점이 있는 것으로 보인다. 그러나 시대의 변화에 따라 새롭게 등장하는 다양한 계약들을 기본법인 「민법」에 포섭하는 데에는 한계가 있다고 보아야 하고, 특별법 중 「민법」에 포섭이 가능한 범위도 특별법의 성격에 따라 신중하게 판단하는 것이 필요하다.

둘째, 공법상 계약의 경우에는 계약의 공정성 개념에 보다 다양한 공익적 가치들이 포섭될 수 있다. 따라서 공법상 계약에서는 이들 공익적 가치들 상호간의 모순충돌의 양상이 사법상 계약에 비해 더 복잡한 양상으로 나타날 수밖에 없다. 결국 이러한 문제는 공정성과 관련된 헌법규정들[30]의 조화적 해석, 그리고 이를 구체화

---

30) 예를 들어 공공조달계약의 공정성을 추구함에 있어서는 '재정의 효율성'이라는 가치와 '중소기업보호' 등 사회경제적 가치가 서로 모순충돌을 나타낼 수 있다. 이러한 문제를 해결하기 위해서는 이러한 계약의 공정성의 헌법적 근거인 재정

한 법정책을 통해서 해결해갈 수밖에 없다고 하겠다. 또한 공법상 계약의 위상을 보다 명확하게 하기 위해서 「행정절차법」에 이에 관한 규정을 두는 것은 바람직하다고 하겠다.

공사법 구별과 계약의 공정

이상에서 공사법 구별의 관점에서 계약의 공정을 살펴보았다. 사법상의 계약과 공법상의 계약 모두 당사자간의 의사합치라는 점에서 법형식상 공통점을 가지고, 공정성의 헌법상 근거를 헌법 제37조 제2항, 헌법 제119조 제2항에서 찾을 수 있다는 점에서도 공통점을 가진다. 이러한 점들은 계약의 공정성을 공사법 구별을 뛰어넘어 공통적으로 인식할 수 있는 근거가 된다.

그러나 이러한 점만으로 공사법의 구별이 무의미하다고 보는 것은 타당하지 않다. 국가재정이 투입되는 공법상 계약(특히 공공조달계약)의 경우에는 '재정의 효율성'이나 '평등원칙'의 추구라는 사법상 계약에서는 찾아보기 힘든 공정성의 근거가 존재한다. 이러한 이유로 계약상대방선택의 공정성이 사법상 계약에 비해서 강조된다.

또한 사법상 계약에서 공정성은 헌법의 간접적 적용을 통해서 구현되기 때문에 주로 계약당사자간의 균형을 보호하는 데에 주로 초점이 맞추어지는 반면에, 공법상 계약에서의 공정성은 헌법의

헌법조항, 중소기업보호조항 등을 종합적으로 보아야 한다.

직접적인 적용을 통해 구현되기 때문에 헌법상 인정되는 공익적 목적의 추구(예를 들어 중소기업보호)라는 정책인 요소가 반영되기가 보다 용이하다.

이러한 점들을 종합적으로 고려하면 공법상 계약을 사법상 계약과 구별해서 보고, 공정성도 양자를 구별해서 보는 것은 여전히 필요하다고 볼 수 있다.

계약이라는 법형식은 당사자간의 의사합치를 기반으로 한다는 점에서 거래비용을 최소화할 수 있다는 장점이 있다. 이러한 장점을 최대한 살리면서도 사법상 계약의 공정성과 공법상 계약의 그것의 공통점과 차이점을 충분히 고려하여 계약제도를 구상하는 것을 향후 과제로 보아야 할 것이다.

참고문헌

강기홍. 2012. "EU와 독일법상 공공조달 제도 – 건축 하도급의 공정성 제고와 관련하여."『공법학연구』13권 1호, 495-521.

강운산. 2010.『부정당업자제재제도 개선방안』. 한국건설산업연구원.

_____. 2011. "건설 하도급 불공정 개선 정책 평가 및 보완 방안."『건설이슈포커스』. 한국건설산업연구원.

권오승. 1987. "계약자유와 계약공정."『계약법의 제문제(사법연구 3)』55-73.

김기우 · 김규완. 2010.『하도급거래에 관한 법적 고찰』. 한국노총 중앙연구원.

김대식. 2016.『부정당제재제도 실효성강화방안연구』. 조달청 연구용역보고서.

김대인. 2007.『행정계약법의 이해』. 파주: 경인문화사.

_____. 2015. "미국의 부정당업자제재제도에 대한 연구."『미국헌법연구』26권 1호, 31-68.

김두진. 2015. "대 · 중소기업 상생을 위한 하도급거래의 규제."『경제법연구』14권 2호, 85-114.

김병기. 2013. "행정절차법 개정을 통한 행정계약법 총론의 법제화방안."『행정법학』5호, 169-210.

김선택. 2002. "사법질서에 있어서 기본권의 효력."『고려법학』39호, 153-179.

김유환. 2006. "21세기 New Governance에서의 NGO/NPO의 역할과 과제."『행정법연구』15호, 169-185.

김재형 · 김영주 · 김연수. 2014.『계약의 공정성 확보 방안 연구』. 법무부 연구용역보고서.

두성규. 2013. "현행 부정당업자제재제도의 문제점 및 개선방안."『건설이슈포커스』. 한국건설산업연구원.

박광배. 2014. "하도급제도의 최신 경향과 선진화방안: 건설업을 중심으로."『지방계약연구』9호, 81-101.

백경일. 2014a. "약관규제법의 규범적 정당성에 관한 고찰."『고려법학』74호, 43-75.

_____. 2014b. "헌법규정이 사적 법률관계에서 고려될 수 있는 한계."『안암법학』43호, 137-196.

박정원 · 이봉의 · 홍명수 · 김승일. 2007.『하도급법 체계개편에 관한 연구』. 공정거래위원회 연구용역보고서.

박정훈. 2005. "부정당업자의 입찰참가자격제한의 법적 제문제." 『서울대학교 법학』 46권 1호, 282-311.

이봉근. 2010. "대형할인점과 중소제조업체간의 불공정하도급거래행위에 관한 연구 - PB상품 관련 불공정하도급거래행위를 중심으로 - ." 『중소기업과 법』 1권 2호, 101-139.

이준현. 2007. "하도급거래에 있어서 수급사업자의 발주자에 대한 하도급대금 직접지급 청구권." 『법조』 56권 2호, 36-81.

이호정. 1973. "계약자유에 관한 소고." 『경제논집』 12권 2호, 102-118.

임건면. 2013. "민법의 해석과 적용에 있어서 기본권의 영향." 『성균관법학』 25권 2호, 1-33.

전현철. 2017. "부정당업자제재제도의 적정한 운영을 위한 연구." 『공법학연구』 18권 3호, 341-374.

주진열. 2009. "불공정 하도급거래 규제의 법적 쟁점에 대한 고찰." 『법학논총』 30집, 35-66.

지원림. 2002. "계약정의에 관한 연구 - 계약자유와의 관계를 중심으로." 『비교사법』 9권 2호, 101-126.

최인호. 2011. "미국의 사례를 중심으로 본 정부조달계약의 공공성과 하도급질서의 공정화를 위한 법적 규율." 『법학논총』 31권 3호, 461-504.

Atiyah, Patrick S. 1979. *The Rise and Fall of Freedom of Contract.* Oxford: Oxford University Press.

Bungenberg, Marc, Peter Huber, Rudolf Streinz. (Hrsg.). 2011. *Wirtschaftsverfassung und Vergaberecht —Der verfassungsrechtliche Rahmen der Auftrags — und Konzessionsvergabe.* Stuttgart: Richard Boorberg Verlag.

Hoffmann-Riem, Wolfgang und Eberhard Schmidt-Aßmann. (Hrsg.). 1996. *Öffentliches Recht und Privatrecht als wechselseitige Auffangordnungen.* Baden-Baden: Nomos Verlagsgesellschaft.

찾아보기

필자소개

신 창 호 고려대학교 교육학과 교수. 주요 저·역서 및 논문:『배려: 이론과 실천을 위한 가이드』『유교의 교육학 체계』『교육과 학습』『민주적 삶을 위한 교육철학』.

허 라 금 이화여자대학교 여성학과 교수. 주요 저·역서 및 논문:「성 주류화 정책 패러다임의 모색: '발전'에서 '보살핌'으로」「보살핌의 사회화를 위한 여성주의의 사유」「여성 이주 노동의 맥락에서 본 보살핌의 상품화」『정의를 위한 정치적 책임』(공역).

김 희 강 고려대학교 행정학과 교수. 주요 저·역서 및 논문:「돌봄국가: 복지국가의 새로운 지평」『돌봄: 사랑의 노동』(이하 공역)『돌봄: 돌봄윤리』『돌봄 민주주의』.

석 재 은 한림대학교 사회복지학부 교수. 주요 저·역서 및 논문:『노인돌봄의 경험과 윤리: 좋은 돌봄을 위하여』(공저)『어떤 복지국가인가?: 한국형 복지국가의 모색』(공저)「장기요양서비스의 공공성 강화를 위한 규제의 합리화 방안 연구」「세대간 공평성 관점에서 한국 노령층의 빈곤선과 최저급여수준 연구」.

최 승 필 한국외국어대학교 법학전문대학원 교수. 주요 저·역서 및 논문:『법의 지도』『제4차 산업혁명에 따른 규제체제 및 거버넌스 개편』(공저)『금융안정에 대한 공법적 검토』『행정계획에서의 형량』.

이 현 수 건국대학교 법학전문대학원 교수. 주요 저·역서 및 논문:「이민법」「친일잔재청산과 추인적 법률」「공법상 당사자소송의 연원과 발전방향」「국가의 법적 개념: 프랑스 공법이론상 국가법인설의 수용과 전개」.

임 현 고려대학교 행정학과 교수. 주요 저·역서 및 논문:「독일 연방회계검사원의 독립성에 대한 검토」「노후소득보장수단으로서의 기초연금제도의 적정성에 대한 검토」「정책과 법의 관계에 대한 모색」「현행 부담금제도의 법적 쟁점」.

김 대 인 이화여자대학교 법학전문대학원 교수. 주요 저·역서 및 논문:『행정계약법의 이해』「공공조달계약과 공익」「EU의 민간투자법제에 대한 연구」「국제개발협력의 관점에서 본 법치주의의 개념」.

돌봄과 공정

초판발행   2018년 6월 30일

엮은이   김희강·임현
펴낸이   안종만

편 집   한두희
기획/마케팅   이영조
표지디자인   김연서
제 작   우인도·고철민

펴낸곳   ㈜ **박영사**
            서울특별시 종로구 새문안로3길 36, 1601
            등록 1959. 3. 11. 제300-1959-1호(倫)
전 화   02)733-6771
f a x   02)736-4818
e-mail   pys@pybook.co.kr
homepage   www.pybook.co.kr
ISBN   979-11-303-0610-0   93350

* 잘못된 책은 바꿔드립니다. 본서의 무단복제행위를 금합니다.
* 편저자와 협의하여 인지첩부를 생략합니다.

정 가   18,000원